股市百年
启示录

靳 毅 ◎ 主编

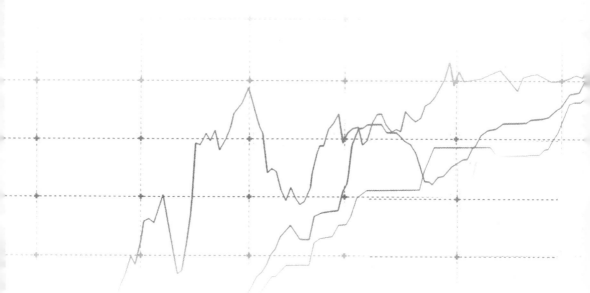

机械工业出版社
CHINA MACHINE PRESS

本书通过梳理和分析过往百年之中，全球主要国家股票市场的兴衰起伏，以期向读者展现过往百年里，全球几大股票市场的变化走势，及其变化中的潜在规律；股票市场背后，企业的兴衰起伏和产业的结构变迁；这些跌宕起伏的股票市场背后，它们所在国家兴衰起伏的内在逻辑。

图书在版编目（CIP）数据

股市百年启示录/靳毅主编．—北京：机械工业出版社，2020.9
ISBN 978-7-111-66203-7

Ⅰ．①股⋯　Ⅱ．①靳⋯　Ⅲ．①股票市场–经济史–世界　Ⅳ．①F831.9

中国版本图书馆 CIP 数据核字（2020）第 139354 号

机械工业出版社（北京市西城区百万庄大街22号　邮政编码100037）
策划编辑：王　涛　赵晓晨　责任编辑：王　涛　赵晓晨
责任校对：陈　倩　　　　　　责任印制：贾清刚
封面设计：鹏　博
北京宝昌彩色印刷有限公司印刷
2020年10月第1版·第1次印刷
170mm×230mm · 21.25 印张 · 301 千字
标准书号：ISBN 978-7-111-66203-7
定价：89.00元

电话服务　　　　　　　　　网络服务
客服电话：010-88361066　　机　工　官　网：www.cmpbook.com
　　　　　010-88379833　　机　工　官　博：weibo.com/cmp1952
　　　　　010-68326294　　金　书　网：www.golden-book.com
封底无防伪标均为盗版　　　机工教育服务网：www.cmpedu.com

编委会

主　编

靳　毅

参　编

谭　倩　代鹏举　吕剑宇　张　赢

专家委员会

(按姓氏拼音排序)

董健楠　顾海波　黄建平　凌润东
刘　胜　聂俊峰　饶　宇　阮　毅
苏尚才　吴　立　巫云峰　赵国栋
张　旻　张　戟　周　江　朱思捷

序

从全球第一家证券交易所诞生以来,股票市场就一直发挥着资金融通、资产定价以及优化资源配置的功能,股市也因此成为推动一国经济发展的重要力量。

这一点从华尔街与美国经济的发展史中便可窥见一斑。美国能够在短短200多年的时间里从一个殖民国家变成世界第一强国,这背后离不开华尔街资本的推动。在美国发展早期,无论是各大运河与铁路的成功修建,还是南北战争中北方政府的获胜,华尔街都扮演着十分重要的角色。今天,谷歌、微软、亚马逊等科技巨头的飞速发展,同样离不开美国资本市场的支持。

毋庸置疑,华尔街所培育出的企业,极大地拉动了美国经济的增长。伴随美国经济起起伏伏,华尔街也在不断发展与壮大,从原先的小街道变成如今的全球金融中心。

事实上,股票市场与国家经济的发展总是相辅相成、互相促进,这对各经济大国而言都是适用的。作为一名金融从业者,我有幸亲身经历了中国经济和股票市场的发展变化。

改革开放以来,中国经济发展突飞猛进,创造了令世人瞩目的"中国奇迹"。而在这个过程中,中国境内股票市场也从无到有、从小到大、从弱到强。

从1949年中华人民共和国成立以来,中国境内股票市场沉寂了30多年,直到 1986 年才开始萌芽。20 世纪 90 年代初,上海证券交易所和深圳证券交易所终于相继成立。虽然起步较其他经济大国要晚一些,但是,就在此后不到 30 年的时间里,A 股就逐步发展成为全球第二大股票市场。

站在 2020 年,无论是投资者数量和种类、还是上市公司数量和融资规模,中国股票市场都已颇具规模。当前,除最初设立的主板市场之外,境内已经形成包括中小板、创业板、新三板、科创板在内的多层次资本市场体系,满足了不同特征企业的各类融资需求;期间,监管层也在不断推动着包括新股发行、证券交易、上市公司治理等相关制度的深化改革。

随着中国经济和股票市场的蓬勃发展,在过去 30 年里,与之息息相关的证券行业也发生了翻天覆地的变化。

最初,中国境内证券公司业务模式单一,以自营和佣金收入为主,且风险控制意识不足,在 2002—2004 年,还曾出现过券商倒闭潮。不过,"塞翁失马,焉知非福",这一轮倒闭潮让监管层和各大证券公司意识到风险控制的重要性。在此之后,国内全面开展针对证券公司的综合治理,券商风控能力因此得到普遍提高,证券公司也走向更加健康的发展道路。

除此之外,随着股权分置改革、创业板推出等一系列资本市场改革的落地,企业直接融资渠道更加畅通,证券公司的相关业务也变得多样化。与 2000 年初相比,如今券商传统经纪业务贡献在逐渐降低,其他业务贡献在增加,各大证券公司的资产规模和盈利水平也呈现出了数十倍的增长。展望未来,下一阶段的证券行业又将会何去何从呢?我想,这个问题的答案离不开对中国经济与股票市场未来发展的思考。

当前,中国经济正处于增速换挡期和结构转型期,前期基建投资和地产开发的高峰期已然过去。下一阶段,如何发展新兴产业、培育增长新动力,成为经济发展的重中之重。在这种格局下,原有依靠商业银行的间接融资方式,已经不能满足新兴产业的融资需求,而这也是国家要大力发展直接融资市场的重要原因所在。可以预见,在新旧增长动能转换之际,未来股票市场的持续扩容将成为大概率事件。因此，如何抓住这一轮股票市场的发展机遇，对于每个证券公司而言至关重要。

与此同时，随着中国金融改革与开放的持续推进，大量境外资本不断涌入，境内股票市场也正在发生着一些新的变化。因此，了解其他国家经济与股市的发展历程，无疑对制定公司的发展战略会有所启发，而国海证券研究所靳毅及编委成员所编写的《股市百年启示录》恰好为我提供了丰富的素材。从这个角度看，该书应是一本值得券商管理者，乃至广大证券从业者深度阅读的作品。

除此之外，在"房住不炒"的主基调下，房地产大繁荣的辉煌年代终将一去不复返。股票作为一类重要的资产配置品种，将成为接下来居民储蓄的重要流向，所以，对于普通民众而言，了解股市变化也变得十分重要。《股市百年启示录》一书，正是通过梳理海内外典型股市的发展与变化，深入浅出地为投资者揭示了股市起伏的内在规律。

因此，我很荣幸有此机会向大家推荐本书，也希望这本书能够对金融从业者和广大投资者有所帮助和启发。

国海证券股份有限公司　董事长

何春梅

2020 年 9 月

题记

股运即国运，每个资本市场兴起的背后，都是一个大国崛起的故事。

早在17世纪初，世界上第一家证券交易所——阿姆斯特丹证券交易所在有着"海上马车夫"之称的荷兰诞生，该交易所的出现与荷兰的海上贸易息息相关。当时，荷兰政府为了加速海外殖民扩张，通过发行股份的方式筹集资金，成立了荷兰东印度公司，将社会上分散的财富变成自己对外扩张的资本。而荷兰民众在购买股票之后，自然有卖出股票的需求，这就催生了交易所的出现。

同一时期，在与荷兰隔海相望的英国，股票交易也有了发展。不过，当时的英国证券经纪人主要还是挤在咖啡馆里谈生意，其中最为著名的是乔纳森咖啡馆，它也是伦敦证券交易所的前身。直到19世纪初，一个现代化的伦敦证券交易所才正式诞生。

进入19世纪，大英帝国迎来全盛时期，它不仅在世界各地建立了殖民地，号称"日不落帝国"，而且还率先完成第一次工业革命，成为当时世界头号强国。而随着英国的快速崛起，伦敦也逐渐成为全球的金融中心。

此外，在第一次工业革命中，英国的棉纺织业、冶金和采矿业、交通运输业相继发生了重大变革。随着这些产业的发展，有越来越多的相关企业进入股市融资，伦敦证券交易所中，上市公司的种类变得更加多样化。与此同时，受益于生产力的提升和出口繁荣，相关企业的盈利大幅增加，在19世纪中下叶，英国股市也因此迎来了一波大牛市。

如果说19世纪是属于英国的，那么20世纪则是属于美国的。

当然，大国之间的兴衰与更迭，不是一朝一夕的事情。从19世纪70年代末开始，在第二次工业革命的推动下，美国经济进入飞速发展的"镀金时代"，国内生产总值和人均收入都出现了大幅增长。到90年代末期，美国工业水平已经超过英国。不过，美国真正取代英国，还是在两次世界大战结束之后。

在这两次世界大战中，美国不仅工业基础保留完好，基本上没有受到战火的影响，而且大发军火财，国家综合实力不断上升。而英国则恰好相反，一方面，在战争中国力严重受损；另一方面，随着其在世界各地的殖民地纷纷独立，英国殖民体系土崩瓦解，曾经的"日不落帝国"就此落幕。就这样，美国成为后起之秀。

而回看美国股票市场的表现也不难发现，从19世纪70年代末到20世纪上半叶，虽然股票指数曾在1929年达到高峰，也因大萧条而跌落低谷，但整体仍处于曲折上行的趋势当中。

在二战及经济管制结束之后，美国经济发展更是迎来了黄金期。这一时期，"美国制造"开始风靡全球，而受益于制造业的繁荣，美国出现一大批中产阶级，他们对于房屋、家电、汽车、餐饮的需求，又进一步助推美国经济的发展。所以，20世纪五六十年代，美股跟随美国经济的繁荣迎来大幅上涨，其中涨幅最为明显的便是汽车、家电等耐用品制造企业和休闲娱乐企业。由此也可以看出，股市涨跌的背后，归根结底，还是一国经济及产业结构的变化。

到了20世纪70年代，美国制造业发展开始出现停滞，与之形成鲜明对比的则是日本制造业的崛起。

在经历了20世纪50年代的战后工业体系重建和60年代的"国民收入倍增计划"之后，日本逐渐形成以钢铁、汽车、船舶和家电为支柱的产业结构，经济也因此进入高速增长期。到20世纪70年代，日本已然是新的"世界工厂"，并发展成为仅次于美国的第二大经济体。

题记

接下来，为应对石油危机，日本再次调整产业结构，从发展资本密集型产业转变为发展技术密集型产业。所以，20世纪六七十年代，伴随着日本产业结构的不断升级与经济的快速增长，日本股市也表现不俗。

此后，在1985年日本政府签署"广场协议"之后，为了维持日元稳定，日本央行开始实施低利率政策，市场流动性变得非常宽松，于是，大量资金便流向了股票和房地产市场。而随着日本股市的持续快速上涨，到1987年，日本上市公司的总市值竟一举超过了美国。

当时，日本很多金融机构和普通民众都参与到了这场股市的狂欢中，股市泡沫不断积累，这让日本政府开始担忧。于是，日本政府开始主动"挤泡沫"。从1989年起，日本央行实施一系列的金融紧缩政策。而在紧缩政策之下，日本股市和楼市双双暴跌，日本经济也因此陷入低谷。从20世纪90年代开始，泡沫经济破裂，日本经济始终萎靡不振，进入"失去的三十年"。

就在日本经济从繁荣走向没落之际，在亚洲大地上又出现一颗冉冉升起的新星——中国。自1978年改革开放之后，中国创造了一个又一个发展奇迹，取得了令世界瞩目的成绩。在20世纪90年代初，中国更是突破重重阻力，建立了社会主义市场经济体制。

与此同时，中国股票市场进入了一个新时代。虽然中国股市的历史可以追溯到19世纪，但是，1986年国内股票交易柜台的设立为中国境内股票市场翻开了崭新的一页。因此，本书对中国股市的描述着眼于1986年之后的境内股票市场。

进入21世纪，中国成功加入WTO，"中国制造"开始遍布全球，在出口的拉动下，中国经济增长迎来黄金发展期。2006年，在完成股权分置改革之后，A股也迎来了史无前例的大牛市，上证指数一度站上6124点高峰，成就无数的造富神话。而伴随着股票市场的蓬勃发展，包括证券公司、公募基金在内的众多金融机构，也如雨后春笋般迅速成长。

然而，2008年的金融危机让世界各国陷入衰退，中国外向型的经济增长模式也受到冲击。所以，从 2009 年开始，在主板的基础上，中国逐步推出中小板、创业板、新三板以及科创板，构建多层次的资本市场体系，为新兴产业企业提供更广阔的融资渠道，以推动经济发展方式的转变，助力产业结构的优化升级。而在此期间，随着国内产业结构的调整，代表新兴产业的创业板指数也走出了一轮波澜壮阔的大行情。

目前，中国已经成为世界第二大经济体，而随着经济的崛起和资本市场的改革创新，中国股票市场也已经成为全球第二大资本市场。在当下，中国经济增长的步伐没有停歇，资本市场改革与开放的步伐更是坚定不移。所以，在不久的将来，中国一定会诞生出一个更加自由、开放、国际化的全球金融中心。

以史为鉴，可以知兴替。在中国股票市场劈波斩浪、砥砺前行的过程中，其他大国股票市场的过往故事与兴衰变化，对于每一个市场参与者而言，都是珍贵的参考素材。与此同时，近代以来，股票也一直是重要的资产配置品种，学习和了解股市变化的规律，无异于在帮助我们寻找开启财富之门的密码，而这也是我们撰写《股市百年启示录》的重要原因之一。

《股市百年启示录》全书共分为四部分：股市拂晓、资本绽放、灵光初现、巨擘归来，详细地呈现了从 19 世纪以来，英、美、日、中四国股票市场的发展脉络，并深刻剖析了不同历史背景下，上述各国股市表现的核心推动力，以及股市与一国经济增长的内在关系。在本书中，我们不仅讲述了很多有趣的故事、还给出详尽的数据。我们也衷心地希望，这本书可以带领读者在浩瀚的历史长河中领略股市变化的真正奥秘！

目　录

序

题记

第一章　股市拂晓——欧洲大陆的王者兴衰

第一节　1801—1850 年：全球贸易的晴雨表 / 3

第二节　1851—1900 年：钢铁革命时代的先行者 / 15

第三节　1901—1950 年：帝国的黄昏 / 37

第四节　1951—2000 年：股市的黄金时代 / 60

第五节　2001—2019 年：黄金时代悄然褪色 / 89

第二章　资本绽放——华尔街的奔腾年代

第一节　1871—1912 年：梧桐树下的"宪法" / 104

第二节　1913—1945 年：命运的十字路口 / 122

第三节　1946—1979 年：制造业的波荡起伏 / 139

第四节　1980—1999 年：服务业的高光时代 / 156

第五节　2000—2019 年：新世纪的曲折与摸索 / 171

第三章　灵光初现——日本的盛世与悲歌

第一节　1853—1920 年：日本经济的曙光 / 191

第二节　1921—1945 年：两次世界大战期间的慢性萧条 / 202

第三节　1946—1955 年：废墟中崛起 / 211

第四节　1956—1990 年：经济高速成长时期 / 220

第五节　1991—2019 年："失去的三十年" / 235

第四章　巨擘归来——中国股市的崛起之路

第一节　1990—1995 年：股市在争议中成长 / 247

第二节　1996—2000 年：经济与股市冰火两重天 / 260

第三节　2001—2008 年：经济增长迎来黄金期 / 273

第四节　2009—2013 年：步入后金融危机时代 / 295

第五节　2014—2019 年：经济进入新常态 / 312

参考文献 / 327

第一章
股市拂晓

欧洲大陆的王者兴衰

自大航海时代以来，已经先后有多个国家登上了世界强国的宝座，如荷兰、葡萄牙、西班牙。然而，若要论最早发展出成熟资本市场的国家，则非英国莫属。英国第一次工业革命行至中途，虽然国力日渐昌盛，但外有强敌环伺。早在19世纪初期，伦敦资本市场就已经和英国的贸易活动乃至国家命运一同呼吸，并助力了英国的军事胜利和经济腾飞。随着英国成为"世界工厂"，并将殖民触角伸向五大洲的各个角落，伦敦资本市场俨然成为世界金融的"心脏"。它以贸易航路为血管，以黄金作血液，是当时世界市场上独一无二的资本集散地。

19世纪中后期，英国的殖民贸易体系达到巅峰，英女王座下的领土面积和子民占到了世界陆地和人口总量的1/4。与此同时，世界各地源源不断开采出来的黄金给予英国充足的养分。这是英国最辉煌的时期，伦敦股市也一同见证了"维多利亚时代"的传奇。

然而，没有哪一天的太阳不会落下，20世纪初"日不落帝国"的国力开始衰退，两次世界大战更是击垮了英国赖以生存的殖民体系。在英国国运风雨飘摇的时期，英国股市会经历什么？英国股市又会告诉今人哪些至关重要的教训？

二战后，资本主义世界已经由美国领导，英国退化为美国治下的二流国家。当世界的目光已经转向美国资本市场的时候，不可思议的事情发生了。英国人从对昔日荣光的追忆和缅怀中苏醒，做出许多振兴国家实力的举措和改革，并让英国股市迎来"第二个春天"。

但是，自21世纪以来，英国的改革红利日渐消退，国家经济结构趋于陈旧。没有了强壮的躯体，英国股市就如同一个年迈的"没落贵族"，步履蹒跚。不过，毕竟曾经辉煌过，今日的英国依然继承了丰厚的殖民遗产，伦敦也是世界上数一数二的金融中心，英国股市地位犹存。

看英国股市两百年的风风雨雨，不仅仅能观察英国经济、国运的历史沉浮，更能一窥世界大势的山河变迁。英国是世界上第一个将资本市场发扬光大的国家，其对后世的美国和其他国家影响几多。了解了英国，我们就能扫清资本的历史迷雾，把握资本的发展主线，看到资本的未来道路。

第一章
股市拂晓

第一节　1801—1850 年：全球贸易的晴雨表

导读：19 世纪初期，英国的股票市场与英国的贸易利益深度捆绑。在拿破仑战争中，英国海军击败法国舰队，帮助英国垄断欧洲贸易。受益于战争时期的军需贸易，英国股市出现了一段时间的繁荣。随着拿破仑战争的结束，欧洲军需贸易遇冷，股市也陷入了短时间的低迷。不过很快，英国顺利开发了印度与拉美市场，英国商品需求的高增长带动贸易活动重新繁荣起来。但由于英国的银行业无序发展与货币超发，导致英国股市于 1825 年出现了严重的泡沫。1825 年后，确立了金本位制的英国面临全世界黄金产出与商品需求不足的问题，贸易利润受到挤压。与此同时，铁路股票大量上市抑制了股价。为了获取更多的贸易利益和扭转股市的颓势，英国加强殖民侵略，进一步打开世界市场，为 19 世纪下半叶的牛市打下了基础。

英国是世界上最早诞生股票市场的国家之一，当今伦敦证券交易所最早的前身之一"皇家交易所"（Royal Exchange）早在 1571 年就在英国王室的特许下开业经营。不过，当时该交易所仅算作商品交易所，为进出口贸易商人提供服务。管理者认为证券经纪人举止粗鲁，禁止他们进入，导致后者只能挤在咖啡馆里谈生意。1698 年一个叫"乔纳森咖啡馆"（Jonathan's Coffee House）的地方，孕育了股票交易所的雏形，该咖啡馆每周刊登两次各种商品和证券的市场价格，为来此买卖股票的经纪人服务。直到 1801 年，规范交易行为且专为证券经纪商提供服务的会员制交易所成立，一个现代化的伦敦证券交易所诞生了。

在 19 世纪初期，英国皇家交易所上市的股票绝大多数都是商业银行（如英格兰银行)、保险公司○、殖民统治地区的贸易公司(如东印度公司○)和非常多的运河股票○(见图1-1-1)。无论银行、保险公司还是运河公司,它们最大的客户都是贸易商人,更不要说殖民统治地区的公司本身就是贸易商。在贸易繁荣的时期,上市公司自然能够赚取更多利润,英国股市则成为全球贸易的晴雨表。

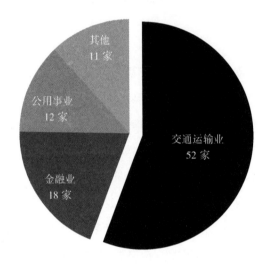

图1-1-1 1810年英国上市公司的行业分布情况

(资料来源:国海证券研究所)

英国以贸易立国,英国资本家们的目标就是在国际上拿到更多的贸易运输订单。具体来说有两条路径:一是提高市场占有比例,在世界其他地区的商品前往欧洲的路途中,保证本国船队的安全,甚至骚扰别国商船,这样能使客户在选择贸易商时更倾向使用英国船队;二是扩大市场空间,帮助英国商品开拓市场,海外需求越多,出口贸易量越大,那么贸易商和上市公司越受益。

○ 19世纪初,海上贸易主要依靠木质大帆船,运输风险很高。贸易商为防不测,需要给货物、船只投保,财产保险公司应运而生。

○ 1600年12月31日,由英国女王伊丽莎白一世授予该公司皇家许可状,给予它在印度贸易的特权,19世纪中后期,其在印度的财产与管辖权移交给英国政府。

○ 18世纪末,英国掀起开凿运河的浪潮。第一只运河股为1774年上市的伯明翰运河航行公司(Birmingham Canal Navigation Co.)。

第一章
股市拂晓

1. 击败法国，垄断欧洲贸易

站在 1800 年这个时点，英国工业革命进入中程，国家实力和国际贸易地位虽然有优势，但并不稳固。20 年前在法国的支持下，北美十三殖民地独立，英国失去了重要的农产品供应市场；10 年前，英国国王乔治三世为乾隆皇帝准备了丰厚寿礼，并试图借此机会独占对清朝的贸易，却被无情回绝，英王也是无可奈何。

而在此几个月前，军事天才拿破仑在巴黎发动"雾月政变"，成为法国的独裁者，他发誓要将法国大革命推向整个世界。代表封建势力的欧洲君主们，联起手来反对拿破仑。为首的奥地利正在意大利地区与法国军团作战。英国为了保持贸易上的优势地位，在欧洲的外交上一直都奉行平衡主义，欧洲大陆上出现任何一个强大的国家都是英国不愿意看到的。尽管当时法国与英国同为资产阶级国家，然而无论是对殖民统治地区的争夺还是在贸易运输市场，法国频频向英国发起挑战，威胁英国的根本利益。于是英国也积极地参与反法同盟，遏制法国的崛起。

拿破仑的军事战术固然可畏，然而英国作为一个岛国，历来重视海军建设，只要能够封锁住法国海岸线，就能保证自身贸易路线的畅通，并将自己隔离在欧洲大陆的战事之外。1805 年，海军名将纳尔逊所率领的英国舰队，在西班牙特拉法加角外与法国、西班牙联合舰队相遇。纳尔逊在 7 年前就曾在埃及全歼法国舰队，最终导致拿破仑在埃及军事行动的失败。这一回，这位独臂将军面对数量上占优的法、西舰队，毫无畏惧，带头发起进攻，不幸被法舰上的狙击手射中左肺和脊椎，壮烈殉国。特拉法尔加海战最终以法国所有战舰被俘，英国舰队大获全胜告终，此战成为 19 世纪规模最大的海战。拿破仑进攻英国本土的计划泡汤了，从此再也没有国家敢挑战英国海军的地位，英国最终得以垄断欧洲贸易市场。可以说，纳尔逊用自己的牺牲，奠定了英国接下来一百多年海上霸主的地位，从此沿着贸易路线，英国的势力伸向了世界的每一个角落。

英国的军事胜利,受益者自然是贸易商和上市公司。凭借海军优势,英国成为世界其他地区通向欧洲大陆的贸易中转站,美国的农产品,南美的木材、咖啡,加勒比群岛的白糖都需要通过英国的商船运向欧洲。在欧洲大陆炮火连天的日子里,工、农业生产遭到破坏,各国只能寄希望于英国的物资运输,订单纷至沓来,英国贸易商大发战争财,服务贸易商的上市公司股票价格也节节攀升。在整个拿破仑战争期间,英国股市表现优秀,战事密集的1800年、1806年、1809年,股市大盘均取得了10%～20%的上涨。

2. 开拓殖民地与新兴国家贸易市场

1785年,瓦特改良了蒸汽机,掀起了英国工业革命的序幕。蒸汽机首先广泛应用于与贸易联系最紧密的纺织业,打破了以往纺织工厂需要沿河而建、依赖水力的限制。1800—1820年,通过应用动力机械设备,英国的工业产量增长了50%,相对的农业部门的经济比重被压缩至1/3以下(见图1-1-2、图1-1-3)。同一时期,海峡对岸的法国还在为战败而苦恼,而新兴国家美国则完完全全是一个农业国家。可以说英国产纺织品在世界范围内几无敌手。

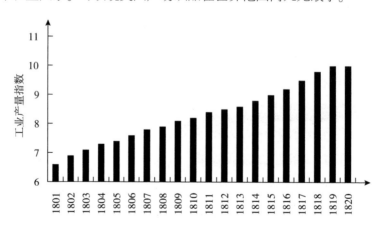

图1-1-2　19世纪初英国工业产量指数

注:工业产量指数以1913年为基期(100)。

(资料来源:国海证券研究所)

第一章
股市拂晓

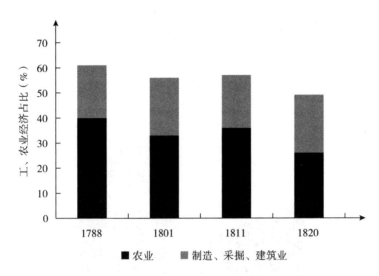

图 1-1-3 18 世纪末、19 世纪初英国工、农业经济占比

（资料来源：国海证券研究所）

尽管供给能力大幅增长，但需求却成为英国商品的短板。1814 年，第六次反法同盟战争㊀以法国战败告终，拿破仑被流放至科西嘉岛。欧洲各国鸣金收兵，恢复了自给自足的封建生产，以往可以制作成军服的英国棉布在欧洲大陆的需求下降，商品贸易活动遇冷，英国股市也陷入一段时间的低迷期。1814—1816 年，英国股市回调了大约 20%。

为了进一步寻找销售市场，英国人做了两手准备。

一方面，加紧殖民侵略人口众多的欠发达国家。早在 17 世纪，英国就建立了东印度公司，开始了对印度的殖民与贸易。最初英国的控制范围仅限于海岸沿线。1805 年，英国趁印度马拉塔帝国内斗之时，出兵攻占了恒河中下游富庶的孟加拉地区；1814 年，英国人从荷兰人手中买下南非，并以之为跳板进军南亚。1817 年，英国组织了 12 万人的大军进攻印度西北部，终结了马拉塔帝国

㊀ 反法同盟：由大英帝国、俄罗斯帝国、普鲁士王国、瑞典王国、奥地利帝国组成的同盟。1812 年拿破仑在俄法战争中遭受惨败后，1813 年欧洲的反法国家趁机组成第六次反法同盟。战争期间法国附庸国乘机倒戈，导致拿破仑最终战败。在 1814 年 3 月 31 日，反法联军攻陷巴黎，拿破仑被迫退位。

150年的国祚,瓦解了印度最后的抵抗。从此,印度成为英王冠上最醒目的宝石,这个拥有1.5亿人口的殖民统治地区是继美国、德国○之后的第三大商品出口市场,占到英国本土对殖民统治地区出口的1/3以上(见图1-1-4)。

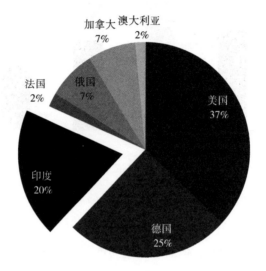

图1-1-4 1827年英国对主要贸易国家的出口金额比例

(资料来源:国海证券研究所)

另一方面,英国将目光投向了刚刚独立的拉美国家。拿破仑战争期间,法国入侵西班牙、葡萄牙,这两个旧殖民时代的代表国家实力江河日下,对殖民统治地区的控制也被严重削弱。从1810年起,北至墨西哥,南到阿根廷,整个拉美都举起了反抗宗主国的大旗。1816—1821年,阿根廷、智利、哥伦比亚、墨西哥、巴西等拉丁美洲主要国家均获得解放。拉美解放打破了以往西班牙、葡萄牙对拉美的贸易垄断,并向英国商品和投资打开了大门。

受印度与拉美市场需求的提振,1816年起,英国商品贸易活动重新恢复繁荣,至1820年,股市强劲反弹了30%。市场开发初期的高增长总是能引发投资者的无限想象,在这种美好的憧憬下,英国股市于1825年出现了自南海公司泡

○ 即当时的神圣罗马帝国。

第一章
股市拂晓

沫[1]以来最严重的一次泡沫。

3. 1825 年泡沫的兴起与破灭

1825 年成为 19 世纪上半叶英国股市的分水岭（见图 1-1-5）。从 1824 年起，英国股市股指在一年多的时间里大涨 225%，综合指数由 1823 年最后一天的 23.88 点，飙升至 1825 年最高峰 77.76 点，随后在一年内又跌回 23.88 点——与泡沫之前完全相同。1825 年英国股市出现巨大泡沫主要是由于两个原因：一是拉美市场在开发初期的高增长，提振了英国投资者对于贸易企业盈利和股票表现的信心；二是当时英国银行业缺少监管，在没有充足的黄金储备背书的情况下，部分银行货币发行过多。

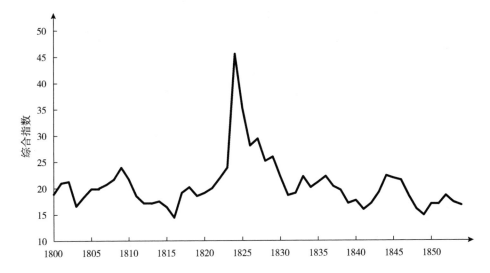

图 1-1-5　1800—1854 年英国股市综合指数走势（FTSE All Share Index，即富时全股指数）

（资料来源：国海证券研究所）

而这场风暴的起点，是一个叫格雷戈尔·麦克格雷戈（Gregor MacGregor）

---

[1] 指 1720 年以南海公司股票为代表的英国股市出现的明显泡沫。南海公司为英国政府于 1711 年成立的专营南美洲贸易的贸易公司，但当时西班牙对南美洲实行贸易垄断，南海公司业务表现一般，1719 年后公司贸易业务中断。

的苏格兰骗子。在 19 世纪初，格雷戈尔参与了拉美国家对抗西班牙的独立战争，辗转中美洲并小有战功。格雷戈尔回到英国后，宣称中美洲的土著国王感念他的战功，卖给了他一块沿海地区、大小约为 3 万平方公里的土地"波亚斯"（Poyais），比威尔士还要大，并且已经有定居点和生活设施，他自己则是波亚斯的统治者和王子。

为了获取投资者的信任，格雷戈尔一方面借由波亚斯王子的头衔游走于伦敦的上流社会，甚至收到过伦敦市长的宴会邀请；另一方面，他一手打造了波亚斯移民计划，并在全国报纸上宣传波亚斯的优点："环境非常宜人，与欧洲气候十分相似""土地十分肥沃，一年可以产三季，种植甘蔗、烟草等经济作物完全不费力""渔业资源如此丰富以至于打一天鱼就够一个家庭吃一个星期"，最夸张的形容是"波亚斯的河流中都流淌着金粒"。

终于，投资者们为格雷戈尔的话语所倾倒，争相投资购买波亚斯土地。最开始，波亚斯的土地价格是每英亩 2 先令 3 便士㊀，后来价格上涨到 2 先令 6 便士，最后甚至涨到 4 先令，到 1823 年年初，大约 500 人购买了波亚斯的土地，许多人甚至搭上了一生的积蓄。格雷戈尔同样在伦敦证券市场募集资金，伦敦银行帮助他成功承销了 20 万英镑的债券，用波亚斯的政府税收做担保，并且还支持保证金购买。格雷戈尔正是趁着英国市场这股投资拉美的热潮，用一个虚假的蓝图在短时间内募集了大量财富。

在 1823 年年初，一群格雷戈尔的老乡——苏格兰人因为信任他的话，踏上了前往波亚斯的移民道路。然而到了波亚斯才发现，这里除了丛林什么都没有，格雷戈尔所描述的殖民营地在很久前就已经废弃了，所谓"因为抗击西班牙人功勋卓著，当地土著国王卖给他土地"的话也都是幌子。最终，因为中美洲恶劣的生存环境和难熬的海上旅程，250 个移民者中的大多数都死在了旅途中，仅有不到 50 人返回了英国。

波亚斯的谎言最终被戳穿，皇家海军及时拦截住了另外 5 艘前往波亚斯的

㊀ 先令（shilling）与便士（pence）为英国旧辅币单位，1 英镑 = 20 先令 = 240 便士。

第一章
股市拂晓

移民船。此时,格雷戈尔已经悄悄地离开了英国,前往法国继续兜售波亚斯的美好蓝图——不过最终因为违反当地移民法律被判入狱。

格雷戈尔在英国能够行骗成功,与当时英国的金融环境脱离不了干系。1797年第一次反法同盟㊀期间,曾经有一小支法国部队登陆英国本土,引起英国民众对于政权即将被法国人颠覆的恐慌。为了保证财产安全,民众纷纷从银行取出金币并贮藏起来。民众挤兑导致黄金储备告急,当时的英格兰银行暂停了银行券兑换金币,直到1821年战争结束后,金币支付才重启。由于官方信用遭到质疑,在这期间依靠自身信用发行银行券的乡村银行在英国兴起,缺少监管的乡村银行在20年代初超额发行银行券,使得金融体系内的资金一时非常充裕。1824年,政府债券和存款利率已经明显下降,过低的利率促使人们寻找高收益证券,这时候高增长、高预期的拉美国家债券和股票成为最好的投资标的。在低利率的环境下,拉美股票上涨使得投机情绪蔓延开来。一时间,银行股、运河股也都受到股市热情的感染,大幅上扬。

然而,就像失望的移民回到英国,戳破了格雷戈尔的谎言一样。那一时期,刚独立的拉美政权反复更迭,投资风险极大,最终人们发现在拉美证券上蒙受了巨大损失。而英格兰银行此时又提高利率回笼黄金储备,最终戳破了股市泡沫,并引发全面经济危机。1825年的经济危机,成为第一个在和平时期、不受外部战争等事件的干扰下,完全由资本主义体系内部因素导致的经济危机。在这场危机中,不仅股市投资者血本无归,6家伦敦大银行、60家乡村银行也因为危机破产,成为泡沫的牺牲品。

以1825年为分水岭,19世纪上半叶的英国股市由此步入熊市区间,刚刚确立金本位制的英国,迎来20年黄金短缺的困境。

4. 货币不足与通货紧缩

即使从1826年泡沫破灭后市场最悲观、行情最差的点位开始计算,到1849

㊀ 1793年法国国王路易十六被革命群众处决后,神圣罗马帝国与大英帝国、普鲁士王国、西班牙帝国、荷兰和撒丁王国组成第一次反法同盟。1797年联军被拿破仑所率领的法国意大利方面军打败,被迫议和而土崩瓦解。

年年末为止，英国股市依然整体下行了40%，可以说是经历了长达20余年的大熊市。要知道，英国此时是世界上唯一完成工业革命的国家，正如一颗朝阳，国运不可谓不昌盛。但是为什么股市表现得这么差？答案还是要从金融体系中寻找。

第一个答案是这一时期全世界的货币供应严重不足，导致世界需求的疲软和严重的通货紧缩，英国的贸易利润逐渐下降，贸易活动萧条。地理大发现以来，率先开启殖民的西班牙、葡萄牙在南美发现大量银矿，开启了银本位制的时代，如美国早期通行货币中就包含西班牙银圆。1704年，英属西印度群岛殖民地当局考虑到当地贸易多使用秘鲁地区⊖出产的金币，于是第一个确立了地区性的金本位制度，成为英国金本位制度的开端。1717年，在时任英国皇家铸币厂监管艾萨克·牛顿爵士的主持下，黄金与英镑建立了固定汇率联系。在黄金与白银的官方兑换比率中，他对黄金的定价相较于西欧其他国家更高。在"劣币驱逐良币"的法则下，英国商人引入金币而对外输出银币，导致国内的金币存量越来越多，且流通量逐渐超过银币。一个世纪之后，金本位制被政府以法律条文确定下来，银币则失去了法定货币地位。

然而，1821年金本位制确立之后，世界上却缺少黄金发现和开采活动。在1848年加州淘金热之前，西非、巴西、美国仅有少量旧矿山在出产黄金。在另一边，英国的工业生产能力却在不断攀升。世界其他地区缺少购买英国商品所使用的黄金，供过于求的情况造成了严重的通货紧缩，1826—1850年，消费品价格下降了20%以上。英国制造业利润受到挤压，必然会影响到贸易商及其关联公司，也就是英国的上市公司。

第二个答案是这一时期的铁路建设浪潮导致了股市大扩容，资金紧张对股价上行造成了不小压力。1825年，工程师乔治·史蒂芬孙（George Stephenson）设计完工了英国第一条公共铁路——斯托克顿和达灵顿铁路。铁路连接着内陆工业城镇斯托克顿和港口达灵顿，蒸汽机车运行在熟铁制成的铁轨上，拖行货运车

⊖ 当时处于西班牙的统治之下，主要从西印度群岛进口欧洲商品。

厢和客运车厢，最快可以达到39km/h。在当时，除了水路运输成本较为低廉外，陆路运输需要牲畜和人力，成本非常高昂，成为贸易商运输商品时的痛点。

铁路的出现提供了降低运输成本的有效方案，一时间，英国本土铁路公司林立，并纷纷寻求向股票市场筹集资金。据统计，1825—1850年，英国股票市场出现了超过300家铁路股票，而同期市场上股票总数不到750家。铁路融资极大地挤占了股市和金融体系资金，即使在通货紧缩的大背景下，英国融资利率依然非常坚挺，成为抑制股价表现、推动市场走熊的重要因素（见图1-1-6）。

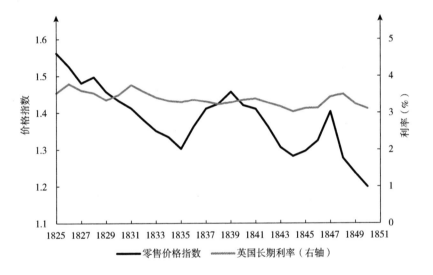

图 1-1-6　1825—1850 年英国不断下降的商品价格与相对坚挺的长期利率

注：零售价格指数以 2010 年为基期（100）。

（资料来源：国海证券研究所）

5. 扭转全世界贸易与货币流向

相对于技术革新这种具有积极意义的方法，英国获取利润和黄金的另一条道路则显得更加血腥。1837年，在蒸汽机的轰鸣声中，维多利亚登上了英国王位。此时英国即将进入全盛时期，但世界上仍有国家对英国表示出抗拒——那就是位于东方的中国。英国在与中国的贸易中，长期处于逆差状态，清朝自给自足的封建经济使英国产出的棉布在中国不受欢迎,英国却需要从中国进口茶叶、瓷器。与中国贸易的逆差让英国的黄金不断流失,加剧了当时通货紧缩的状况,英国人只能通过向中国输出鸦片平衡贸易。

结果清政府派遣林则徐前往广东禁烟,并上演了虎门销烟的一幕。禁烟后,林则徐向英女王写了一封信,告诫英国不要再向中国贩卖鸦片。如今,我们不知道维多利亚女王是否读到了信件,也不清楚她对于向清朝开战是什么态度。不过可以确定的是,这一回英国为了贸易,带往中国的并不是寿礼,而是舰队和大炮。

鸦片战争获胜后,英国对中国的贸易逆差有所改善(见图1-1-7),但清朝的封建经济体系根深蒂固,英国商品并没能有效地进入中国内地的市场,也没能彻底改善当时通货紧缩和股市下行压力,这也成为后续英国加大对中国殖民侵略的导火索。不过这场战争对于英国的意义在于,它为英国的贸易打开了最后一扇大门。从此英国和全世界建立了贸易联系,黄金流入与贸易额上涨奠定了未来五十年英国牛市的基础。对于英国股市来说,一个真正的维多利亚时代即将来临!

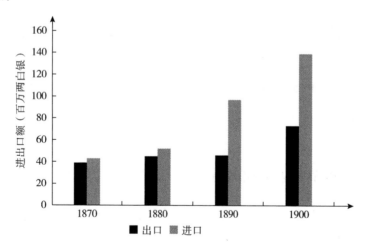

图1-1-7　1870—1900年清朝对英国与香港贸易进出口额

(资料来源:国海证券研究所)

第一章
股市拂晓

第二节　1851—1900年：钢铁革命时代的先行者

导读：19世纪50年代开始的煤钢革命改变了英国股市行业格局，在贸易相关的企业外，重工业企业进入股市融资，形成了"贸易+重工业"双支撑的局面。这是个黄金大发现的时代，50年代加州和澳大利亚开采大量黄金，黄金矿区对英国商品需求增加，扭转了长期通货紧缩的状况并稳定了股市。60年代初，英国有限责任制的落地提升了投资者的风险偏好，同时，英国铁制品、贸易企业受益于美国南北战争，推动了第一个牛市。70年代初，钢铁技术革新，对美国、德国的出口繁荣引领了第二个牛市。1874年经济危机之后，英国股市陷入了二十年的停滞，关税政策、航运格局和工业力量的世界性变化，成为压在英国股市身上的"三座大山"。1894年，南非兰德金矿成为世界第一大金矿，英国凭借黄金开采重新步入繁荣，第三个牛市随之出现（见图1-2-1）。

从19世纪50年代开始，英国股市出现新一轮的行业格局变化，根本原因是英国工业革命继续向深层次、中上游发展，重工业改革蓄势待发。凭借发达的运河与铁路交通网络，以纺织业为代表的轻工业工厂初步聚集起来并发挥规模效应㊀。此时的英国不仅是贸易中枢，1851年第一届世界博览会㊁后，更是被称为"世界工厂"。下游制造业规模扩张的同时，中上游机器设备等产品需求也水涨船高。然而此时，钢铁锻造没有成熟工艺，无法大规模生产，工厂机器与铁路用钢成本居高不下，铁制品质量参差不齐，成为英国工业界眼中的难题。

㊀ 又称规模经济，指因经营规模增大，产品平均成本得以降低，经营利润提升。
㊁ 1851年5月1日，第一届世界博览会在英国伦敦海德公园内的水晶宫召开。估计有超过620万人次来参观，超过13 000件展出品展示出现代工业的发展潜力。

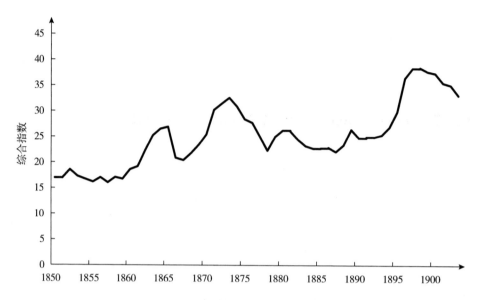

图1-2-1 1850—1900年英国股市综合指数走势（FTSE All Share Index，即富时全股指数）

（资料来源：国海证券研究所）

克里米亚战争期间，英国冶金学家亨利·贝塞麦在为军队改良炮弹外壳材料时，发明了成熟的炼钢工艺和炼钢设备。这项于1856年注册成专利的技术，让工业级炼钢成为可能。贝塞麦炼钢法率先被英国的铁制品锻造企业应用，让英国工业界引领了新一轮的技术革命浪潮——钢铁革命。钢材韧性强、可锻压的优点，使之很快就广泛应用于武器、机器设备、铁路与船舶制造当中，上游煤炭与铁矿石需求量也随之增加（见图1-2-2）。

与纺织革命不同的是，煤钢革命深深地影响到英国股市的产业结构。由于钢铁制造、矿石采掘行业天然具有投资周期长、重资产的特点，股份制公司代替家族式作坊，成为钢厂、煤矿的主要组织形式，股市中也出现了越来越多的矿业、工业公司。从1850年到1875年，有接近150家采掘业公司、70家工业企业选择上市融资，打破了以往贸易运输业一家独大的局面（见图1-2-3）。英国股市由过去50年的贸易业"一条腿"发力，转变为贸易业、工业"两条腿"走路。

第一章
股市拂晓

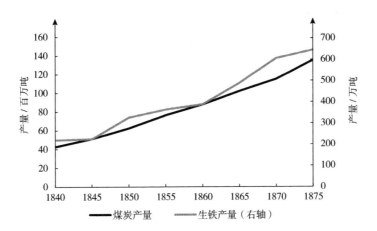

图 1-2-2　1840—1875 年英国煤炭与生铁产量

（资料来源：国海证券研究所）

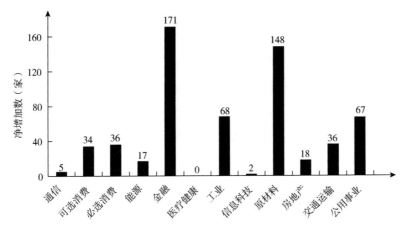

图 1-2-3　1850—1875 年英国上市公司净增加数（分行业）

（资料来源：国海证券研究所）

除工业股上市增多之外，这一时期英国的金融行业也正在向多元化发展，以往由伦敦贸易型银行主导金融股的地位被动摇。多元化主要具有三个特点：一是非伦敦的城市银行在增多，背景是这一时期英国加速城镇化，伦敦以外的工业城市崛起，如伯明翰、曼彻斯特等，催生出更多服务当地企业与居民的城市银行；二是非贸易型金融机构在增多，如不少投资信托、人寿、火灾保险公司在这一时期上市，英国人均 GDP 在 19 世纪 50 年代跨过 3000 美元门槛，初步富裕的民众对于多样化金融服务的需求在日益增长；三是殖民统治地区的金融机构增多，如专营英国在华业务的汇丰银行○于 1867 年在英国上市，随着英国与殖民统治地区经贸联系加强，特别是黄金大发现中部分殖民统治地区发展水平有了迅速提升，成立扎根于殖民统治地区当地而非英国本土的金融机构也变得有利可图。

1. 黄金大发现

以 1850 年为起点，英国股市指数摆脱了过去 20 余年不断下跌的阴影，进入了长达 50 年的牛市区间，牛市背后最重要的因素是货币供给快速增长与外贸形势好转。这是黄金大发现的时代，在接下来的 50 年间，世界黄金总产量达到 1 万吨，是上一个 50 年黄金产量的 7 倍。19 世纪 40 年代末 50 年代初，随着美国、澳大利亚等地相继发现大型金矿，世界黄金产量实现跨越式增长。大量的金块被运至铸币厂铸造成金币，并化作当地矿山经营者的利润和矿工们的工资。因为黄金而暴富的金矿主、矿工又拿刚赚得的金币购买英国商品，提振了海外对英国商品的需求，最终一举扭转了英国企业面临的通货紧缩的窘境（见图 1-2-4），股市终于止跌企稳。

拉开这场黄金大发现序幕的，是著名的美国加州淘金热。1848 年，一个叫詹姆斯·马歇尔（James W. Marshall）的美国人在加州科洛马地区建设锯木厂时，意外发现当地河流中流淌着金粒。詹姆斯的这一发现很快通过当地报纸传遍了美国，美国人为之沸腾，短短几年间，加州涌入了近 30 万名淘金者。这场淘金热并没有给詹姆斯本人带来好处，他建设锯木厂的计划失败了，因为当地所有人都放下了手中原本的活计前去淘金，没人再愿意当木匠，他甚至被赶出

○ 香港上海汇丰银行（简称"汇丰银行"）由苏格兰人托马斯·萨瑟兰德于 1864 年在香港发起成立，1911 年后汇丰取得中国关税、盐税的收存权。到了 20 世纪初，汇丰已经成为远东地区第一大银行，由汇丰经手买卖的外汇经常占上海外汇市场成交量的 60%～70%。

第一章
股市拂晓

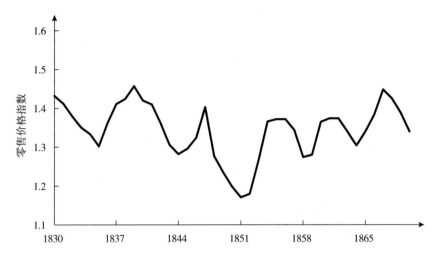

图 1-2-4　1830—1870 年零售价格指数走势

注：零售价格指数以 2010 年为基期（100）。

（资料来源：国海证券研究所）

营地。比詹姆斯更不幸的是那些兴冲冲赶来，将所有身家投入到淘金事业中却颗粒无收的人。但是对于美国来说，刚刚在美墨战争㊀中获得的大片西部领土正亟待民众开发，淘金热成为西进运动㊁的重要推手和文化符号。而对于英国来说，英国企业成了淘金热中"卖铲子的人"，在淘金运动中赚得盆满钵满。

美国加州出产黄金，为什么最终受益者却是英国？主要有两方面原因：一方面是因为此时的美国尚为一个农业国家，基本上没有制造主要重工业产品的能力，均需要从英国进口（见图 1-2-5），如美国西部矿业采掘设备、太平洋铁路㊂铁轨都是英国制造；另一方面，即使是美国本土可以自给自足的轻工业或者土地权益，英国资本也是其主要投资方，企业利润大多会回流英国。换句话

㊀ 美墨战争（Mexican - American War），是美国与墨西哥在 1846—1848 年爆发的一场关于领土控制权的战争。战争以美国胜利，墨西哥割让得克萨斯、新墨西哥、加利福尼亚结束。

㊁ 西进运动（Westward Movement）是指美国东部居民向西部地区迁移的运动，始于 18 世纪末，终于 19 世纪末 20 世纪初。

㊂ 第一条横贯北美大陆的铁路，被英国 BBC 评为自工业革命以来世界七大工业奇迹之一。

说，此时的美国虽然在国家主权上早已摆脱了殖民地的地位，但是在经济结构上仍然留有英国殖民地的印记。最终英国企业与资本在美国赚取的黄金，成为英国股市在 1850 年左右企稳回升的重要支撑。

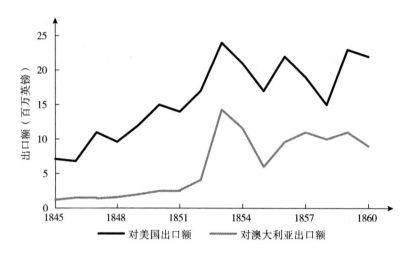

图 1-2-5　1845—1860 年英国对美国、澳大利亚出口额

（资料来源：国海证券研究所）

除美国之外，19 世纪 50 年代初，英国殖民地也传出发现金矿的好消息。1851 年，英属哥伦比亚地区⊖西部的海达瓜依岛上发现了金矿，成为该地区后续一系列金矿开采的前奏。不过同一时间最振奋人心的事件还是澳大利亚维多利亚地区⊜的淘金热。1851 年，澳大利亚维多利亚地区相继发现多处金矿，到 1856 年，澳大利亚黄金年产量已经达到 95 吨（价值 1300 万英镑），甚至超过了当时美国加州黄金产量。澳大利亚在过去是英国犯人的流放地，如今却成为人头攒动的机会之地。金矿区维多利亚 10 年间人口暴涨了 7 倍，区内中心城市墨尔本一时间成为大英帝国内仅次于伦敦的繁华城市。

⊖ 不列颠哥伦比亚殖民地（British Columbia）位于加拿大西部，西临太平洋。现为加拿大不列颠哥伦比亚省，其最大城市是温哥华。

⊜ 现为澳大利亚维多利亚州（Victoria），位于澳大利亚大陆的东南沿海。是澳洲大陆上面积最小、人口最密集、工业化程度最高、农牧业生产最为发达的一个州。

第一章
股市拂晓

　　殖民地开采出黄金对于英国的好处是多方位的,除了与美国相似的商品出口增加与投资收益上升以外,英国还限制了殖民地当地金融机构的黄金储备额度。多余黄金储备必须运送到伦敦保管(见图1-2-6),进一步提升了英格兰银行的地位,从长期来看,有效地降低了英国本土资金利率水平(见图1-2-7),间接地提振了股市。在之后的多次经济危机之中,从澳大利亚与加拿

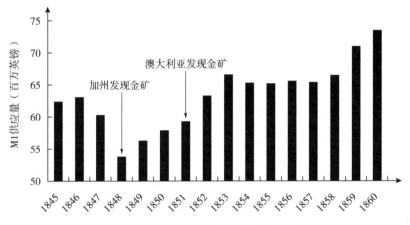

图1-2-6　1845—1860年英国M1供应量

(资料来源:国海证券研究所)

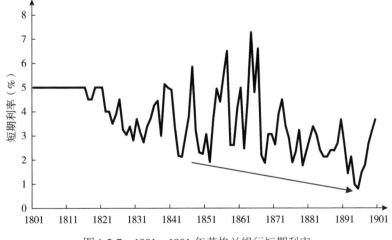

图1-2-7　1801—1901年英格兰银行短期利率

(资料来源:国海证券研究所)

大运来的黄金都有力地缓解了英国本土流动性紧缩的状况，保证了国内的金融稳定。

2. 南北战争

1861—1865 年，英国股市迎来了维多利亚时代的第一个牛市，股指由 1860 年年末的 18.62 点上涨至 1865 年年末的 26.92 点，5 年内上涨约 45%。本轮牛市由英国国内、国外因素共同推动。在国内，英国公司法刚刚落地，有限责任制⊖成为企业投资的主流，投资者无需再担心公司破产导致个人背负债务，因而提升了市场的风险偏好和投资热情；在海外，美国南北战争期间英国保持中立，通过向南北双方销售战争物资，英国商人发了一笔战争财。

英国公司制度历史悠久，最早主要是普通合伙制，出于对经营者道德风险的担忧，这一制度阻碍了不参与经营的财务投资者对公司进行投资。在大航海时期，英国贸易商人便组织起来，组成合伙制企业分担经营风险，合伙人共同承担公司的债务和亏损。在此之后，普通合伙制⊖一直是英国公司组织形式的主流，股东本身即是公司经营者。1711 年，英国政府尝试通过有限责任制的形式，鼓励民众投资新成立的殖民公司——南海公司。但是由于南海公司经营者夸大业绩，股票市场上出现了著名的"南海泡沫⊜"。南海泡沫破灭后，广大投资者对于管理层道德风险的攻击转移到有限责任公司制本身，直接导致 1720 年《泡沫法案》出台，法案规定除非王室特许，禁止私人组成有限责任公司，公司不具有独立的法人地位。

合伙人制度更适用于小型的商业企业，而不利于大型企业融资。时间来到 19 世纪，英国工业革命如火如荼，企业规模越来越大，有的企业甚至有上千个合伙人。旧的公司制度显然已经无法适应公司的成长要求，在民众的要求下，《1862 年公司法案》将股份有限公司的许可范围扩大至所有行业。股份有限公司的落地，

⊖ 即公司破产、清偿债务时，公司股东以其出资额为限对公司承担责任。
⊖ 即公司破产、清偿债务时，公司股东需要用个人财产对公司债务进行清偿。
⊜ 指的是在 1720 年，以南海公司股票为中心，英国股市出现投机性泡沫。

第一章
股市拂晓

极大地提升了市场的风险偏好和投资热情。因为有限责任,投资者无需再担心公司破产导致个人背负债务,股票市场上不参与公司具体经营事务的财务投资者增多了。尽管管理层道德风险问题仍将在未来很长的一段时间困扰股东,但是对于刚刚富裕起来的英国人来说,股市不失为一条投资剩余财富的途径。

另外一个刺激投资者神经的事件是大西洋对岸的美国南北战争。战争期间,英国钢铁企业与贸易企业收入均明显上涨(见图1-2-8),带动了股价的攀升。南北战争本质上是美国南北方因为不同的经济结构,在奴隶制问题上矛盾激化的结果。美国北方是重要的粮食供应方,南方是棉花供应方,英国在南北方均有重大的经济利益,因此在战争中倾向保持中立,并继续与南、北方保持贸易往来。战争对物资的消耗极大,特别是枪械、大炮、军舰等武器装备对于钢铁的需求量增加,进一步使英国铁制品生产企业加快了技术改造与产能投资的步伐。例如,1862年,美国汉普顿海岸附近发生了人类历史上第一次装甲舰之间的作战,南军弗吉尼亚号装甲舰在此战中摧毁了多艘北军木质战舰,自己却毫发无损,展示出装甲舰对阵木质战舰的压倒性优势,凸显出钢铁的威力。之后南

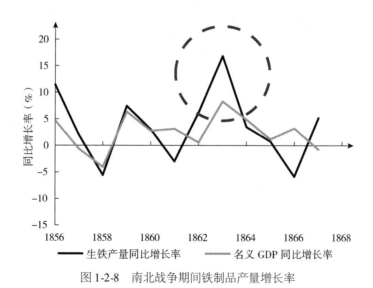

图 1-2-8　南北战争期间铁制品产量增长率

(资料来源:国海证券研究所)

北双方均加速在战船、大炮、枪支中使用钢铁材料,但由于此时美国仍缺乏钢铁锻造能力,原材料基本上还是从英国进口,进一步提升了英国钢铁企业的利润。

除此之外,南北战争带来的另外一个问题是美国南方棉花供应短缺。由于棉花种植园的人力被抽调至战场,战争后期北方又对南方进行贸易封锁,英国纺织业所需的棉花供应开始短缺。此时印度棉花成为美国棉花的替代品,对英国的出口增加。因为英国与印度的贸易距离要比美国远得多,贸易企业远洋运输收入增加(见图1-2-9),考虑到贸易行业在股市中的比重大得多,英印贸易的繁荣总体来讲对股市是利好的。

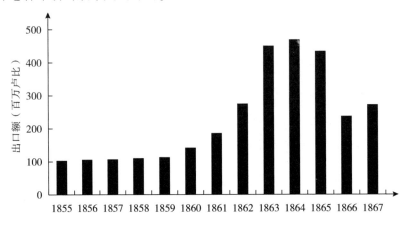

图1-2-9 南北战争期间印度对英国出口额上升

(资料来源:国海证券研究所)

1865年南北战争结束后,美国的工业生产和对英国的原材料供应恢复,战争对于钢铁企业与贸易企业利润的刺激效果消失。英国经济陷入了短暂的衰退期,股市也随之下行,1866年一年时间内股指跌去了22.4%。然而2年后,股市又很快重回繁荣。

3. 钢铁革命

英国股市于1867年见底,1868年重新回到牛市的上涨通道当中。到1873年牛市顶峰为止,6年内股指上涨超过60%。推动股市上涨的主要因素包括:

第一章
股市拂晓

钢铁产业革命、低利率与国际贸易繁荣等。

钢铁技术革命对于英国工业企业利润的影响，既有国内因素也有国外因素。继 1856 年贝塞麦发明转炉炼钢法以来，钢铁已经被证明具有广泛的应用潜力，工业级钢铁生产率先在英国展开。然而贝塞麦转炉存在不少缺点，例如，对铁矿石品质要求较为严格；炼钢时间过短导致品质难以调整把控；炼制时铁水吸收过多的氮使得成品较脆等。1865 年，法国工程师马丁利用西门子发明的火焰炉发展出炼钢工艺，称为"西门子平炉"。西门子平炉较好地克服了贝塞麦转炉的缺点，引领了新一波钢铁设备革新浪潮。在这一轮技术革命中，因为已经有了较多的技术储备和工业应用，英国再次领先全球。1871—1873 年，仅两年时间英国钢铁产量就上升了 70%，钢铁投资同时带动了上游煤炭、铁矿石开采行业的投资和利润，最终均反映到了股市当中。

美国、德国虽然较英国稍有落后（见图 1-2-10），工业化也开始起步。但是由于缺少工业基础，美、德钢铁工业的设备和原材料均需要从英国进口。英国对美国、德国工业品出口上升（见图 1-2-11），进一步增厚了英国钢铁、设备制造与采掘企业利润。

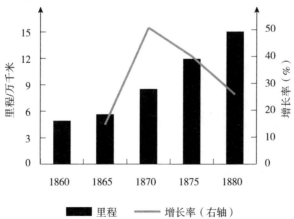

图 1-2-10　1860—1880 年美国铁路建设情况

（资料来源：国海证券研究所）

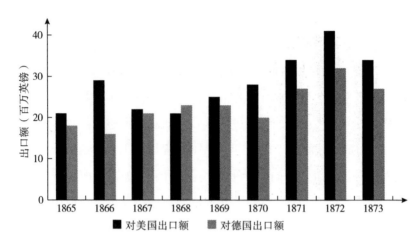

图 1-2-11　1865—1873 年英国对美国、德国出口额

(资料来源：国海证券研究所)

同一时期，英格兰银行不断调降基准利率也有利于提振投资与股市热情。继 50 年代澳大利亚黄金发现之后，60 年代英属哥伦比亚地区黄金产量也大幅上升，一船船黄金被运送而来，让英格兰银行黄金储备创历史新高。作为一家营利性银行，英格兰银行为了充分利用储备资金、扩大资金投放，从 1865 年开始进入降息通道，1867 年 1 年内就降息 400 个基点，短期利率多年维持在 2%~4%（见图 1-2-12）。低利率一方面降低融资成本，加快了英国产业投资速度，促进经济增长；另一方面降低了储蓄回报，更多的资金由银行转移至股市，为这一轮的牛市锦上添花。

钢铁革命中钢铁产业从无到有，也为国际贸易带来新的业务项目。在旧有的农产品、纺织品贸易的基础上，钢铁产业链上下游产品的国际运输成为英国贸易企业的增量业务。英国是一个煤炭富集但缺少铁矿的国家，英国煤炭大量出口至法国、德国，而铁矿石则需要从西班牙、瑞典等资源丰富的国家进口，因此煤炭、铁矿石等大宗商品运输成为贸易企业新的业务项目。

在此基础上，煤钢革命进一步促进了国际分工和国际贸易。工业部门的高收入推动越来越多的劳动力从农业部门转移，导致英国粮食无法自给自足，因

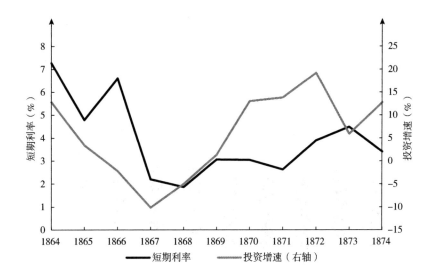

图 1-2-12　1864—1874 年英国短期利率与投资增速

(资料来源：国海证券研究所)

此需要用工业品出口所赚取的利润换回从美国或殖民统治地区进口的农产品。1865—1873 年，英国对外贸易额上升了 40%（见图 1-2-13），贸易企业利润上涨也提高了其股票的吸引力。

4. 1874 年经济危机与 20 年停滞

1874 年开始，美国、德国、法国以及英国等资本主义国家发生了 19 世纪最严重的经济危机。危机持续时间长达 6 年，期间英国股指从 1874 年的 32 点下跌至 1879 年最低点 21 点，下跌幅度约为 35%。

德国、美国是危机的主要发源地，受损也最严重。形成危机的原因是多方面的，投资过热是其中之一。在德国，1871 年"铁血宰相"俾斯麦统一了德意志地区众多小邦国，建立了德意志帝国。德国统一掀起了各地区经济合作的浪潮，涵盖铁路、工厂、船坞等诸多方面，德国的钢铁革命也在这时起步，而普法战争中德国的胜利更是激起了德国人的投资热情。

大洋对岸的美国也在经历着类似的历程。南北战争后，胜利的北方加快了

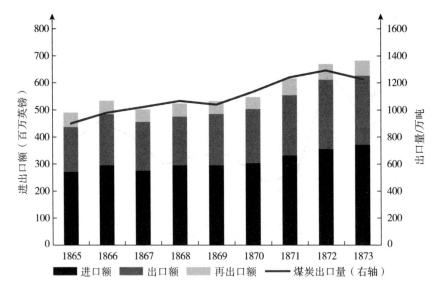

图 1-2-13　1865—1873 年英国对外贸易情况

（资料来源：国海证券研究所）

对南方的经济改革，首先是将南方纳入北方的供应链。连接南北方的铁路和周边工厂的投资一度十分繁荣，以往装船送往英国的南方棉花，现在通过铁路送往了北方的工厂。

终结美、德投资热情的，是双方几乎在同一时间发生的货币制度改革。俾斯麦统一德国之后，废除了以往各邦国种类不一的银质硬币，统一改为使用"金马克"，1873 年，金本位正式在德国建立起来。在美国，19 世纪 70 年代初，旧的《1837 年铸币法》时效已过，国会就是否继续实行金银复本位制度意见不一。正在此时内华达山区发现大型银矿，白银产量剧增带来非常大的贬值压力，冲击着金银固定汇率制度和黄金地位。最终，美国政府也抛弃了白银，确立了金本位制度。白银在德国和美国失去法定货币地位，使得当地银行通货储备和货币供应量骤减，加剧了因投资过热而本就存在的流动性问题，最终造成了全面的经济危机。

1874 年的经济危机致使美国、德国工业投资遭受打击，进而影响到英国的工业品出口市场，美、英两国国工人工资下降情况也从侧面反映出这一点

第一章
股市拂晓

（见图1-2-14）。1873年，美国和德国分别以3400万英镑、2700万英镑出口金额分列英国的第1、第2大出口市场（见图1-2-15）。经济危机发生后，英国对美、德出口额下滑一半以上，海外市场的萎缩严重打击英国新兴工业企业利润和国际贸易活动。虽然在英国国内的投资和消费支撑下，英国经济的衰退起初没有美国、德国那么剧烈，但是新兴工业部门和贸易部门直接受到打击，股市的"两条腿"受困，最终导致股指的表现要比总体经济更差。

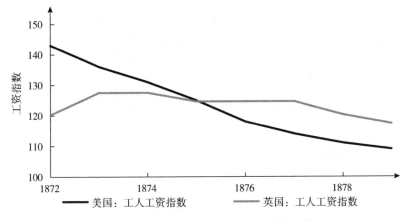

图1-2-14 危机中英、美工人工资指数比较

注：工人工资指数以1860年为基期（100）。

（资料来源：国海证券研究所）

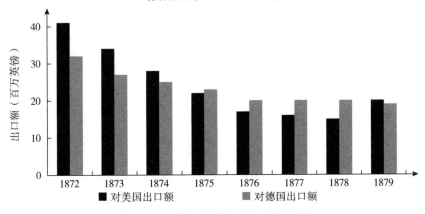

图1-2-15 危机中英国对美、德出口额

（资料来源：国海证券研究所）

从 1874 年起，英国股市经历了长达 20 年的下跌和低迷期，原因不只有一场经济危机这么简单，其背后有更深层的结构性因素。这些因素不但导致了股市的低迷，更导致英国与美国、德国走上了不同的发展道路。

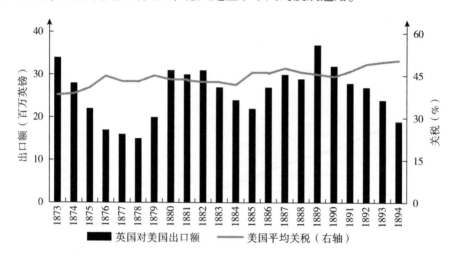

图 1-2-16　1873—1894 年英国对美出口额与美国关税

（资料来源：国海证券研究所）

首先，全球贸易保护思潮的兴起。在美国南北战争时期，作为筹集资金的一种手段，高额关税被加到了大多数进口商品上。战后政治上占有优势的北方为了保护本国市场，将工业品关税保留了下来。1874 年经济危机爆发后，工业品关税再次上涨，平均税率从 40% 以下一路上涨至 50%（见图 1-2-16）。在德国，俾斯麦采取了国家干预式的经济发展模式，并于 1879 年对进口农产品、生铁、钢铁半成品和制成品征收高额关税，产品越往下游税率越高。在法国，19 世纪 80 年代开始对农产品的关税逐步抬升，1892 年英法自由贸易协定㊀中止，法国开始对英国工业品征收关税。甚至连曾受英国殖民统治的加拿大㊁，在第一任总理约翰·麦克唐纳的贸易保护主义思想影响下，也于 1879 年竖起关税高

㊀ 指 1860 年签订的《科布登-谢瓦利埃协定》，第一个现代贸易协定。协议降低了对英国工业品和法国酒类的关税。

㊁ 1867 年加拿大升格为自治领，拥有独立的经济自主权。

第一章
股市拂晓

墙,保护民族工业。贸易保护之风几乎在同一时间刮遍欧美。这让煤钢革命中英国工业的先发优势丧失殆尽,海外市场尽失。同时全球贸易景气度每况愈下,作为最大的贸易商,英国损失惨重。

其次,全球贸易格局发生重大转变,英国的市场份额被法国蚕食。促成这一转变的是1869年通航的苏伊士运河。运河建成前,"欧洲-东亚"海路贸易需要绕行南非,南非的宗主国——英国基本垄断了非洲以东的海上贸易。然而,苏伊士运河通航之后,经运河由印度前往欧洲的距离减少一半以上,成为更多船队的选择。由法国控制的苏伊士运河极大地分流了英国的贸易利益,动摇了英国贸易地位。为重新夺回贸易份额,1875年英国从埃及当局手中购买了44%的运河股份,1882年英国以镇压当地起义为借口入侵苏伊士运河区,开始了长达70年的军事控制。尽管英国重新获得了对苏伊士运河的控制,运河通行的经济收入依然被法国瓜分,并且英国企业从贸易船运、中转所获得的收入由于路程缩短而进一步降低。

最后,英国重新回到了发展轻工业的老路,导致其在第二次工业革命中逐渐落后,重工业部门丢失的市场份额越来越大。在经济危机之中,面对欧美各国的保护主义与钢铁市场供过于求的困境,殖民大国英、法与新兴国家美、德走出了完全不同的道路。英、法依仗着拥有广大殖民统治地区作为专属市场,重点发展轻工业,加大对殖民统治地区的商品倾销和剥削,例如,英国在这20年间对中国的出口大幅增长了150%,对印度出口增长了70%(见图1-2-17)。而美、德基本没有殖民统治地区可以盘剥,只能加大对新兴工业的投资(见图1-2-18),扩大规模降低成本,加快技术革新,从而在竞争激烈的世界市场赢得一席之地。

英、法与美、德不同的发展路径,不但影响各国的经济增速,也缓慢而深刻地改变着世界力量格局。从短期来看,依靠利润丰厚的轻工业和殖民地市场,英、法等老牌殖民帝国受到经济危机与贸易保护主义的冲击较少。但是从长期来看,由于新兴工业相对不受重视,在煤钢革命中建立起技术优势的英国逐渐

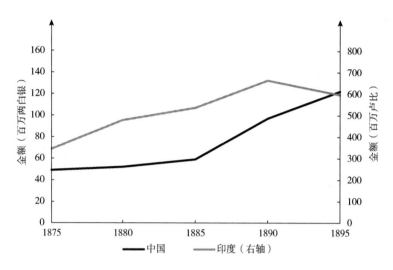

图 1-2-17　1875—1895 年中国、印度从英国进口商品金额

（资料来源：国海证券研究所）

图 1-2-18　1870—1894 年英国、德国投资在 GDP 中占比

（资料来源：国海证券研究所）

在科技竞赛中落后（见图 1-2-19）。1875 年，英国钢产量排名世界第 1，比美国（第 2 名）、德国（第 3 名）的钢产量总和还要多。而到 1893 年，英国钢铁产量已经落后于德国，更是比美国少了 25%。第二次工业革命中，德国人戴姆勒

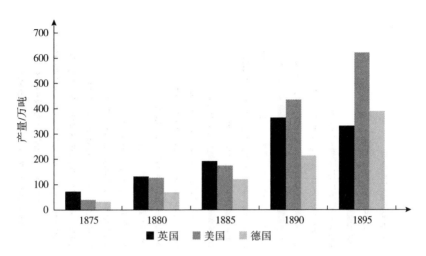

图1-2-19　1875—1895年英国、德国、美国钢铁产量

(资料来源：国海证券研究所)

率先广泛应用了内燃机，巴斯夫、拜耳等德国公司主导了化工行业；美国人则发明了电话、白炽灯和交流发电机，开启了人类的"电气时代"。结果，轻工业和殖民地市场看似是英国在危机时为自己留下的"后路"，最终却断了英国工业的"前路"。1894年，英国[一]向美国交出了GDP世界第一的宝座，它也不再是"世界工厂"，因为此时在英国市场上充斥着美国货（见图1-2-20）。

关税政策、航运格局和工业力量的世界性变化，成为压在英国股市身上的"三座大山"，是造成英国股市20年低迷的罪魁祸首。不过英国毕竟家底丰厚——英国殖民统治地区遍布五大洲，土地面积约260万平方千米，女王座下子民超过4亿。在19世纪的最后5年中，这些家底将为英国股市和经济做出最后一次重大贡献，化为"日不落帝国"最后的余晖。

5. 黄金之国

1886年，一个叫乔治·哈里森的澳大利亚人在南非威特沃特斯兰德（以下简称"兰德"）山区农场发现了金矿，揭开了19世纪最后的淘金潮。乔治·哈

[一] 仅指英国本土（大不列颠及爱尔兰联合王国），不包含其他英帝国下辖殖民地。

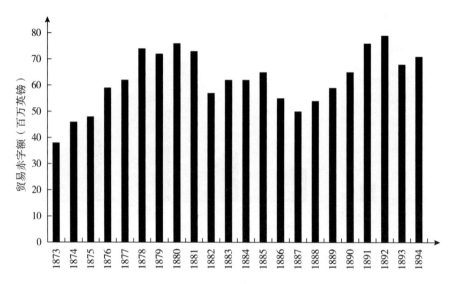

图1-2-20　1873—1894年英国对美国贸易赤字

（资料来源：国海证券研究所）

里森从当地德兰士瓦共和国政府取得该地区的开采权，并宣布金矿向公众开放。与之前的数次淘金潮类似，一时间，南非当地、澳大利亚，甚至远在美国加州的淘金者闻讯赶来，建立营地，准备一试运气。但不同的是，兰德金矿区很快被证实是世界上最大的金矿区，其年产量从1887年的2.3万盎司上升至1894年的200万盎司，占世界总产量的1/5，年出产黄金价值700万英镑。由于金矿区毗邻英国在南非的殖民统治地区，参与淘金的又多是英国企业和工人，英国成为兰德金矿的最主要受益者。英国股指更是在1894—1897年上升超过50%。兰德金矿对英国股市的利好，主要有三个方向：

　　率先受益的自然是英国在南非的矿业公司。黄金开采可以说是一本万利的买卖，英国在南非的矿业公司因为距离矿区较近，第一时间完成了开采布局，把握住了较好的矿源，黄金产出后公司利润节节攀升。

　　其次是经营南非业务的商品出口企业。自从苏伊士运河通航之后，南非的贸易地位和贸易收入下滑，当地经济十分惨淡，与英国本土的经贸往来停滞不前。在过去200年间，开普敦一直稳坐南非第一大城市的宝座，随着淘金潮中

第一章
股市拂晓

世界各地的人聚集到矿区，短短 10 年内，矿区中心城市约翰内斯堡的城市规模就超过了前者。无论是如火如荼的矿区建设，还是矿工的日常生活，都大量依赖英国进口商品。在这 10 年间，南非从英国进口的商品金额增长为原来的 5 倍，并一跃成为英国的第五大出口国（见图 1-2-21）。

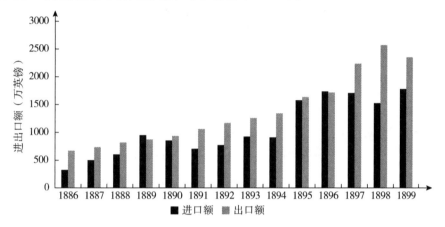

图 1-2-21 1886—1899 年南非对英国进出口额

（资料来源：国海证券研究所）

最后，兰德黄金有效压低了英国利率，进而促进了英国的经济繁荣。兰德黄金通过贸易或投资收益回流英国，最终流入英国的银行系统。各大银行黄金储备充足，1894 年银行短期利率在 19 世纪第一次降到 1% 以下（见图 1-2-22）。极低的利率刺激了实体经济和股市投资，使得 1894 年英国实际 GDP 增长 4.6%——20 年内第二高年度增速。1894—1899 年，"南非经济"让英国多年处于繁荣区间，似乎一举摆脱了前 20 年经济停滞的困扰。

兰德金矿带给英国繁荣的同时，也为其埋下巨大隐患。围绕金矿利益，英国与当地由布尔人组建的德兰士瓦政府矛盾激化，最终双方围绕金矿的控制权爆发了战争。英国在 19 世纪参加过很多场战争，通过战争攫取了很多利益，国力愈加强盛。此时英国人应该不会想到，这场世纪之交的战争竟会成为大英帝国由盛转衰的起点，也成为英国股市由牛转熊的分界线。

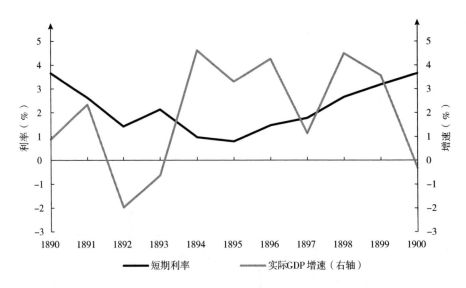

图 1-2-22　1890—1900 年英国短期利率与实际 GDP 增速

（资料来源：国海证券研究所）

第一章
股市拂晓

第三节 1901—1950年：帝国的黄昏

导读：20世纪初，英国股市呈现新旧交替的格局，金融、交通运输等传统行业淘汰退出，工业股成为市场的中流砥柱，消费类股票越来越多。一战前，由于各殖民统治地区对英国统治的反抗越来越激烈，英国开始放松对殖民统治地区的经济控制，其他国家趁机进入殖民地市场展开竞争，导致英国商品销量有所下降，带动股市不断下行。一战爆发后，英国投资者对于国家实力和战争胜利充满信心，然而实际上英国在战争中的伤亡与开销巨大，英国企业人力亏空、税负加重，预期落空，股市加速走熊。在咆哮的20年代，工人与复员军人在一战中的储蓄化为巨大的商品购买力，形成了一个消费股牛市，但是同期工业股票却表现不佳。大萧条时期，英国政府果断的救援政策将经济率先拉出泥潭，英国股市创出新高。二战初期，英国人对战争心生恐惧，股市信心极低，然而随着战争局势逐渐明朗，企业股价不断回升，走势与一战期间完全相反。战后英国殖民体系开始瓦解，英国商品进一步退出世界市场，股市再度回调（见图1-3-1）。

1901年1月22日，统治英国长达64年的维多利亚女王与世长辞，整个英国陷入了哀伤之中。女王逝世标志着一个时代结束，不过英国国力仍然处于巅峰状态，此时的英国人依然很乐观，他们相信新的领袖将续写辉煌。当女王的灵柩乘船通过索伦特海峡时，英国的上百艘战列舰、巡洋舰分列两队并挤满海峡，绵延18公里，展示着英国雄厚的实力。就在半年前，英国的股指还创下了一个世纪以来的新高，也为英国的辉煌添加了新的注脚。不过在维多利亚女王死后，英国的国力江河日下，当股市股指下一次达到1900年的高度时，已经是

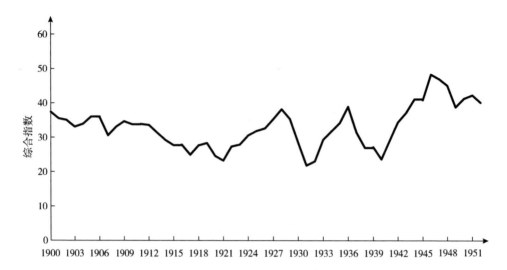

图1-3-1　1900—1951年英国股市综合指数走势（FTSE All Share Index，即富时全股指数）

（资料来源：国海证券研究所）

44年之后的事了。

旧王去世，新王登基。回望1901年，这种新老交替的故事不但发生在英国的王座上，同样也发生在股市里。在19世纪与20世纪之交，世界尚处于第二次工业革命中，电力、汽车等重大发明的应用推广刚刚展开，拥有高科技专利的新兴企业在欧美各地崭露头角。但对于英国来说，它已经经历了近百年的工业化，许多传统行业已经步入成熟阶段，因此，"新老交替"成为这一阶段英国股市行业发展的主线。这一主线主要体现在三个方面：

一、金融、交通运输、公用事业等传统行业兼并淘汰加速。19世纪初，金融、交通运输与公用事业是英国股市仅有的三大主题。到1900年，3个行业上市公司数量高达678家，依然占英国股市上市公司总数量的46%（见图1-3-2）。这些传统行业在过去高速扩张的主要动力有二：一是国际贸易兴盛，英国一直牢牢把持着海上霸主的地位，无论是"英国-欧洲大陆"还是"英国-殖民地"的国际贸易量都在稳步增长，为英国的贸易金融与国际性运输行业带来了繁荣；二是城市居民增长，工业革命推动了英国的城镇化进程，100年内英国的城镇

第一章
股市拂晓

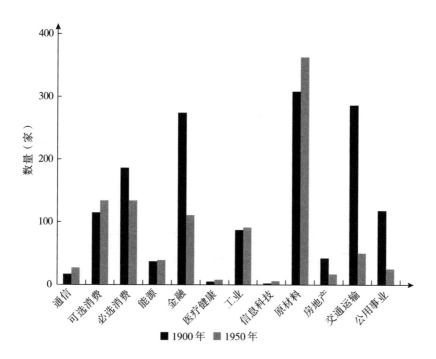

图 1-3-2　1900 年、1950 年英国上市公司数量

（资料来源：国海证券研究所）

化率从 34% 上升到了 78%，因此专为城市居民服务的金融、道路、公用事业公司层出不穷。

然而在 1900 年前后，这两大动力逐渐熄火。贸易方面，英国商品在国际市场上逐渐失去竞争力，英国与殖民地的贸易联系也在下降，贸易份额不断丢失；对于城市服务来说，英国的城镇化率已经上升至自然极限——在过去的 100 年，英国的城镇化率上升了 44.2%，在之后的 100 年，英国的城镇化率仅上升了 0.8%（见图 1-3-3）。增量市场消失后，三个行业进入存量博弈的阶段，开始了大规模的兼并与淘汰。

例如银行业，有 84 年上市历史的伦敦联合股份银行（London Joint Stock Bank）在银行业的合并大潮中，于 1918 年被吸收进伦敦城和中部银行⊖（Lon-

---
⊖　1992 年被汇丰银行收购。

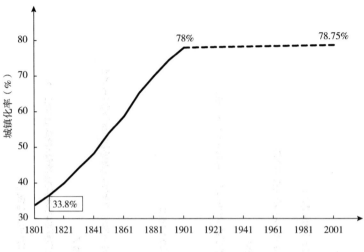

图 1-3-3　1801—2001 年英国城镇化率变化

（资料来源：国海证券研究所）

don City and Midland Bank），成为 20 世纪英国银行业"四大"（Big Four）的一部分。在铁路业，由于受到一战后汽车普及的影响与公路业的激烈竞争，英国上百家铁路公司普遍亏损，1922 年，在英国政府的主持下，各地铁路公司被整合进四大铁路系统中㊀。最终，三个行业上市公司数量由 678 家锐减到 1950 年的 186 家，在股市中的份额明显缩减。

二、工业、原材料企业接棒成为市场主力。第二次工业革命中，新兴工业部门出现的同时，传统工业部门进一步细分，许多细分市场的优秀企业进入股市，为工业股注入新鲜血液。工业方面，内燃机、电力的广泛应用也催生出许多汽车零部件、电力设备制造企业，例如，以制作钟表起家，后制造汽车仪表盘的史密斯工业公司（Smiths Industries），其在 1914 年上市，如今依旧是富时 100 指数（FTSE 100 Index）成分股。就较为传统的钢铁工业来说，在粗钢炼制之外，细分市场中线材、轴承、紧固件制造企业也不断出现，

㊀ 四大铁路系统分别为 London, Midland and Scottish Railway（LMS）、Great Western Railway（GWR）、London and North Eastern Railway（LNER）、Southern Railway（SR）。

第一章
股市拂晓

20世纪20年代,不锈钢也被发明并成为钢铁企业的新产品。1902年重组上市的吉凯恩公司(Guest, Keen & Nettlefolds),就是一家由大型钢铁制造商和两家螺丝钉制造巨头合并的产物,后发展成为英国的汽车与航空零部件龙头,今日旗下员工超过5万名。

原材料与能源行业也出现了类似的趋势。19世纪末,铝、铜等有色金属被大量生产并广泛应用。19世纪初,铝的价值贵如黄金,直到1888年,奥地利化学家卡尔·拜耳发明了铝土矿"碱溶法",与几年前法国化学家埃鲁发明的"电解法"相结合,奠定了现代电解冶炼铝工业方法的基础,铝合金后被广泛地应用到了航空工业当中。20世纪初,电力在工业生产与城市生活中逐渐普及,电子仪器、电缆对铜的需求大增,这个曾经几乎被钢铁代替的金属又有了用武之地。在能源行业,石油的重要性逐渐比肩煤。虽然石油的开采历史很早,但一直仅作为煤油灯的燃料。直到内燃机发明后,石油才真正发挥作用。从1900年到1920年,英国上市的石油公司从10家增加到35家,占据能源行业的半壁江山。

在不断取得突破的工业革命中,英国股市中的重工业行业由传统的钢铁、煤炭二元制演变为钢铁、冶金、机械、化工、煤炭、石油、电力等多元化发展,初步奠定了现代工业的行业格局。就这样在传统与新兴并存的时代,工业股成为英国股市的主流。

三、新生的消费、服务上市公司逐渐增多。1901年,英国人均GDP达到47.63英镑(按照汇率及零售价格指数,折合2019年8080美元),跨过了8000美元大关,较美国同期高出1000美元左右。初步富裕起来的英国民众开始消费升级,追求更有品质的生活。无论是一般消费品还是耐用品,品牌化成为大趋势,而那些在激烈竞争中初露锋芒的品牌,也借助股市进一步提升影响力,扩大经营。

消费品品牌化从价格低廉的食品饮料开始。在19世纪的最后10年中,充当休闲饮食消费的茶叶、酿酒公司率先在英国股市中涌现,其中不乏延续到今日的百年老品牌，如著名的啤酒品牌"健力士"（Guinness），早在1887年就在伦敦交易所上市；还有小孩子们喜欢的糖果品牌"吉百利"（Cadbury），1897年上市；英国股市中还走出了两大烟草巨头"英美烟草"（British-American Tobacco，1912年上市）和"帝国烟草"（Imperial Group，1906年上市）。1900年，必须消费品成为英国股市中上市公司数量第4多的行业，仅饮料行业就有100多家上市公司。

耐用品、奢侈品公司也迎来了上市热潮。其中主要包括纺织服装、家装材料、汽车与零部件行业。英国的纺织工业历史悠久，但过去各家厂商主要以生产普通棉布为主，商品同质化严重。随着中产阶级的增多，对高档面料、成衣与配饰的追求催生出众多中高档服装品牌，如1898年上市的男士领带品牌Tootal，1920年上市的风衣品牌博柏利（Burberry）。20世纪初，汽车风靡世界，英国虽然不是汽车的发源地，但是得益于庞大的中高端市场，培育了一些豪华车品牌，如劳斯莱斯（Rolls-Royce，1913年上市）、罗孚（Rover，1897年上市）。

多种多样的服务业上市公司，也侧面反映出英国民众的富裕程度。像哈罗德（Harrods）百货商场、萨伏伊（Savoy）酒店、里昂（Lyons）餐厅，都是中上流阶层休闲娱乐的首选。即使在家里，英国民众也能享受到住宅装修、家政清洁方面上市公司的服务。总的来说，在20世纪初，英国新兴的中产阶级带来对消费品质、消费升级的市场需求，众多消费、服务品牌脱颖而出，并给英国股市带来了新的风貌。

1. 工业的溃败

1900—1913年，第一次世界大战爆发前夕，英国股市经历了长期的下跌，股指由1900年最高点40.25点下跌至31.37点，总体下跌了22%。然而与19世纪三四十年代不同的是，本次股市下跌并不是由世界需求不足和长期通货紧缩引发的，在此期间，商品零售价格反而上浮了10%。从根本上来说，英国在

第一章
股市拂晓

第二次工业革命中落后，商品竞争力不足，工业品在世界市场上的份额逐渐丢失，才是股市长期疲软的主要原因。

以往英国对殖民统治地区市场进行垄断，但是20世纪初，民族主义觉醒和殖民统治地区频繁起义，让英国工业品的殖民统治地区专营市场不断丢失。1899年10月，南非兰德矿区当地政府——德兰士瓦共和国因为不满金矿权益大多数被英国人掠夺走，与英国政府的矛盾激化，双方最终爆发了战争。德兰士瓦是个仅有十几万人口的小国，英国政府本以为征服对方不费吹灰之力。事实上在战争开始不到1年后，英国就攻克了德兰士瓦的首都。在胜利的鼓舞下，英国股市大涨。如金矿采掘商"东兰德专营矿山公司"（East Rand Proprietary Mines）曾在战争爆发时股票急跌了10%，胜利后又全部收复了失地。

然而，让英国人万万没想到的是，顽强的布尔人化整为零，在南非高原上同英国人打起了游击战，严重干扰了矿山企业的运转。英国为此不得不坚壁清野，前后将十几万布尔民众关进集中营，又耗时两年清剿布尔人游击队。英国为这场战争付出的代价巨大，先后投入40多万人，阵亡2.2万余人，并且由于不人道的集中营政策，受到了国际社会的强烈谴责。

布尔战争的意义不仅局限于军事层面，随着殖民统治地区维护成本越来越高，在经济层面上它代表着英国殖民收益的转折点，从此，英国的殖民战略由扩张转向收缩，殖民体系初步瓦解。布尔战争中，英国军力捉襟见肘，不得不向其他殖民地寻求帮助。加拿大、澳大利亚、新西兰等白人殖民地在英帝国的政治地位由此上升。继1867年加拿大升格为自治领后，1901年澳大利亚、1907年新西兰与纽芬兰⊖、1910年南非都成为自治领。自治领拥有独立自主的经济、贸易政策，不再受英国政府的控制，英国企业过去通过非市场化政策维持的竞争优势消失。

然而，在市场化竞争中，英国又难以抵御新兴国家的冲击，其市场份额被不断蚕食。由于过于依赖殖民地市场，英国企业技术革新缓慢，从19世纪80

⊖ 位于加拿大东部，由纽芬兰岛和拉布拉多半岛东部组成，1949年加入加拿大联邦，成为加拿大第十个省。

年代开始，英国在第二次工业革命中落后，商品竞争力逐渐降低。失去了殖民政策庇护的英国商品如今在各地面临着德国、日本和美国等地商品的竞争。例如，在澳大利亚，1895年美国对澳出口额仅为英国的1/12，然而到了1913年美国对澳出口额就上升至英国的1/4，美国对澳顺差更是大超英国。甚至在英国本土，英国企业都可能竞争不过德国企业——同一时期德国对英国顺差飙升了12倍（见图1-3-4）。英国商品在竞争中的失败，集中反映到钢材生产上：下游需求缺乏，导致英国与德国钢铁产量的差距越拉越大，映衬着"日不落帝国"的落寞（见图1-3-5）。

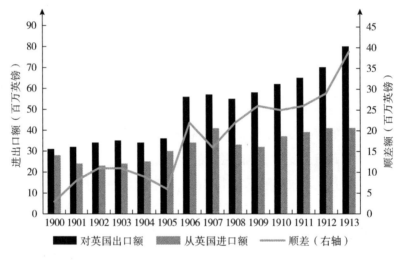

图1-3-4 1900—1913年德国对英国的进出口额及顺差情况

（资料来源：国海证券研究所）

此时英国工业企业已经成长为股市的主力军，不过在国际竞争压力下，企业业绩增长缓慢，利润下滑，让股市投资者越来越失望。相比较而言，大洋对岸的美国企业竞争力更强，增长前景明朗。众多英国投资者用脚投票，进入美国股市，带动了美国股市指数的上涨（见图1-3-6）。

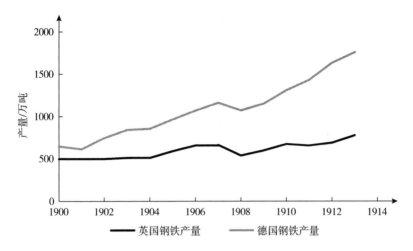

图 1-3-5　1900—1913 年英国与德国钢铁产量比较

（资料来源：国海证券研究所）

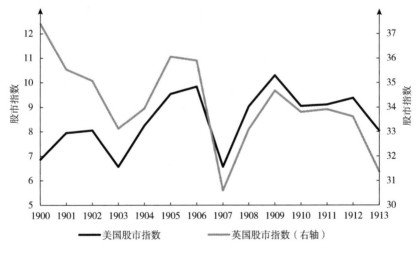

图 1-3-6　1900—1913 年英国、美国股市指数比较

（资料来源：国海证券研究所）

2. 惨烈的一战

1914 年 6 月 28 日，奥匈帝国皇储费迪南大公在萨拉热窝视察时，被塞尔维

亚民族主义者刺杀。奥匈帝国以塞尔维亚支持恐怖主义和奥匈分离主义为借口，进攻塞尔维亚，成为一战爆发的导火索。随后英国、俄国、法国组成的协约国一方与德国、奥匈帝国、奥斯曼帝国组成的同盟国一方相继卷入战争，第一次世界大战爆发了。

虽然根据防御协定，英国加入了与同盟国的战争中，但是奉行平衡主义的英国最初并不想过多地深入欧洲大陆的战事。100 年前，英国借着拿破仑战争的契机向欧洲盟友贩卖战争物资，发了不少战争财，股市一时大涨，这一次历史是否会再度轮回？

然而结果却与英国预料的相去甚远，这一次英国成了战争的受害者。战争爆发之后，英国的股市加速走熊，一直到 1921 年才结束熊市。一战期间英国股市下跌最为猛烈，4 年时间里股指下跌了 20%。与拿破仑战争相比，同样是发生在欧洲大陆上的战争，战火也没有烧到英国本土，拿破仑战争和一战究竟有哪些不同，使得两场战争中股市的表现天差地别？我们认为一战期间股市走熊的因素可以从三个层面进行分析：

从企业生产层面。一战期间，英国广泛征兵，抽调人力资源，削弱了英国企业的生产能力。在一战初期，英国的主要盟友法国由于动员与军事指挥失当，一个月内就阵亡了 20 万人。另一盟友俄国在外部对抗奥斯曼帝国不利，在内部则爆发了革命㊀。战争的天平向同盟国方面倾斜，迫使英国加大了对欧洲大陆战事的参与度，大面积征兵并派遣更多军队进入战场。英国前后通过义务征兵的方式动员了 600 余万人，约占到本土人口的 13%。如此大规模的征兵，基本抽空了英国生产企业的剩余人力资源，制约了产能扩张的步伐。由于人力缺乏，钢铁制造等主要军工部门增产有限，棉纺织、食品生产等次要部门产量更是出现了严重下滑（见图 1-3-7）。相比较而言，拿破仑战争中英国的人力损失较小，以至于在战争后期英国依然可以保持雇佣兵制度。根据统计，相比于拿破仑战争的跨度（约 20 年）与人员伤亡数量（30 万人，其中包括相当一部分外国

㊀ 列宁领导的布尔什维克革命，也称"十月革命"。

第一章
股市拂晓

人○），一战中，英国在 4 年时间内损失 70 万名本土士兵，伤残人数达 167 万人，极大地损害了英国的人力资源和生产能力（见表 1-3-1）。

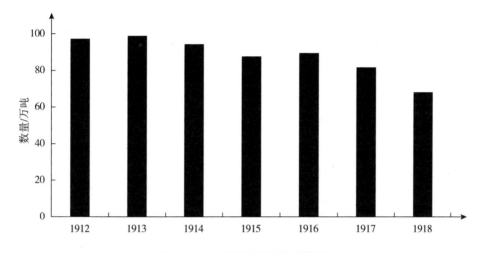

图 1-3-7　一战期间原棉消费情况

（资料来源：国海证券研究所）

表 1-3-1　英国伤亡集中于一战后半段

战役名称	时间	英国伤亡人数（人）
第一次马恩河会战	1914 年 9 月	13 000
第一次伊普尔战役	1914 年 1 月—1914 年 11 月	58 155
第二次伊普尔战役	1915 年 4 月—1915 年 5 月	59 275
加里波利战役	1915 年 2 月—1916 年 1 月	250 000
第二次阿图瓦战役	1915 年 5 月—1915 年 6 月	27 809
索姆河战役	1916 年 7 月—1916 年 11 月	456 000
尼韦勒攻势	1917 年 4 月—1917 年 5 月	160 000
梅西纳战役	1917 年 6 月	24 562
第三次伊普尔战役	1917 年 7 月—1917 年 11 月	275 000
康布雷战役	1917 年 11 月—1917 年 12 月	44 000
春季攻势	1918 年 3 月—1918 年 7 月	418 374

○　拿破仑战争期间英国在海外殖民地、西班牙、葡萄牙招募了不少当地士兵。

(续)

战役名称	时间	英国伤亡人数（人）
第二次马恩河会战	1918年7月—1918年8月	16 552
百日攻势	1918年8月—1918年11月	412 000

注：资料来源于国海证券研究所。

从企业利润层面。由于面临他国供应商竞争与高额战争税，英国企业难以在战争中盈利。拿破仑战争时期，英国企业几乎是欧洲盟友唯一的军需品供应商，因此获得不少物资订单。而到了一战，美国、日本因为远离主要战场，工业基础完整保存，军需品供应潜力巨大，对英国商品构成了强有力的竞争。更勿论其商品在战前本就具有一定的竞争优势，使得英国企业难以获得欧洲盟友的军需订单。一战期间美国物价上涨幅度远小于英国，两国汇率变化却较小，使得美国出口部门获得了巨大的价格优势，甚至连英国政府本身也仰仗更为廉价的美国物资，以至于一战期间英美贸易逆差大幅增长（见图1-3-8）。

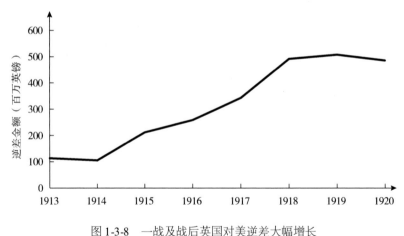

图1-3-8 一战及战后英国对美逆差大幅增长

（资料来源：国海证券研究所）

除此之外，英国在一战中消耗巨大，政府债台高筑，不得已对企业征收高额战争税。战争初期，英国政府要求，若企业在战争中的利润高于战前，则超

第一章
股市拂晓

额利润的 50% 需要上缴。到了战争后期，上缴比例上调至 80%，基本上抹平了企业因战争而获利的空间。

从市场预期的层面。惨烈的一战打破了民众对于英国实力的浪漫幻想，速胜的预期不断落空后，股市走低。自拿破仑战争胜利以来，英国确立世界霸主地位已有百年，百年内战无不胜，并且通过战争攫取了不少利益，以至于一战前英国民众依然沉浸在维多利亚时代的幻想中，对世界局势的变化，特别是对德国的崛起认识不足。然而现实是残酷的，英国投入了极大的人力、物力，却依然无力改变胶着的战争态势。例如，索姆河战役期间，英国损失了 45 万名士兵，战况最激烈时一天有 2 万名士兵阵亡，却只能将阵地向前推进几百米。战争期间英国贵族军官的阵亡率甚至高于普通士兵——战时首相赫伯特·阿斯奎斯在战争中失去了一个儿子，后来曾担任首相的安德鲁·博纳失去了两个儿子。在巨大的伤亡数字面前，英国民众对战争的情绪转向悲观，同样影响了股市的走势。

1918 年年底，一战终于以协约国的胜利而告终，胜利的情绪带动股市在 1918 年年底与 1919 年出现小幅反弹。但是英国国内出现了严重的经济危机，股市再度大幅下跌——1920 年，英格兰银行大幅提高利率引发了这次危机。一战期间，由于税收无法支撑战争花销，英国暂停了黄金兑换。财政部开始发行纸币，并通过超发货币为战争融资。战后英国上百万军人复员，复员军人携战时工资进入商品市场，带来巨大购买力的同时，继续支撑了物价上涨。1913—1920 年，英国的物价指数总共上涨了 140%，英镑贬值严重。战争结束后，英国政府一直致力于恢复英镑价值，恢复金本位，为此，遏制通货膨胀、降低物价成为当务之急。于是在 1920 年，英格兰银行大幅提高利率，收紧货币流动性。上调的利率显著抑制了投资和消费，致使英国 GDP 在 1 年时间内萎缩 13%，失业率飙涨至 13%。危机中消费不振，企业亏损，股市因此而下行。

经济危机持续了大约 2 年，在此期间英国的物价出现了明显的下降。1922 年年底，英国政府认为通货膨胀的治理基本完成，物价已经恢复到了合理水平，结束了货币紧缩周期。英国的利率重新调降，经济再度复苏。

3. 咆哮的 20 年代

1922—1929 年，美国、欧洲诸国经历了一段时间的战后复苏和繁荣，史称"咆哮的 20 年代"。各国在复苏期间经济增长较快，英国在这 8 年间的年均实际 GDP 增幅达 3%。该时期的最大特点就是股市大幅上涨，在美国出现了著名的"20 年代泡沫"，在英国同样出现了上涨 70% 的历史性大牛市。

20 世纪 20 年代是消费主义盛行的年代，英国消费股撬动了整个股市（见图1-3-9）。有两股力量推动了消费牛市，其中一股来自复员军人，战后占总人口 10% 以上的 500 万军人复员回家，他们成家立业结婚生子，手中持有的当兵时的工资化为巨大的消费力；另一股则来自工厂工人，在战后通货膨胀期间，企业为了保证生产力，尽力满足工人对于工资上涨的要求，物价调整后工人工资的实际购买力依然上涨了 30%。在 1920—1922 年的物价调整和紧缩周期中，英国的物价整体下行 30%，士兵和工人手中的储蓄使其购买力更强了。

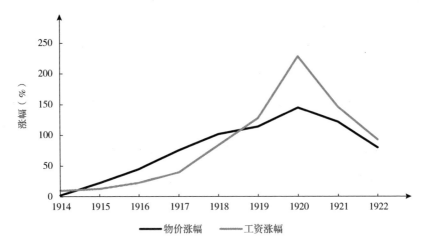

图 1-3-9　一战及战后物价调整期间，物价与工资较 1913 年涨幅

（资料来源：国海证券研究所）

第一章
股市拂晓

一战后，英国开始推行福利政策，保障普通民众的生活，进一步促进了消费。针对复员军人，英国首相劳合·乔治在竞选时发起"让英雄有个合适的家"（home fit for heroes）倡议，促使政府于1919年通过《住房与城镇规划法案》。根据法案规划，政府在3年内实际建设了21万套公共住房，并为入住的退役军人与低收入人群补贴租金。到1939年，公共住房增加到了110万套，占英国住房存量的10%。针对工人阶级的诉求，政府于1920年通过了《失业保险法案》，为失业民众提供39周的救济金，保险费用一部分由工人及雇主上缴，另一部分由政府补贴，失业保险基本上覆盖了整个工人阶层。除此之外，战后福利政策还包括提高儿童免费义务教育年限等，基本解决了中低收入人群的生活保障问题，有力地提升了民众的消费能力。

战后消费旺盛时期，英国股市主要消费品企业利润增加，股票大涨。如健力士啤酒股价于1926年达到顶峰，较战后低点上涨了2倍；到1929年股市崩盘前，英美烟草股价上涨约220%，吉百利糖果股价上涨了250%。汽车成为英国上层阶级最喜爱的出行工具，劳斯莱斯股价前后上涨了260%。总的来说，20世纪20年代的消费热潮基本上是19世纪末英国消费升级大趋势的延续，并最终引领了消费股的强势上涨。

与动辄上涨超过200%的消费股相比，英国的工业股走势则略显疲软。一战中，英国工业部门忙于战争生产而无暇顾及世界市场，导致美国、日本趁机瓜分了英国的市场份额。战后，英国商业秩序恢复，出口部门却发现再也难以恢复战前的市场优势。例如，在中国，战前日本对中国出口总额不到英国出口的一半（见图1-3-10），一战爆发后，英国对华出口下滑，日本趁机上位，最终导致英国市场份额第一的地位在1916年、1927年两度让位于日本。甚至在贸易保护下的印度，类似的原因也造成英国商品占绝对优势地位的动摇。1929年，英国对印度出口不及战前，但是美国、日本的对印出口却较战前分别增加了2.7倍和3.9倍（见图1-3-11）。

雪上加霜的是，英国回归金本位时高估了英镑价值，进一步削弱了出口部

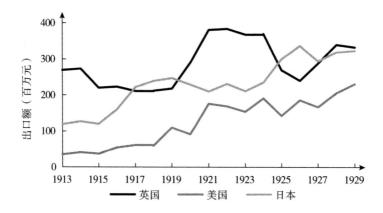

图 1-3-10　1913—1929 年英国、美国、日本对中国出口额

（资料来源：国海证券研究所）

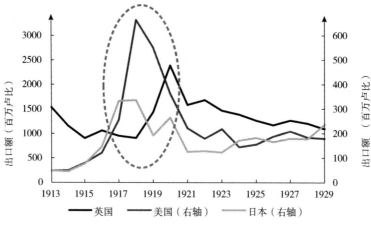

图 1-3-11　1913—1929 年英国、美国、日本对印度出口额

（资料来源：国海证券研究所）

门的优势。战后，英国政府一直致力于恢复金本位，认为恢复金本位就是恢复大英帝国时期的荣光，因此进行了包括通胀治理在内的一系列货币政策。然而，英国的通胀治理周期结束得过早，物价没有下降到位，导致 1925 年英国恢复金本位和战前的"英镑-黄金"兑换比率时，英镑的购买力依然较同期美元低近 10%，即英镑被高估了。高估的英镑鼓励了进口消费，并削弱了出口商品的价

第一章
股市拂晓

格优势，英国工业部门进一步受到冲击。如钢铁制造商吉凯恩公司就受到此次货币政策调整的拖累，股价在 1925 年前后大幅下行，部分回吐了 20 年代初期的涨幅。最后，整个 20 年代股价上涨不到 30%（见图 1-3-12）。金本位恢复 1 年后，英国出现了自 1851 年以来的第一次和平时期的经常项目赤字（见图 1-3-13），英国工业为国家赚取大额盈余的时代一去不复返了。

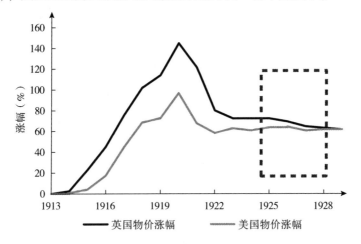

图 1-3-12　一战及战后美国、英国物价较 1913 年涨幅

（资料来源：国海证券研究所）

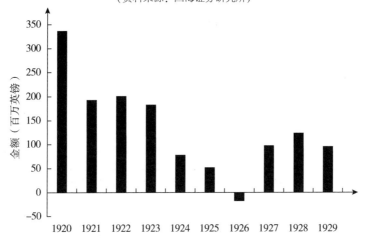

图 1-3-13　20 世纪 20 年代英国经常项目盈余

（资料来源：国海证券研究所）

4. 大萧条

1929年10月，美国股市崩盘的消息传来，恐慌情绪席卷了英国市场。大萧条中，美国经济崩溃，世界贸易遇冷，作为美国最大贸易伙伴的英国也未能幸免衰退。1929—1931年，英国失业率显著上升，股指下行45%。为了拯救英国经济，英国政府先后做出四点举措，率先将英国拉出了大萧条的泥潭。

首先，英国取消了金本位制，让英镑贬值，为出口部门创造汇率优势。大萧条期间，由于本国流动性紧张，美、法、荷兰等国开始从英格兰银行取出黄金，英格兰银行黄金储备告急，已经不足以支撑英国的金本位制度。因此，1931年9月，英格兰银行宣布将英镑和黄金脱钩。英镑兑黄金开始大幅贬值（见图1-3-14）。由于此时美国仍然实行金本位制度，英镑对黄金贬值即意味着英镑对美元贬值。在1931年年底，英镑兑美元价格就从金本位时期的1英镑兑4.86美元，下降至4.54美元。到1932年更是下降到3.51美元，贬值28%。英镑贬值有力地提高了英国商品的价格优势，英国抛弃黄金，并为本国出口部门

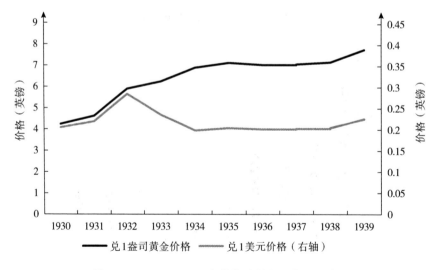

图1-3-14　1930—1939年英镑兑黄金、美元的价格

（资料来源：国海证券研究所）

第一章
股市拂晓

创造汇率优势的做法，后来被其他国家纷纷效仿，1933年美国也取消了"黄金-美元"固定比率。

第二，英国同殖民统治地区订立英镑同盟，稳定了英国商品的原材料成本。1931年脱离金本位后，英国与其殖民地（除加拿大）订立英镑同盟——殖民地货币与黄金脱钩，与英镑挂钩。由于英国商品原材料主要从其殖民地进口，在英镑贬值期间英镑与殖民地货币汇率的稳定，有效避免了进口材料价格上涨的情况，维护了英国商品的成本优势。在世界各国仍被大萧条所困扰时，英国的出口率先企稳。

第三，英国大幅降低利率，促进了投资与消费。由于没有了黄金储备的制约，英格兰开始大幅度降低利率，提高货币供给。1931—1933年，英格兰银行基准利率下降了2个百分点，自1895年以来又一次降至1%以下。急需资金进行技术革新的汽车、电子等新兴工业部门受益于廉价贷款，投资率先恢复。当其他部门失业率还在10%以上时，汽车、电子工人的失业率已经下降至5%以下。劳斯莱斯股价在这一轮降息周期中大涨了4倍，成为复苏时期英国股市表现最优秀的股票之一。

第四，英国建立关税同盟，保护本国与殖民地市场。1932年，英国通过了《进口关税法》，为几乎所有进口商品加上了10%的关税。同时，英国与加拿大、澳大利亚、印度等自治地区和殖民统治地区订立关税同盟，同盟内商品贸易关税可以豁免。关税同盟保护了英国工业在本国和殖民统治地区的市场免受美国和日本商品的冲击。在关税的保护下，1932—1937年，英国工业产出上升了48%，GDP年增长率达到4%，成为世界经济表现最优秀的经济体（纳粹德国除外）。

得益于英国政府有效的货币、贸易政策，英国经济的复苏较美国早了2年，1931—1937年股市股指上涨了80%，一举超过了1929年的点位。不过1937年8月，由于美国罗斯福政府过早结束财政宽松政策，并对企业加税，摧毁了本就脆弱的市场信心，美国经济重新陷入衰退。英国股市受美股拖累，一年内也回调了35%。到1938年年底，英国经济从本轮小型衰退中恢复。然而英国股市下跌的势头并没有因此终止，因为战争的阴云此时重新笼罩了欧洲大陆……

5. 二战及战后英国殖民体系的瓦解

1939年9月，德国出兵波兰，拉开第二次世界大战的序幕。在两次世界大战中，英国的股指表现迥异——一战中英国的股指持续下跌，二战中的大多数时间英国的股指却是在直线上涨。同样是以英国的胜利而告终，二战中英国本土还遭到了德国空军的轰炸，为什么股市表现的却要比一战要好得多？

首先，投资者在两次战争中的预期不同，这决定了战争时期股市的走势。一战前，英国自诩为"日不落帝国"，投资者对胜利的信心很高，然而事实是英国虽然获取了胜利，却损失巨大，打破了投资者对于英国能从战争中获利的预期。二战中，经历过一战的英国投资者充分认识到了德国战争机器的恐怖，因此，战争初期信心极低。1940年5月，经过充分战争准备的德国进攻法国、比利时和荷兰，一个月后，德国的坦克就开进了巴黎，战争进展之快让德国的军官们都大感意外。此时反观英国的股市，投资者们的情绪已经跌至谷底，英国即将战败的情绪弥漫在股票市场，股指较年初下跌35%。1940年7月，德国准备进攻英国本土，并派空军空袭英国，不列颠空战打响。这是英国最黑暗的时刻，在长达76个昼夜的轰炸中，英国超过10万栋建筑物被摧毁。超过4.3万名市民直接死于轰炸，伦敦证券交易所也转入地下进行交易。然而，英国的股市此时却奇迹般地反弹了！随着不列颠空战中英国空军逐渐占据优势，英国投资者对于英国能够守住不列颠岛的信心逐渐增强。最终，德国放弃了进攻英国本土的计划，将注意力转向苏联。1941年年中，当德国选择进攻苏联时，英国的防御压力减轻，英国股市第二次大涨。1941年年底，珍珠港事件后，美国加入英国一方，对战轴心国，英国人胜利的信心更强了一些。1942—1945年，随着战局逐渐向有利于反法西斯同盟的方向发展，投资者的预期改善，带动了英国股市不断上涨。

第一章
股市拂晓

除预期之外，两次世界大战中英国股市的不同走势也存在经济原因。第二次世界大战中，英国人在战略上被动防御，进攻时主要配合美国作战，客观上降低了英国士兵的伤亡，为工业生产企业较好地保留了人力资源。二战中，英国及其殖民统治地区共有38万名士兵阵亡，37万名士兵受伤，伤亡数字远低于一战时的70万阵亡、160万受伤。

美国的援助也降低了英国政府和企业的税收负担，将更多的利润留存给投资者。1941年，美国通过《租借法案》①，向同盟国援助武器、粮食。英国前后接受了价值314亿美元的物资援助，相当于1942年GDP的84%。美国的援助极大地分担了英国企业的税收压力。战争时期，英国并未向企业征收如一战时期那样的利润税，而仅对一些奢侈品征收购买税（purchase tax），初期为商品价格的33.3%，在1943年涨至100%。得益于军需品生产与随之而来的利润，重工业与食品部门股价在二战期间基本都有一倍以上的涨幅。奢侈品购买税的存在则使得中高档商品制造企业的股票涨幅较为有限。

当1945年英国胜利之时，英国股市的股指已经超过了1937年的最高位，那些由经济衰退和战争带来的股市压力已经一扫而空。时隔40多年，英国股指终于超过了1900年的点位。与一战后类似，由复员军人与工厂工人带来的商品消费在1945—1947年刺激着英国经济繁荣发展，投资者似乎已经准备好拥抱战后的新世界。

然而，在战后首先等待着英国的不是经济繁荣，而是殖民体系的崩塌。在甘地的领导下，战后印度独立运动风起云涌，此时刚刚经历战争的英国已无力镇压印度独立运动，被迫允许印度独立。作为英国最大的殖民地市场，当时印度GDP相当于当时英国本土的40%，印度独立意味着英国通过在印度垄断专营商品、掠夺殖民收益的终结。这颗英王冠上最亮的宝石，最终被英国人亲手摘下。继1947年印度独立之后，1948年缅甸、斯里兰卡独立，英国的殖民体系开始崩塌。

---

① 正式名称为《促进美国国防的法案》（An Act to Promote the Defense of the United States）。

英国老旧的经济结构已经不适应战后的国际贸易格局。英国传统的工业强项是船舶制造、煤炭与纺织品（见图1-3-15），然而战后商品运输的主要方式已经由船运转变为汽运，世界贸易的中心商品也变为汽车、石油与钢铁——这三项都不是英国工业的强项。在过去，英国尚有殖民地市场可以支撑老旧的工业体系。战后殖民统治地区一个个独立，英国工业逐渐失去世界市场。英国投资者终于认识到了这一点，因此1947年印度独立后英国股市大幅下滑，股指在2年多的时间里下降了24%。

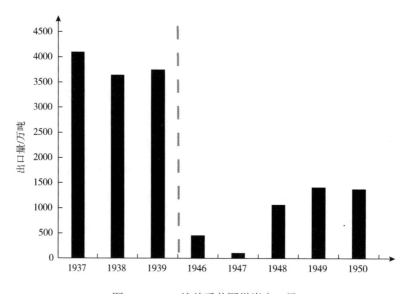

图1-3-15　二战前后英国煤炭出口量

（资料来源：国海证券研究所）

1950年，英国股市股指又回到1900年的起点，仿佛一个轮回。在这50年间，英国商品逐渐退出世界市场，是英国从世界霸主退化为二流国家的根本原因。英国商品的失势大体分为两条主线：一条主线源自19世纪70年代，英国在第二次工业革命中进步缓慢，导致新兴工业在较发达国家市场中丧失了技术和成本优势；另一条主线则从20世纪初开始，随着英国对殖民统治地区的控制逐渐减弱，传统商品在殖民地市场的份额也丢失殆尽。二战后，英国从殖民帝

第一章
股市拂晓

国转型为一个现代国家，对于那些怀念维多利亚时代光辉的人来说是痛苦的，然而对于股市投资者来说却未必。当英国重新定位自己并且融入战后世界经济的时候，一个史无前例的大牛市即将到来！

第四节 1951—2000年：股市的黄金时代

导读：20世纪下半叶是英国股市的黄金时代，工业、采掘业、新兴服务业先后成为股市中的宠儿。50年代，英国在美国的帮助下顺利地向重工业转型，同时，货币贬值带来了汇率优势，助推英国工业品重新打入世界市场，股市一扫二战后的低迷状态。60年代，随着其他参战国的经济恢复，英国工业竞争压力加大，增长相对停滞，直到第二次英镑贬值后，股市才有所起色（见图1-4-1）。第一次石油危机中，因为能源基础过于依赖进口石油，英国工业界受损严重，但油价大涨激发了北海石油⊖的开发潜力，石油与矿石采掘业先后崛起并得益于第二次石油危机。80年代，撒切尔政府的自由化改革刺激了银行信贷投放，在杠杆的作用下经济重回繁荣（见图1-4-2），同时，欧洲一体化和全球化让英国较强势的消费品牌更多受益。90年代，英国开始去工业化并重点发展服务业，这一时期金融、计算机等高端服务业在股市中的表现最为出色。

1950年是马歇尔计划进行的第二年，在该计划的帮助下，整个西欧经历着热火朝天的重建与复苏。作为该计划最大的受助方，英国不得不承认，战后资本主义世界已经由美国所主导，重现维多利亚时期的强盛只能是幻想。随着旧时殖民统治地区相继获得独立，不再依靠殖民经济的英国正在重新融入世界，重新定位自己。英国人认识到，二战之后的世界经济发生了深刻变化，必须顺应世界潮流，进行产业结构的调整，才能让英国经济重新焕发活力，最终这些调整和转型也明显地反映到股市当中。

⊖ 产油区介于欧洲大不列颠岛、挪威和欧洲大陆之间，所出产的石油为沿岸英国，挪威和荷兰等国享有，也是布兰特原油指数主要标的。

第一章
股市拂晓

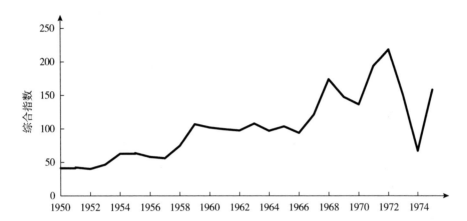

图 1-4-1　1950—1975 年英国股市综合指数走势（FTSE All Share Index，即富时全股指数）

（资料来源：国海证券研究所）

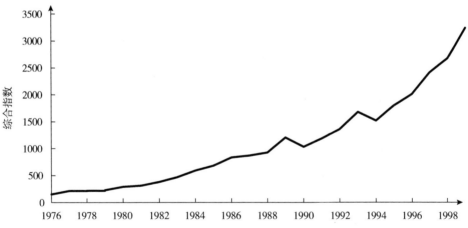

图 1-4-2　1976—1999 年英国股市综合指数走势（FTSE All Share Index，即富时全股指数）

（资料来源：国海证券研究所）

1. 向重工业前进

20 世纪 50 年代初，西欧各国迎来了战后复苏，经济增长较快，英国也不例外。特别是英国的股市表现，更能体现复苏的势头。整个 50 年代，英国股市股指上涨幅度超过 150%，仅用短短 10 年时间，就达到了维多利亚时代半个世纪的上涨幅度。这轮牛市的主要动力一部分来源于产业顺利升级，50 年代初，英国产业开始向重工业转型，投资高速增长，成为经济复苏最根本的源泉，内需得到提振的同时上市企业盈利增多；另一部分来源于汇率优势，货币政策上，英镑再一次贬值，帮助英国平衡了进出口贸易，在货币贬值带来的价格优势下，英国工业品重新打入世界市场。

1948 年，随着马歇尔计划推出，美国在资金上给予英国很多帮助，成为英国工业转型道路的起点。虽然从欧洲战火平息之日算起，时间已经过去 3 年，1948 年的英国依然挣扎在战后重建的泥潭中。因为不是主战场，英国的基础设施受损情况没有德、法那么严重，工业生产能力尚存。但二战中英国向美国大量举债，加剧了一战后就存在的财政困境。1947 年，英国政府杠杆率高达 237%，财政收入大半需要用来还债，根本无力推动产业投资和转型。为了严控国内消费，将更多的商品用于出口换汇和还债，英国的物资配给制度甚至持续到 1954 年才完全废除。马歇尔计划的出台，极大地缓解了英国政府的债务负担，计划中英国成为受援助最多的国家，3 年内实际接受援助 33 亿美元，约占本国 GDP 的 10%。卸下了债务的担子，政府才开始指导和参与产业投资。

更重要的是，美国在工业技术上为英国补了一课，美国的技术支援不但缩小了美英间的生产力差距，更让英国站上了下一次科技革命的前沿阵地。

计划实行期间，上万名欧洲企业家与技术专家前往美国的工厂、农庄参观学习先进的生产技术和企业组织形式。同时，美国派出咨询顾问在欧洲的工厂实地作业，分析生产中出现的问题，"手把手"教学解决方案。在美国的技术指导下，英国的工业生产效率有了显著提升，转型投资的方向更加清晰了。

有了资金和技术的储备，50 年代的英国在产业升级的道路上大踏步前进。固定资产投资一改第二次工业革命以来的低迷，连续 10 年高速增长，对 GDP 的拉动作用从 1949 年的 10% 上升至 1960 年的超过 17%（见图 1-4-3）。由于化工、钢铁、电力等污染大户增产过快，环保问题没有得到重视，50 年代伦敦开

第一章
股市拂晓

始出现雾霾天气,空气污染最严重时,几天内就导致约4000人死亡[⊖],侧面反映出当时英国大举押注重工业的历史。旺盛的投资提振了中上游建筑材料和设备需求,已经初具规模的上市工业企业在这场转型重工业的道路中直接受益。

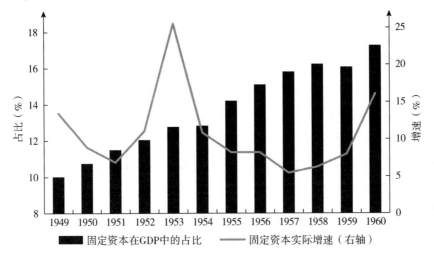

图 1-4-3　1949—1960 年英国固定资本在 GDP 中占比及固定资本增速

(资料来源:国海证券研究所)

1949 年英镑大幅贬值,也帮助英国工业品守住了国内市场,并重新打入海外市场。二战后,世界货币体系已经由战前的"英镑-美元"二元制[⊖]浮动汇率体系[⊜],转变为以美元为主导的布雷顿森林体系——包括英镑在内的各国货币与美元挂钩^㉔,各国中央银行持有美元作为外汇储备,美国则因为坐拥世界上 2/3 的黄金储备,有能力使美元直接与黄金挂钩。同时,1931 年英国取消金本位后成立的英镑同盟仍然存在,包括澳大利亚、新西兰在内的旧时大英殖民地

⊖ 即 1952 年 12 月 5—9 日的伦敦雾霾事件,约 4000 人因雾霾死亡,超 10 万人患疾,成为英国历史上最严重的空气污染事件。

⊖ 二战前,美元和英镑同时作为世界货币,各国央行、政府或持有美元、或持有英镑作为外汇储备,故称为二元制。

⊜ 浮动汇率体系指在纸币制度下,一国货币的对外币值,依据外汇市场上的供求状况,任其自由涨落,对汇率的波动幅度不予固定。

㉔ 即固定汇率,指外汇市场上各国货币兑美元的比率被限制在官方规定的范围内,若汇率大幅偏离官方设定值,中央银行会出手干预买卖外汇,以引导汇率回归设定区间。

仍然坚持持有英镑作为外汇储备,将本国货币与英镑挂钩。

1944年布雷顿森林体系成立时,"英镑-美元"的汇率被定为1英镑兑4.03美元。然而随着战后印度等殖民统治地区相继独立,英国基于殖民体系的产业结构不再具有竞争力,英国商品也无法出口到世界市场并赚取外汇盈余。但同时英国又有非常大的战争债务偿还压力,本国黄金和美元储备见底,无力再支撑英镑价值。形势所迫,英国决定让本国货币一次性贬值30%,即1英镑兑2.80美元。这一决定得到了美国和国际货币基金组织(IMF)的同意,并于1949年9月18日正式生效。同时,英镑区内其他国家货币同英镑一起贬值。

本次货币贬值的效果和1931年英国脱离金本位时非常类似。首先,英镑区内的进口商品变得更昂贵了,民众和工厂更少地消费外国商品,区内的市场空间更多地留给本土和英国产商品。其次,英国商品出口也变得更有竞争力,不但英国加工制造的部分成本下降,连同从英镑区国家进口的原材料部分成本也有所下降。货币贬值对英国出口的促进作用是立竿见影的,1949—1951年,英国对前三大贸易伙伴澳大利亚、加拿大、美国的出口分别上升了71%、70%和140%,货物和服务贸易项目账户扭亏为盈(见图1-4-4)。这一轮商品出口增量主要由重工业贡献,轻工业部门依然保持着萎缩的趋势,像英国同主要的轻工业市场——印度的贸易额在这三年间则基本没有改善。

20世纪50年代,在工业投资高增长和货币贬值两大利好因素催化下,英国中游重工业企业股价表现最为优秀。英国大型化工企业帝国化工(Imperial Chemical Industries)与钢铁企业吉凯恩的股价均在50年代翻了两番。不过,1956年爆发的苏伊士运河危机短暂地打破了英国工业股上升的势头。

从19世纪80年代以来,苏伊士运河一直被英、法两大殖民帝国所控制,直到1952年,埃及军官推翻了英国扶植的傀儡政权⊖,结束了英国对运河区长达70年的军事占领。但此时英、法依然保留着苏伊士运河的经济权益。1956年7月,埃及新政府突然宣布将苏伊士运河公司收归国有,此举激怒了英、法

⊖ 即埃及七月革命(Egyptian Revolution of 1952),1952年7月23日,由埃及自由军官组织执行委员会领导的民族民主革命,推翻了封建法鲁克王朝,成立埃及共和国。

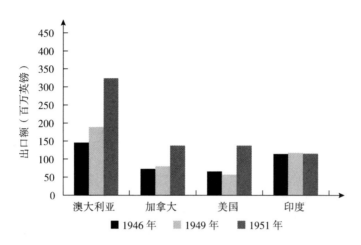

图 1-4-4　1946—1951 年英国对澳、加、美、印出口额

（资料来源：国海证券研究所）

两国。10 月，两国联合以色列进攻埃及，重新占领了运河区。英、法殖民主义式的军事行动招致全世界的谴责，美国在金融市场向英国施加压力，不但在外汇市场上抛售英镑，还否决了英国向 IMF 申请援助的提案。英镑贬值的压力引发了市场恐慌和资本外逃，危机爆发后，英国股市下跌了 10%，并在一年内持续震荡。最终，英、法屈从于国际社会的压力，从埃及撤军。苏伊士运河危机结束后，英国股市也于 1958 年找回了上升势头。

2. 繁荣与停滞

20 世纪 60 年代，欧美各国依然沐浴在战后繁荣当中。就英国来说，生产经营活动的旺盛可以用两个"3%"表示——失业率始终维持在 3% 以下，GDP 实际增速高达 3%，增长速度处于维多利亚时代也难以企及的历史最好水平。然而就是在这繁荣的背后，英国股市却经历了多年的停滞。从 1960—1967 年年初，英国股市股指毫无增长，甚至还略微下降了 8%。究竟是什么因素导致了英国股市的停滞？

总的来说，英国商品在世界范围内的竞争力自 50 年代有所上升后，在 60

年代再度下降。本国工业增长速度虽然从历史的纵向角度来看表现不错,但是横向与其他工业国家相比较(见图1-4-5),则处于相对停滞的状态。上市企业利润增长缓慢,英镑信任危机,成为股市表现疲软的根本原因。

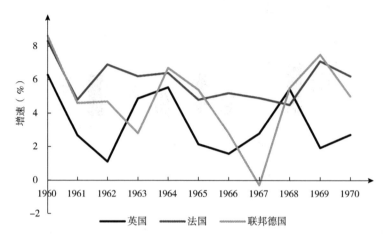

图1-4-5　20世纪60年代英、法、德实际GDP增速比较

(资料来源:国海证券研究所)

关于60年代英国商品竞争力下滑的原因,研究者们提出过很多种解释。一是后发优势学说。德、法、日等二战主要参战国在战争中受损严重,直到50年代末期才完成重建工作。虽然战后起步较英国晚,但是它们在建设工厂时可以应用最先进的技术,所以生产力水平较英国更高。反观英国,因为更新技术和设备时需要抛弃旧有设备,企业家在应用新科技时更为保守。除此之外,其他后发工业国家仍有比较庞大的农业人口可以为工业部门提供劳动力,即人口红利。英国由于较早地完成了工业化,几乎没有人口转移的空间,遏制了工业部门的进一步增长(见图1-4-6)。

二是教育水平差距。由于历史原因,英国的教育系统偏向于精英教育,对于普通大众的高等教育普及程度远不及美、法、德等国(见图1-4-7)。在战后开始的第三次科技革命中,一般员工的职业技能逐渐成为决定生产力的关键要素,英国高等教育人才基数较小,制约了企业的管理能力。即使在一线工人的

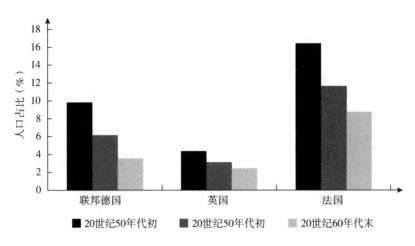

图 1-4-6 德、英、法农业部门人口占比

(资料来源：国海证券研究所)

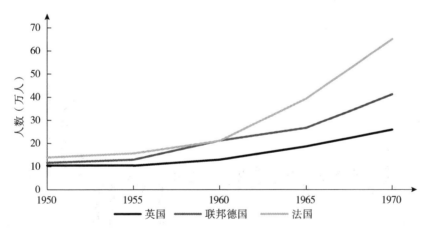

图 1-4-7 1950—1970 年英、德、法在校大学生人数

(资料来源：国海证券研究所)

技术训练层面，德、法等国的岗后职业技能培训项目也较英国更为完善，使得英国的工人素质落后于其他国家。

三是英国殖民经济的彻底瓦解。20 世纪五六十年代，以南非、马来西亚为代表的 27 个地区先后从英国独立，英国在殖民统治地区的商品垄断彻底瓦解，殖民收益消失也成为拖累工业增长的一大原因。

20世纪60年代，英国商品竞争力下滑，不但有损于出口，也影响了内需。由于出口部门动力减弱，工人阶层的收入和消费能力增长速度跟不上欧洲大陆国家。以人均GDP为例，1960年，英国的人均GDP在欧洲排名第6，领先欧陆上的主要国家，但到了1970年，英国人均GDP的排名跌落至11位，相继被丹麦、法国、德国、比利时、荷兰等国超越。收入增长缓慢使得英国在汽车、电视等主要消费品的普及率上也落后了。在内、外需表现均不佳的情况下，英国上市企业的利润很难有所突破。

出口部门疲软的另一个严重后果则是英镑信任危机。50年代，英国出口增长强劲，经常项目⊖能产生较多盈余，支撑了英镑价值。随着60年代英国商品竞争力的下滑，年度赤字在英国的经常项目账户中出现（见图1-4-8）。国际市场对英国是否能维持1949年以来的固定汇率表示质疑，英镑的信任危机由此产生。为了吸引资本回流，英格兰银行不得不设定一个更高的利率来保证国际收

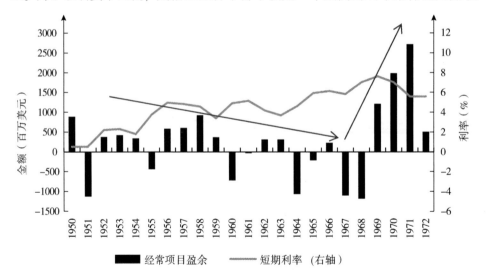

图1-4-8　1950—1972年英国贸易项目盈余（赤字）与短期利率

（资料来源：国海证券研究所）

⊖ 指在国际收支中经常发生的交易项目，主要包括贸易收支、劳务收支和单方面转移等。

第一章
股市拂晓

支平衡。高利率鼓励了储蓄，但是不利于民众对股票产生投资热情，这也成为60年代初英国股市走势平淡的原因之一。高利率的另一个负面影响则是借贷成本上升，阻碍了实体经济投资。1966年，英国经济陷入短暂衰退，为了抗议收入停滞，船坞工人举行了大罢工。在政治与金融压力下，1967年11月18日，英国政府宣布将英镑贬值14.3%，成为战后英镑的第二次贬值。过去能兑换2.8美元的1英镑，在1967年贬值后只能兑换2.4美元。

英镑危机以英镑贬值告终，但却成为另一段牛市的起点。从1967年年中—1972年，英国股市大涨133%。这一轮的上涨，与英镑贬值后企业盈利改善有关，但更多涨幅是由金融环境因素推动。

在国内，增长预期与利率下降推动股市上涨。英镑贬值后，投资者预期本次货币贬值的效果会像1949年一样，能够再次提振出口部门，改善企业盈利。同时在出口部门能够赚取外汇盈余的情况下，英格兰银行不再为保持国际收支的平衡，而设定一个较高的利率来吸引资金回流。因此，英格兰银行捍卫币值的压力减轻后，开始调降利率刺激经济（见图1-4-9）。利率下降鼓励了借贷行为，在股市上涨预期的配合下，更多资金从银行体系流出并流入股市，大大推高了股指和市盈率[1]。

在国外，英镑危机结束的同时，美元危机显现，避险情绪推高了英镑资产。1966年开始，美国全面介入越南战争，政府开支增加，国内物价上涨。美国经济需要进口更多商品，打破了战后的贸易平衡，促使美元流出速度加快。然而，美联储此时所持有的132亿美元的黄金储备已经不足以支付140亿美元外国中央银行的美元储备（见图1-4-10），美元的信任危机由此爆发。法国首先对美元特权表达不满，戴高乐总统宣称要将法国中央银行的所有美元储备换成黄金，引发了市场抛售美元的浪潮。1968年3月，由于黄金需求量过大，位于伦敦的中央金库储备见底，不得已暂停了对私人的黄金出售。从此，私人市场的黄金价格和中央银行间官方价格开始脱离。直到1971年，美国的通胀治理依然没有

---

[1] 指股票价格除以每股收益（每股收益，EPS）的比率。

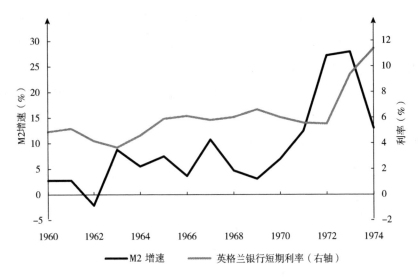

图1-4-9 1960—1974年英格兰银行短期利率与M2增速

(资料来源:国海证券研究所)

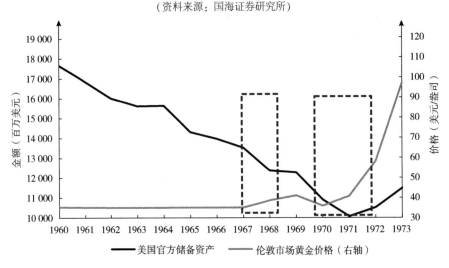

图1-4-10 1960—1973年美国黄金储备与国际黄金价格

(资料来源:国海证券研究所)

起色,德国因难以接受美国政府用凭空产生的赤字,在高估美元的情况下掠夺德国民众的劳动成果,宣布脱离布雷顿森林体系,实行浮动汇率制度,美

第一章
股市拂晓

元兑德国马克随即贬值。德国的行为引发各国中央银行对美元新一轮的抛售，最终迫使美国放弃布雷顿森林体系，美元开始大幅贬值。在美元危机期间，英镑由于提前贬值改善了贸易账户，因此显得更为坚挺，避险情绪提升了投资者对英镑和英镑资产的需求，外部资金流入英国股市，也对牛市起到促进作用。

虽然都是以英镑贬值为起点，50年代的牛市基本上由企业盈利增长推动，估值改善在牛市中的作用不到二成。而1967—1972年牛市推动力更多来源于预期和估值的上涨，期间英国股市整体市盈率由不到11倍上涨至最高超过20倍，涨幅的六成都是由估值贡献。然而，缺少基本面支撑的股价如空中楼阁，上涨得越高则跌落得越狠，即将到来的第一次石油危机将带给英国股市投资者一次惨痛的教训。

3. 在石油危机中受益

如果用一个词形容20世纪70年代的英国股市，那么这个词应该是"惊心动魄"。经历了70年代初牛市的投资者无论如何也没有想到，由于1973年10月第四次中东战争爆发，石油输出国组织（OPEC）为了打击对手以色列及支持以色列的国家，宣布石油禁运，暂停出口，造成油价上涨，形成了第一次石油危机。这使得英国股市从1973年的高点大跌70%，成为人类历史上仅次于美股大萧条的惨痛崩盘。然而当第二次石油危机⊖袭来时，英国股市却加速上扬，表现与第一次石油危机期间大相径庭。第一次石油危机之后，北海石油的开发改变了英国能源供给格局。英国由严重依赖进口的石油输入国蜕变为输出国，从油价上涨的受损方变为受益方，成为两次石油危机期间股市表现迥异的根本原因。

以往英国在石油定价方面具有很高话语权，本国工业长期享受低油价的利好，以至于能源结构上过度倚重进口石油。石油危机前，中东地区各国虽然生

⊖ 1978年伊朗革命至1980年伊朗-伊拉克战争期间，两国石油减产造成油价上涨，导致第二次石油危机。

产石油，却没有石油的定价权，仅分享部分油井开发的收益。"石油七巨头"⊖基本垄断了石油开发、定价和运输——1970年，它们在欧佩克（OPEC）国家的石油产量占总产量的77%。由于伊拉克、伊朗等中东产油国过去是英国殖民统治地区，英国在中东的石油权益特别巨大，殖民统治地区独立后，当地政府一度想收回英国的石油特权，却不得不屈服于英国强大的外交压力。英国政府则通过对"英国石油"与"皇家壳牌运输"两大英国企业施加影响力，将石油价格长期压低在2美元/桶以下，以降低本国进口能源的成本。1965—1973年，英国工业产出仅增长了23%，石油进口和消费却大增68%，长期低油价使得英国工业逐渐抛弃了传统能源——煤炭，转向拥抱石油。1973年英国净进口原油1.12亿吨，是欧洲位列于法国之后原油净进口第二多的国家，石油全部依靠进口，并占到总能源消费的50%左右。

第一次石油危机中，英国的石油定价权、收益权让渡给欧佩克组织，结束了油价长期偏低的局面。1973年10月第四次中东战争爆发，各个产油国第一次真正地联合起来，抗击西方国家对以色列的支持，结束了各自为政的局面。10月7日，阿拉伯国家决定集体削减5%产量，并向以色列的盟友——美国、日本、荷兰、南非、葡萄牙等国施行石油禁运。12月，产量削减行动进一步升级到25%。阿拉伯产油国的联合行动被证明行之有效，到了1974年年初，石油名义价格已经从1972年的2.48美元/桶飙升至11.58美元/桶，石油危机全面爆发。中东产油国在本次联合行动中第一次享受到巨大的石油收益，从此开始更多地联手控制油价，与西方企业争夺分红，石油话语权逐渐从石油巨头转移到了产油国手中。

视角回到股市，相较于美国股市不到50%的跌幅，英国股市在第一次石油危机期间大跌70%，在欧美国家中受损最为严重。为何石油危机对英国的打击

⊖ 世界七大石油公司亦称"石油七姐妹"。1928年9月，美、英、荷等国石油垄断组织签订了规定销售限额的《阿区纳卡垦协定》，并以此为基础，不断补充扩展而形成了国际石油垄断组织。它们分别由美国埃克森石油公司、莫比尔石油公司、加利福尼亚美孚石油公司、得克萨斯石油公司、海湾石油公司及英国石油公司、英荷壳牌石油公司组成。

第一章
股市拂晓

比对其他国家更重？答案就是英国过于倚重进口石油的能源结构和糟糕的货币政策，这使得英国的通货膨胀率在主要国家中最高，对上市企业的盈利和股票估值伤害最深。

由于英国能源过于依赖进口石油，油价上涨对英国物价的潜在冲击最为广泛。在欧洲主要国家中，只有法国的石油依赖度高于英国（见图1-4-11）。然而，法国在石油危机爆发后果断采取了的货币紧缩措施，大幅提高基准利率以遏制消费，缓解了本国物价的上涨势头。英国则在货币政策调整上略显迟缓，利率跟不上物价的上涨走势，以至于负利率明显，反而鼓励了消费和囤积居奇的行为，加速了物价上涨。1975年，英国的通货膨胀率高达24%，远远高于其他主要工业国（见图1-4-12）。

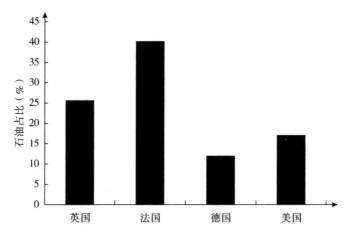

图1-4-11　1973年石油在各国电力生产中占比

（资料来源：国海证券研究所）

在过高的通货膨胀率面前，投资者放弃股票资产，转向追逐商品，打压了股票估值。英国政府物价管控不力，在未来物价仍将快速上涨的预期下持有商品，等待价格上涨的回报远高于持有股票的盈利回报，投资者纷纷抛售手中的股票资产并购买商品，英国股市整体市盈率因此受到打压。

在企业盈利上，英国相比于其他国家更高的通胀率，抵消了1967年英镑贬

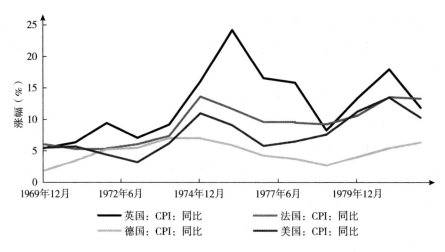

图 1-4-12　20 世纪 70 年代各国 CPI 涨幅

(资料来源：国海证券研究所)

值以来本国出口企业的价格优势。国内市场上进口商品的竞争力也有所加强，进一步挤压了国内企业的盈利空间。在浮动汇率制度的安排下，英镑从 1973 年到 1977 年较美元又贬值了大约 30%，以作为对这种"弱出口、强进口"的贸易逆差的回应。

第一次石油危机中油价大涨（见图 1-4-13）对社会的巨大破坏力，引发欧洲各国政府的深刻反省。各国根据本国国情制定能源安全战略，改革过于倚重进口石油的能源结构。法国政府开始大规模开发核电，丹麦政府重视利用风能，英国政府则将目光聚焦于北海石油。早在 60 年代，北海区域就已探明存在大规模的石油储备，只不过由于开采成本较高，在当时中东石油尚且廉价的情况下，石油企业缺乏开采的经济动力。石油危机后油价上涨，北海石油开采利润可期，同时政府也开始重视本国石油项目，北海石油的产量得以快速攀升（见图 1-4-14）。

北海石油的开发，逐渐扭转了英国石油进出口格局，使得英国股市从此成为油价上涨的受益者。1978 年年底，伊朗爆发伊斯兰革命，当地石油产量大幅下滑，油价再度走高。1980 年，两伊战争爆发，两国的石油生产完全停止。在供给

第一章
股市拂晓

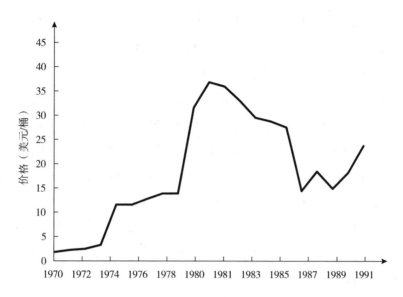

图 1-4-13　1970—1991 年石油名义价格

（资料来源：国海证券研究所）

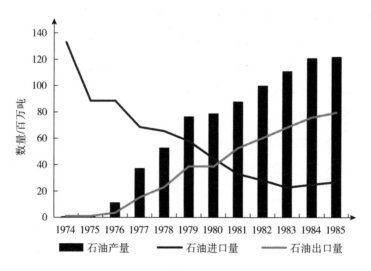

图 1-4-14　1974—1985 年英国石油生产与进出口情况

（资料来源：国海证券研究所）

缺口下，石油价格由每桶 13 美元跳升至 41 美元，第二次石油危机爆发。受高油价的冲击，主要工业国家通胀上升，并于 1980—1981 年再次陷入衰退。

其他欧美国家虽然一片萧条，英国股市却表现得一枝独秀。北海石油新锐与其上游原材料供应商，成为股市上涨的主要推动力量。牛市初期，受油价上涨的利好刺激，北海石油板块强势攀升，如 1977 年刚上市的伦敦-苏格兰海洋石油公司（London & Scottish Marine Oil）在 1979—1980 年间大涨 625%，整个油气行业上涨超过 50%。牛市中后期，北海石油建设投资加速的消息提振了上游矿石、原材料企业的股票行情，原材料供应企业接棒北海石油公司，带动大盘继续上涨。80 年代初，油气与原材料行情的爆发，使其股票占整个英国股市的市值比重一度超过 50%，它们的轮番上涨，让英国股市展现出与其他金融市场不一样的靓丽风景。

4. 大刀阔斧的改革

从 1982 年起，国际石油价格进入下跌通道，然而英国股市并没有因此走弱。从第二次石油危机开始的这一轮牛市一直持续至 1989 年年末。英国股市又走牛了 7 年，期间股指上涨 285%，领跑全球。不过股市背后的增长动能已经切换，由"铁娘子"撒切尔夫人所领导的经济改革和欧洲一体化代替石油涨价，成为英国股市新的增长点。

1979 年，撒切尔夫人领导的保守党政府上台，在她上任初期，英国喜获北海石油这一资源宝藏，抵御了石油危机的冲击，但整个工业体系更深层次的问题没有解决。如前文所述，由于先发劣势、大众教育落后、殖民体系瓦解等原因，英国的工业部门发展从 60 年代开始停滞。到 70 年代末，英国制造业竞争力继续下滑，甚至有一个专门的名词用来形容英国的糟糕经济现状——英国病（The British Disease）。

在工党⊖的领导下，政府曾为经济开出两张药方。一是国有化，那些因经

⊖ Labour Party，左翼政党，英国议会第二大政党。

第一章
股市拂晓

营不善濒临破产、但又具有重要经济意义的企业，政府予以收购、兜底。如英国钢铁集团（British Steel Corporation）、国家公交公司（National Bus Company）、英国利兰汽车集团（British Leyland Motor Corporation）、英国宇航（British Aerospace）等。但国有化并不能解决企业竞争力不足的问题，反而浪费了大量的补贴，成为政府的财政负担。二是货币贬值，1949年和1967年布雷顿森林体系下的英镑贬值均是在工党政府执政时推行的。1974—1979年，工党第三次执政期间，浮动汇率下英镑同样贬值明显。货币贬值虽然为出口企业创造了汇率优势，但是降低了英国中产阶级手中财富的购买力，引起了部分民众的不满。

撒切尔夫人上台后，决心彻底摘掉"英国病"的帽子，她也为英国经济开出两张药方。一是私有化，政府将大部分国有企业的股份出售给私人，以促进竞争和淘汰，提高企业效率。由于担心私有化后工作岗位丢失，英国工人阶层对私有化政策进行了大规模抗议和罢工。撒切尔夫人因为铁腕打压领导罢工的工会势力，获得了"铁娘子"的称号。二是金融自由化，为配合出售国有股份的行动，撒切尔夫人政府于1983年开始准备，1986年正式实施一系列金融去监管化政策，被统称为"金融大爆炸"（Big Bang）。其主要政策包括允许国内外金融机构持股、收购英国上市企业，商业银行与投资银行可以混业经营，投资银行内部的经纪业务、自营业务、融资业务也不再要求互相独立，取消股票经纪的固定佣金等。

私有化和金融自由化两张药方相互配合，为金融资本大举进入实体经济打开了通道，信贷杠杆上升催生了20世纪80年代的繁荣和牛市。放松监管后，英国商业银行信贷规模急速膨胀，并组成了一个个以大型商业银行为中心、通过投资银行参控股实体企业的金融集团。在私人部门信贷扩张的推动下，英国经济于80年代重新找回了自信，特别是金融自由化实施的头两年，GDP实际增速超过5%，经济一时极度繁荣（见图1-4-15），上市企业盈利增长迅猛，成为80年代牛市的重要基础。

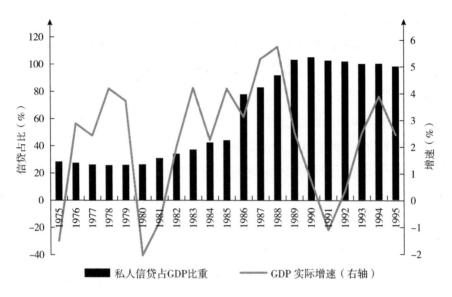

图 1-4-15　1975—1995 年英国私人信贷占 GDP 比重与 GDP 增速

（资料来源：国海证券研究所）

即使在牛市之中，行业表现也有好有坏，20 世纪 80 年代，英国卷入欧洲一体化和全球化浪潮，加速了股市行业间的分化。1957 年，法、德、意等六国在罗马签署《建立欧洲经济共同体条约》，建立了以关税同盟为核心的欧洲经济共同体（以下简称"欧共体"）。该组织的核心就是削减各成员国间的工业品、农产品关税，促进自由贸易和生产分工，以达到扩大欧洲总产出的最终目的。英国并非该组织的发起方，在 1973 年加入欧共体前，英国同美、加、澳等前殖民地贸易才是英国对外贸易的主流。但是，英国与上述国家贸易距离过远，运输成本和时滞一定程度上阻碍了英国优质的商品打开国外市场。英国加入欧共体后，英国与欧洲各国双边关税下降接近 0。80 年代，英国同德、法、荷等欧共体国家的贸易额增长幅度远超前殖民地诸国（见图 1-4-16）。

几乎同时，随着美苏冷战消融和信息技术革命，20 世纪 80 年代，以大型跨国公司为标志的经济全球化起步。英国自殖民时代开始就有对外投资的传统，有能力进行跨国投资的大型公司争先恐后地搭上全球化浪潮的第一班车，

第一章
股市拂晓

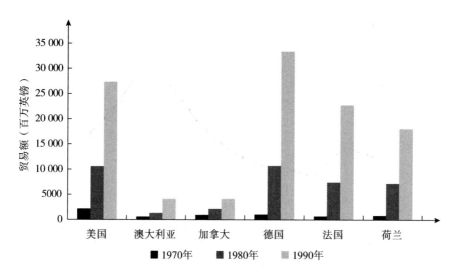

图1-4-16 1970—1990年英国同主要贸易国家贸易额增长情况

（资料来源：国海证券研究所）

开发海外市场，获取新兴国家的成长红利。在全球化热情高涨的1988年，英国对外投资支出占GDP比重高达4.6%，远超其他主要发达国家（见图1-4-17）。以往在本国为业内或普通民众所熟知的品牌，开始在世界市场上一展拳脚。

英国的食品饮料、日用化学品等一般消费品行业因为发展历史悠久、品牌底蕴深厚，借着欧共体的贸易利好政策和全球化的东风，顺利打入世界市场。在1982—1989年牛市期间，消费品行业总体股指上升384%，表现远好于大盘（285%）。例如，日化生产商联合利华股价就上涨超过400%。然而处于相对劣势的中上游工业部门则受到欧洲大陆同业的竞争冲击，成为英国加入欧共体和全球化的输家，行业盈利难以提振，牛市期间工业股在各个行业的股价中表现最差。

5. 服务业的春天

1990年，持续了10年的英国牛市戛然而止，年内股指大幅回调近20%。投资者们纷纷抱怨撒切尔夫人政府实施的货币紧缩政策是股市下跌的罪魁祸首。

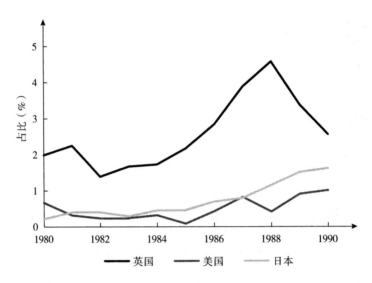

图 1-4-17　20 世纪 80 年代英、美、日对外投资占 GDP 比例

(资料来源：国海证券研究所)

当时英国经济在金融自由化、银行信贷急速扩张的背景下度过了数年繁荣时光，到 80 年代末已经显示出一些过热迹象，通货膨胀有所抬头。1990 年，伊拉克入侵科威特，中东石油供应受到干扰，受消息刺激，油价开始上涨，为当时的英国物价火上浇油，消费价格指数同比一度上涨超过 9%（见图 1-4-18）。为了严格遏制物价的上涨幅度，撒切尔政府大幅调高英格兰银行短期利率，更高的借贷成本打断了银行信贷的扩张势头，也打断了英国的经济繁荣。1990 年，英国 GDP 增速快速下滑，到 1991 年更是掉到 0 以下，糟糕的经济让投资者一时失去了信心。不过历史证明，1990 年左右的经济衰退不过是八九十年代英国长期繁荣的一段小插曲而已，很快，又一个 10 年牛市的序幕即将拉开！

从 1991 年年初开始，英国股市重新回到上涨通道当中，本轮牛市持续到了 1999 年年末。

同一时期，在大西洋的对岸，美国股市出现了著名的互联网泡沫，标普指数 10 年上涨了 335%。英国股市表现稍逊（10 年上涨 214%），不过仍可

第一章
股市拂晓

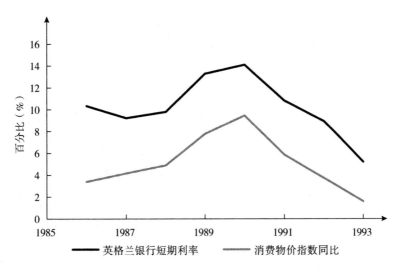

图 1-4-18　1986—1993 年英国短期利率与物价涨幅

（资料来源：国海证券研究所）

称为历史性的大牛市。经历了 80 年代中后期撒切尔夫人政府改革，金融、软件等服务业迎来了发展的春天，并自然而然地成为 90 年代股市的主题。同时以美国为首的全球性货币超发，为这一轮牛市添柴加火，推动了股市整体估值的抬升。

经济改革让英国走上了"去工业化"道路，资金、劳动力向更具优势的服务业转移。因为精英化的教育体系和语言优势，英国一直以来在金融、传媒、科研等高端服务业领域具有优势——英国拥有伦敦这一老牌的金融中心；路透社、BBC 受众遍布世界；牛津、剑桥大学长久把持世界最顶尖大学的称号。撒切尔夫人认为英国与其"全面发展"各个行业，不如"扬长避短"，重点支持优势服务业，更有利于经济增长。经过她的私有化改革后，大批工业企业失去了政府扶持，冗余人员被裁撤，业绩亏损的企业甚至直接市场化出清、破产，而服务业则获得了更多优惠政策和政府资源。以往流向工业企业的劳动力、资金转向流往高端服务业，让后者的增长动力更加强劲了。

1990 年后，撒切尔夫人不再担任首相，但她的政策奠定了之后英国的发展基调。以金融业为例，英国凭借着得天独厚的语言、监管优势和欧盟会员国这一身份，成为世界资本进出欧洲的必经之路，90年代，本土金融机构顺势崛起。

1986年金融自由化改革之后，世界各地的金融机构大举进入伦敦，收购优质资产，联合当地的机构，组成大型集团。如高盛在监管放松的当年不但成为伦敦证券交易所的经纪商，而且担当了当时英国最大私有化案例——英国天然气公司私有化的顾问。总部位于香港的汇丰控股则在1987年收购英国银行"四大"之一的米特兰银行部分股份，在英国本土站稳了脚跟。以往小机构林立的伦敦金融城，逐渐被各种跨国银行巨头占据，并将伦敦与其他金融中心更紧密地联系在一起。在不断增长的金融活动和需求的刺激下，诸如巴克莱银行（Barclays Bank）、劳埃德银行（Lloyds Bank）等英国本土的金融机构也抓住行业红利期快速扩张，盈利显著增长，并带领股市中银行板块上涨超过550%，远高于其他行业。

20世纪90年代，股价表现比银行板块还要优秀的，当属计算机软硬件行业（见图1-4-19、图1-4-20）。1991年，万维网（World Wide Web）首次对公众亮相，并于1993年免费向公众开放，引爆了互联网革命。无数网页与站点汇集于此，带给人们便利的信息服务。万维网推出后，全世界计算机与网络用户呈指数级增长，预示着互联网正是一片蓝海，行业风口已来。蓝海中，提供各式各样设备与服务的计算机企业纷纷成立，跑马圈地式地抢占基础用户，取得高增速的同时也需要大量资金支持。不过互联网企业高风险、轻资产、现金流不稳定的特点使其大多被挡在股市融资大门外。为了方便本国互联网企业融资，并提供给投资者更多选择，伦敦证券交易所于1995年推出了门槛更低的另类投资市场（Alternative Investment Market，AIM）。AIM的推出和大洋彼岸纳斯达克的火热，配合着无限的想象空间，彻底引爆了投资者的投资热情。计算机软硬件企业股票在1995年后一路见涨，短短5年时间就取得了10倍以上的上涨，像ARM（安谋控股）这样的优秀公司，成为市场中最耀眼的明星。

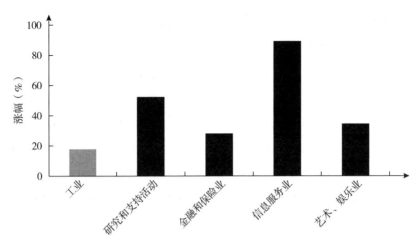

图 1-4-19　1990—2000 年英国各行业增加值涨幅

（资料来源：国海证券研究所）

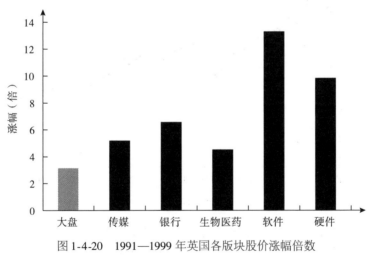

图 1-4-20　1991—1999 年英国各版块股价涨幅倍数

（资料来源：国海证券研究所）

除了金融与计算机，90 年代传媒、医药等行业股价也在这个服务业的春天中上涨不少，成为英国去工业化、经济转型道路中的受益者。不过在股票价格大幅上涨的背后，以美国为首的全球性货币超发也是助推股票估值上涨的力量之一。

自里根政府执政以来，美国便走上了财政扩张、赤字经济的道路。同时，美联储不断下调基准利率（见图 1-4-21），向经济中投入更多货币以刺激繁荣。在超量的货币投放下，美元倾向于贬值。为了稳定汇率，同时依照美国模式促进经济繁荣，进入 90 年代后英国中央银行（即英格兰银行，以下简称"英国央行"）也跟随着美国的步伐，打开了降息通道，并且利率下降的幅度比美国更大。低利率下定期存款、债券资产不再诱人，更多的投资者将目光转向股票以寻求更高的回报，间接推高了股票估值。1991—1999 年英国股市的市盈率由不到 11 倍上涨至 28 倍，货币超发毫无疑问地成为本次牛市的主要推动力之一。

图 1-4-21　20 世纪 90 年代英国、美国 10 年期国债利率走势

（资料来源：国海证券研究所）

6. 行业的潮起潮落

在 20 世纪下半叶这场史无前例的大牛市中，英国股市如同大海一般潮起潮落，浪潮中各个行业你方唱罢我登场，上演了一出出精彩纷呈的大戏。

第一章
股市拂晓

　　第一个登台的便是重工业。二战后，主要后发国家均开始工业化，各国低门槛工业品基本能做到自给自足，英国轻工业商品失去了世界市场。在欧洲，战前农业比重较高的意大利、西班牙、葡萄牙等国，在美国和国际组织的资金、技术援助下，在战后建立起了较为完备的工业体系，人均产值迅速提升并逐步赶上先进国家。在亚洲，英国曾经的殖民统治地区印度、马来西亚也通过开放的市场政策，招揽各国外资扶植本国工业，生产力水平有所上升。面对挑战，英国逐渐淘汰了落后的轻工业产能，将劳动力和资金集中至具有高技术门槛的机械、化工、精密制造业。1950—1960 年，英国的棉纺产能削减了 2/3，但钢铁产量提升了 50%，汽车产量更是上升了 1 倍以上，补上了英国在第二次工业革命中的产业短板（见图 1-4-22）。

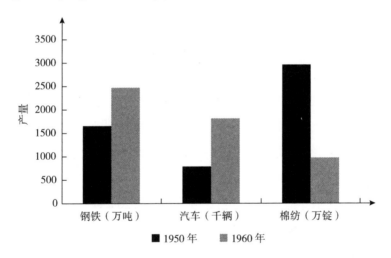

图 1-4-22　1950 年、1960 年英国主要商品产量

(资料来源：国海证券研究所)

　　在制造业转型升级的大背景下，英国股市为培育高精尖企业做出了重要贡献。1970 年，英国上市企业中工业企业数量达到 471 家，是 1950 年企业数量的 5 倍。数百家持有先进技术和专利的制造业企业先后通过股市融资实现了自身成长，带动这一行业在英国股市中的市值比重一度达到 20%。

然而好景不长,英国制造业并没能长久地保持领先。到了20世纪80年代,战败国德国、日本的制造业在技术和成本优势上又重新超越了英国同行,造成后者普遍亏损,并需要依靠政府补贴救济。撒切尔夫人上台后,英国政府下决心"去工业化",市场化淘汰失去竞争力的制造业企业。到20世纪末上市企业有不少或被兼并或被淘汰,股市中的工业行业占比再度萎缩。

第二个上台的是采掘业。随着世界矿产、能源需求与日俱增,英国企业得益于殖民时代的遗产,巩固了大宗商品供应商的龙头地位。二战后,世界各国大规模工业化,带来大量对石油、橡胶、铁矿石、有色金属矿产的需求。而早在殖民时期,英国企业就牢牢把控住了各殖民统治地区的矿产与能源。后来即使这些殖民统治地区纷纷独立,英国的权益也基本得到了保留。其中不少企业依托这些资源"遗产",乘着行业的东风发展成为世界级的龙头企业。如当今的铁矿石第2、第3大生产商力拓(Rio Tinto)、必和必拓(Broken Hill Proprietary Billiton)就脱胎于澳大利亚的矿山企业;"石油七巨头"之中的英国石油(BP)、英荷皇家壳牌石油(Royal Dutch Shell)则分别在英国殖民统治地区伊朗和马来亚的油田上成长起来。这些巨头在20世纪下半叶大都通过一系列兼并收购壮大规模,成为英国股市中举足轻重的大蓝筹股。特别是在70年代石油危机和北海石油开发后,英国石油巨头的规模和收入进一步上涨,油气板块的上市公司市值在英国股市总市值中的占比经常维持在20%以上。即使80年代后英国进入"去工业化"阶段,依然有韩国、中国等后发国家不断推进工业化,带动全球工业规模持续增长,支撑了对于基础矿产和能源等大宗商品的需求。

最后亮相的是新兴服务行业,在英国股市中占据了一席之地。在二战前,报纸和电台是信息传播的主要媒介,但是存在较大的地域局限性,各地传媒行业主要由当地公司把持。20世纪六七十年代,电视和卫星通信在发达国家中普及,打破了传媒行业的地域藩篱。英国广播电视行业凭借着母语是英语这一世界通用语种的优势,抓住机会一跃获得了世界级影响力,并为股市投资者赚得丰厚回报。

第一章
股市拂晓

20世纪80年代开始,通信和医药技术取得突破性进展,行业增长潜力巨大,红利期,电信与医药企业获得投资者青睐。其中竞争力最强的公司成为行业霸主,被视为英国股市的中流砥柱。如电信公司沃达丰(Vodafone)和医药公司葛兰素史克(Glaxo Smith Kline)都是市值权重位于5%以上的蓝筹股。

到了90年代后期,互联网革命爆发,伦敦证券交易所在看到美国纳斯达克的成功后,于1995年推出了AIM,大幅降低上市门槛,致力于培育本国与世界其他地区的初创企业,同纳斯达克展开竞争。AIM较好地抓住了互联网革命带来的机遇,截至2000年,先后有524家企业赴AIM上市,总市值接近150亿英镑。

经历了工业、采掘业与新兴服务业的变革,21世纪初,英国股市的行业门类已经与今天大致无二(见图1-4-23)。尽管在上市公司市值上,伦敦股票市场早已被纽约证券交易所(以下简称"纽交所")和纳斯达克超过,并且一度受到东京股票交易所的挑战,但它依然是欧洲最大的股票市场,并继续为伦敦这一国际金融中心发挥着支柱作用。

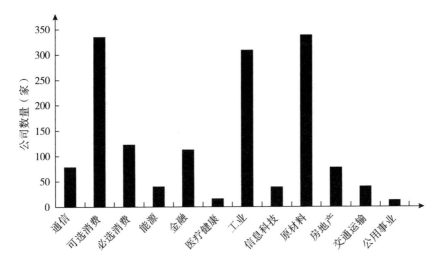

图1-4-23　1980年英国股市上市公司行业分布

(资料来源:国海证券研究所)

如果说英国国家实力的巅峰是 19 世纪下半叶的维多利亚时期，那么二战之后的 50 年则当之无愧地成为英国股市的黄金时代。以黄金价值作为对比，如果一个人在 1950 年年末将当时价值 1 盎司黄金的英镑投入英国股市，即使不考虑分红派息，到 1999 年年末他的股票价值也将等同于 5.6 盎司黄金，远超过 19 世纪下半叶股票的增值幅度（122%）。不过"花无百日红"，英国股票也并非常胜不败的资产。仿佛轮回一般，当时间跨过又一个世纪之交时，英国股市再一次由辉煌走向黯淡，与 100 年前的历史展现出惊人的相似。

第一章
股市拂晓

第五节 2001—2019年：黄金时代悄然褪色

导读：今日的英国股市极具特色，行业权重上，金融、石油业处于明显的位置，消费、服务行业也占据一席之地，工业与计算机业则属于弱势。互联网泡沫期间，英国电信通信公司风光一时，但是在泡沫破灭后跌落得最深；2003年后，大宗商品出现牛市，石油、采掘业拉动了整个大盘；金融危机期间，倚重金融业的英国经济与股市受损非常严重。时至今日，英国在复苏过程中的股市上涨十分疲软，远不及同期美国股市，在不同的行业结构和经济环境下，英美股市逐渐脱钩，渐行渐远（见图1-5-1）。

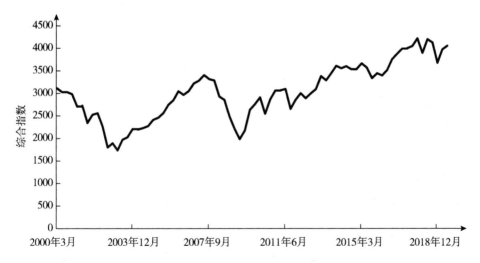

图 1-5-1 2000—2019年英国股市综合指数走势（FTSE All Share Index，即富时全股指数）

（资料来源：国海证券研究所）

古希腊哲学家赫拉克利特曾说过:"世上唯有'变化'才是永恒",在瞬息万变的股市更是如此——没有一个股市可以永远保持上涨,任何的"黄金时代"也必将成为过往。果不其然,在21世纪的前10年中,两场重大危机接踵而来,为英国股市蒙上了一层阴影。

1. 两场危机袭来

1999年,互联网泡沫到达巅峰,短短三四年时间,互联网相关企业的股价动辄上涨数倍。当时因为股权增值而手握重金的电信公司互相攻入对方的地盘,抢夺用户。为了消灭竞争对手,英国最大的电信公司沃达丰(Vodafone)参与竞购和记黄埔旗下的橘子(Orange)电信,却不料被德国电信公司曼内斯曼(Mannesmann)横刀夺爱。未达目的的沃达丰选择敌意收购曼内斯曼电信,激起了后者和德国民众的强烈反对,时任德国总理施罗德甚至公开谴责沃达丰的恶意并购。然而,在沃达丰开出的1120亿英镑天价面前,曼内斯曼的管理层最终屈服了。这桩敌意收购案成为截至当时世界历史上最大的一桩并购案,并成就了当时世界最大的移动通信集团——沃达丰集团,公司旗下拥有超4200万用户。2000年2月,沃达丰完成了收购,这是它最高光的时刻,其总市值扩大到2240亿英镑,当时排名世界第4,并在英国股市中的权重超过17%。沃达丰这个当时成立不过十余年的公司,在互联网革命的风口中飞上了天空。不过,风总有停下的一天,过去乘着风飞得越高,未来就有可能跌落得越狠。随着互联网泡沫开始破灭,沃达丰的股价旋即就走了下坡路。

从1999年年中开始,因为经济过热,通胀压力上升,美联储进入为期一年的加息周期。为了稳定汇率,英格兰银行跟随美联储加息。连续上调的利率增加了借贷成本,股市中的资金压力加大。最终,股市资金回流至银行体系,引发了互联网泡沫的破灭。2000—2003年年初,英国股市经历了漫长的3年下跌,股指跌去了47%。期间沃达丰的股价也从400英镑每股跌至78英镑每股,缩水80%,完全不复当年的光辉。

第一章
股市拂晓

虽然通信行业一蹶不振,英国股市还有其他的基本面。互联网泡沫破灭之后,大宗商品行业带动英国股市从谷底反弹。2002年开始,原油、矿石价格加速上涨,上游原材料企业盈利提升,相关股票跑赢大盘,原油与采矿业在英国股市中的市值权重由2002年的14%上涨至2007年年底的26%。那么,这一轮大宗商品牛市是如何出现的呢?

最主要的原因是中国快速工业化对大宗商品价格的提振作用。2001年加入世界贸易组织(WTO)后,中国工业化加速,高额投资下产出高增长。如钢材产量6年上涨超过250%,并占到世界总产量的1/3。旺盛的中国需求提振了上游原材料价格。

其次是房地产建筑需求(见图1-5-2)。互联网泡沫破灭后,2001年又发生了震惊世界的"9·11事件"。为了稳定经济信心,美联储选择将利率一降到底,其他国家或主动或被动降息,开启了全球中央银行的宽松时代。英国央行政策利率也进行了一定幅度的调降。超量资金最终流入了房地产市场,催生了房地产价格泡沫,繁荣的房屋建筑活动支撑了上游原材料需求。

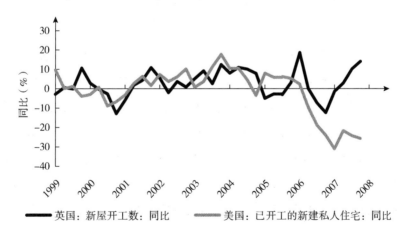

图1-5-2 1999—2008年英国、美国新屋开工同比走势

(资料来源:国海证券研究所)

最后还有伊拉克战争对大宗商品价格的干扰。为了报复伊拉克对恐怖分子

的支持，美、英为主的联合军队于 2003 年 3 月对伊拉克发起军事行动。伊拉克战事一定程度上影响了当地的石油供应，美英在战场上的物资消耗，也提升对了石油等军需品的需求，扩大了石油供应缺口，进而支撑了价格（见图 1-5-3）。

图 1-5-3　1994—2019 年 RJ/CRB 商品价格指数走势

（资料来源：国海证券研究所）

由中国需求、房地产泡沫支撑的本轮大宗商品牛市持续到了 2007 年年中，随着新一轮的美联储加息，房地产泡沫被戳破，并引发了美国次级贷款偿付危机。因为美国金融机构深入到全球金融活动之中，次贷危机很快演变为全球性的金融危机。以金融业为支柱产业的英国深受其害——在互联网泡沫破灭后经济最糟糕的 2002 年，英国尚且能保持 2.4% 的实际 GDP 增速，然而在金融危机之中，英国的 GDP 萎缩了 4.2%，录得了自大萧条以来的最差表现。本次金融危机中，英国股市又从 2007 年的高点下跌超过 40%，跌回了互联网泡沫后的起点。

2. 英、美股市的脱轨

2009 年一季度，在各国政府的大力救援下，世界经济衰退的势头初步得到遏制，英、美股市开始同步反弹。从 20 世纪 80 年代起，两国的股票市场就展

第一章
股市拂晓

现出惊人的相似性，一起度过了相似的 80 年代消费股牛市、90 年代互联网泡沫、2008 年金融危机。然而在最近的 10 年中，英、美股市却上演了截然不同的一幕：在美国，代表大盘指数的罗素 3000 指数⊖自金融危机后的低点上涨 360%；而在英国，富时全股指数却仅上涨 110%，远逊于同期美国股市的表现。为何金融危机之后，英、美两国股市表现的差距这么大？

首先，从根本上来说，英国股市的行业结构过于陈旧，制约了它的成长性。英国股市中，金融、能源、矿产等高权重行业均属于周期性行业，然而金融危机后关键的高成长性行业却缺席了。在美国，金融危机之后的 10 年牛市主要是由计算机相关行业贡献的，美股中诞生出 FAANG⊖这种市值上千亿甚至接近万亿、为世人所熟知的股票。反观英国股市，则基本上错过了最近一波移动互联网革命浪潮。目前富时 100 指数成分股中仅有 3 支与计算机或软件相关的股票，其中最大的一支——赛捷集团（Sage Group）市值仅 76 亿英镑，与美国头部高科技企业市值差出整整两个量级。

因为坐拥顶尖大学，英国本土其实并不缺乏培育优秀高科技企业的土壤。然而撒切尔夫人改革后，英国对外资过于宽松的政策，使得本国难以培养起独立的民族企业，更多的优秀企业早在初创时期就被外资盯上并收购，化为跨国科技企业的一个工作室，而非登陆伦敦证券交易所上市。如击败过围棋世界冠军的人工智能程序 AlphaGo，就是由英国企业 DeepMind 开发的，该企业后被谷歌母公司 Alphabet 收购。即使已经上市的公司，同样有可能被实力强大的财团收入囊中，私有化退市。例如，2016 年曾是富时 100 成分股的芯片设计公司 ARM，被软银集团（Soft Bank）以 243 亿英镑全现金收购，从英国股市退市。

其次，欧洲作为英国企业的主要市场，在金融危机之后经济增长缓慢，拖

⊖ 罗素 3000 指数（Russell 3000 Index）包含了美国 3000 家最大市值的公司股票，以加权平均的方法来编定的指数。

⊖ FAANG 是美国市场上五大最受欢迎和表现最佳的科技股的首字母缩写，即社交网络巨头 Facebook（NASDAQ：FB）、苹果（NASDAQ：AAPL）、在线零售巨头亚马逊（NASDAQ：AMZN）、流媒体视频服务巨头奈飞（NASDAQ：NFLX）和谷歌母公司 Alphabet（NASDAQ：GOOG，NASDAQ：GOOGL）。

累了英国上市企业的业绩表现。由于人口老龄化、福利制度等社会问题，欧洲国家在金融危机之后增长趋于停滞。2009年10月，欧洲主权债务危机率先在希腊爆发，随后葡萄牙、西班牙、爱尔兰、意大利等国相继出现财政问题。主权债务危机的显现，反映出欧洲自身经济增长动力不足，需要通过大额政府赤字来维持需求和就业的问题，最终积累的财政矛盾威胁到欧元区的稳定。债务危机中，各国政府为了履行加入欧元区的承诺，经历了痛苦的紧缩过程，拖累了区域经济的复苏。相比较而言，美国因为具有更加健康的人口结构和产业结构，经济增长更加强劲，在经济复苏时，股市攀升得更加迅速（见图1-5-4）。

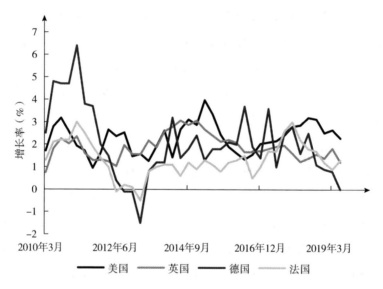

图1-5-4 金融危机之后，美国与欧洲主要国家GDP增长水平

（资料来源：国海证券研究所）

最后，英国脱欧的不确定性，也妨碍了英国经济与股市表现。2013年，英国首相卡梅伦首次提及脱欧公投，他原以为本次公投是"一箭双雕"之举。一方面，他可以借公投胜利来反驳国内对欧盟持有怀疑态度的政客；另一方面，让欧盟官员看到有很多对欧盟不满的选民，以此要求欧盟进行有利于英国的改革。然而结果出乎他的意料，2017年脱欧公投中"离欧"派胜出，卡梅伦黯然

第一章
股市拂晓

离职。脱欧带给英国极大不确定性，离开欧盟后，英国与欧洲大陆间将可能不会实现货物、人员、资本的自由流动，特别是以欧洲大陆作为主要销售市场的跨国企业，将会第一个受到冲击。

经过两年的混乱和争吵，英国政府并没能拿出一个有效的脱欧方案，无协议脱欧的日期越来越近了⊖。无协议脱欧后，英国将会和欧洲大陆间出现硬边界，贸易关税增加，货物和资本进出欧盟可能会出现障碍。面对脱欧风险，英国企业在投资上踌躇不前，而索尼、松下、联合利华等跨国巨头则纷纷表示要将欧洲总部搬离英国。在巨大的不确定性下，英国股市自2018年5月以来就处于震荡下跌当中，走势与同期的美股出现了背离。

行业结构与经济环境的不同，最终让英美两国股市渐行渐远。目前，造成两者走势背离的因素还看不到消弭的迹象：一方面，欧美各国民粹主义兴起，逆全球化大行其道，各国经济有所背离，股市关联度继续下降；另一方面，英国股市，甚至是整个欧洲已经失去了发展先机，似乎难以紧跟下一次科技革命，看不到未来的成长空间。当前的英国股市，已经从上个世纪末的黄金时代中黯淡了下来，还没有等到曙光。

3. 仍具特色的英国股市

自1698年在乔纳森咖啡馆创立至今，伦敦证券交易所已经经历了300年的风风雨雨。在第一次世界大战之前，它一直是世界上最大的证券交易所。随着大英帝国的没落，伦敦证券交易所在规模上逐渐被美国、日本、中国等后起国家的证券交易所超越。2018年，按市值排名，伦敦证券交易所的位次滑落至第7位，落后于纽交所、纳斯达克、东京证券交易所、上海证券交易所、香港证券交易所和泛欧证券交易所。虽然近3.7万亿英镑的市值规模⊜不及同侪，伦敦证券市场仍不失为一个极具特色的证券市场，它在行业侧重度、集中度以及全球化水平上都具有与众不同的个性。

⊖ 英国脱欧期限为2019年10月底。
⊜ 截至2018年12月31日，伦敦证券交易所上市公司总市值约为3.69万亿英镑。

在行业权重上，英国股市呈现出"两超多强"的格局。"两超"分别是金融业与石油石化行业，二者分别占据英国股市市值的 19% 与 15%。早在 19 世纪初，金融机构在股票市场上的占比层超过 80%，可谓是一家独大。随着工业、消费、其他服务业相继兴起并进入股票市场，金融业在股票市场中的权重直线下滑。直到撒切尔夫人政府金融自由化改革之后，行业占比才重新反弹。去监管化强化了伦敦作为国际金融中心的地位，20 世纪 90 年代，英国金融活动蓬勃发展，金融机构信贷扩张，银行资金进入并控制实体企业，增加了整个金融业在经济中的分量。至于英国股市中石油石化行业的强大，则是英国殖民遗产和北海石油共同孕育的结果。

其余在英国股市中占比较大的行业可分为两大类。一为消费类，20 世纪 80 年代英国消费行业乘着全球化和欧洲一体化的东风崛起，如烟酒食品、家庭及个人用品、商贸零售等行业在股市中均有一席之地；二为高端服务业，如传媒、医药、旅游等，90 年代英国开启去工业化时，上述行业均为重点发展的对象。最后，还有一个行业不能被笼统地归为上述两类，但依然在股市中具有重要的位置——矿产采掘业，它和石油石化行业一样，是从英国的殖民遗产中成长起来的。

值得注意的是，有两个行业在股市中居于弱势地位（见图 1-5-5）。其一是广义概念上的工业，包含钢铁、机械、化工、军工、建材在内的工业部门在英国股市中的比重不超过 7%，与英国去工业化后以服务业为主的经济格局相匹配。另一个则是计算机相关行业，虽然 20 世纪 90 年代伦敦证券交易所推出 AIM 以吸引创业公司，但遗憾的是英国本土并未培育出具有全球影响力，并能够影响大盘走势的大型互联网公司。

在行业集中度上，英国各行业龙头占据了同业股票市值相当大比例，集中度非常高。当某一新兴行业度过高速成长期，由增量发展变为存量博弈时，行业内各企业竞争、兼并加剧，企业数量减少成为行业进入成熟期的必然现象。自 20 世纪 60 年代英国工业发展相对停滞以来，股市中企业数量即开始减少。

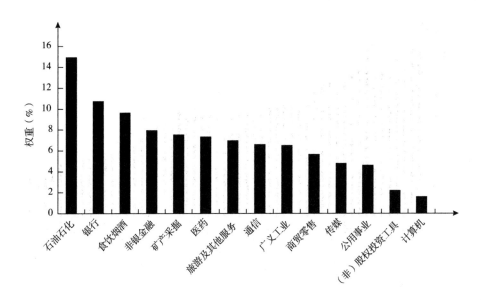

图 1-5-5 2018 年年末英国股市行业权重

（资料来源：国海证券研究所）

在 90 年代服务业的春天里，上市企业数量一度反弹，但 2000 年后再次下跌。直至近年，英国股市中的企业数量已经由 60 年代的 4000 多家锐减为仅剩 1000 多家（见图 1-5-6），集中度自然有所提升。在这 1000 多家股票中，前 100 家权重股在股市总市值中市值占比超过 80%，这也使得富时 100 指数成为英国股市的代表性指数。

在行业发展周期的因素之外，英国国内市场较小也是集中度较高的原因之一。英国人口仅有 6600 万人，国内消费市场仅能容纳两三个行业巨头。特别是少量巨头全球化较为成功，开拓出庞大的海外市场，从而在市值上进一步碾压国内小型企业。如医药公司葛兰素史克与阿斯利康，这两家公司占据了英国医药行业股市市值的 95% 以上；石油巨头皇家壳牌和英国石油，占据了石油行业市值的 92%；就连门槛较低的食品烟酒行业，帝亚吉欧、英美烟草、帝国烟草三家也占了食品烟酒行业市值的 70% 以上（见表 1-5-1）。

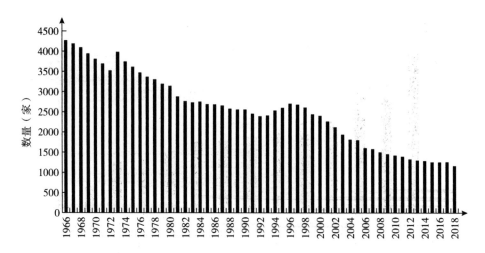

图1-5-6 1966—2018年英国股市上市企业数量

(资料来源：国海证券研究所)

表1-5-1 2018年12月31日英国股市前20大权重股

英文名称	中文名称	行业	权重（%）
Royal Dutch Shell	荷兰皇家壳牌	石油石化	9.17
HSBC Holdings	汇丰控股	银行	6.20
BP Plc	英国石油	石油石化	4.62
AstraZeneca	阿斯利康	医药	3.55
GlaxoSmithKline	葛兰素史克	医药	3.46
Diageo	帝亚吉欧	食饮烟酒	3.22
British American Tobacco	英美烟草	食饮烟酒	2.72
Unilever	联合利华	家庭及个人用品	2.14
Rio Tinto	力拓	采矿	2.01
Vodafone Group	沃达丰	通信	1.95
Reckitt Benckiser Group	利洁时	家庭及个人用品	1.79
Lloyds Banking Group	劳埃德银行	银行	1.76
Prudential	保诚	非银行金融	1.73

第一章
股市拂晓

(续)

英文名称	中文名称	行业	权重（%）
BHP Group	必和必拓	采矿	1.64
Glencore	嘉能可	采矿	1.58
RELX	RELX	传媒	1.47
Compass Group	金巴斯	商业服务	1.24
National Grid	英国国家电网	公共事业	1.24
Barclays	巴克莱	银行	1.22
Imperial Brands	帝国烟草	食饮烟酒	1.08

注：资料来源于国海证券研究所。

英国股市的全球化程度非常高，与伦敦的全球金融中心地位相符。在殖民时代，英国企业的经营范围遍及广大殖民统治地区，本就具有一定的全球化基础，在20世纪八九十年代又踏上了全球化的第一班车。今日在富时100成分股所包含的企业中，企业超过70%的营业收入是在海外取得的。富时250成分股所包含的企业中，企业的海外营收比例下降至50%，不过在世界范围内仍然属于较高水平。

英国股市带给我们的印象或许和英国这个国家一样，老牌、没落，甚至有点死气沉沉。不过聪明的投资者依然能够在合适的时机挖掘出英国股市的投资价值。毕竟事物总是在变化的，300年间，英国股市经历过高潮，也陷入过低谷，当今的低迷，或许不过是历史长河中的一段小插曲。这个世界上历史最悠久的股票市场，在未来究竟是否会重现光辉，还是就此消沉？相信时间会告诉我们最终的答案。

第二章
资本绽放

华尔街的奔腾年代

20 世纪上半叶，"日不落帝国"的光辉已经成为明日黄花。两次世界大战之后，全球政治格局重塑，接过世界财富与权力交接棒的下一个国家，是大西洋彼岸的美国。在此之后，虽然遭遇过日本等其他竞争者的挑战，美国一直把持着世界资本市场的头把交椅，直至今日。所以，读懂了美国股市，就了解了 20 世纪后美国长盛不衰的源泉、当今全球资本市场的格局和世界产业变迁的历史。

"永远不要做空美国"是"股神"巴菲特对美国股市的总结。是的，从建国开始，美国的国家实力就不断上升，似乎动力永不枯竭。美国股市和国家一同成长，直至今天发展成为世界上最大的资本市场，世界目光聚焦于此。

究竟是什么造就了美国强大的资本市场？回顾纽约资本市场从初生到今天的百年历史，我们并不难总结出，产业革新才是美国不断前进的动力，或许还有些许历史的幸运。

早在 19 世纪中后期，南北战争之后满目疮痍的美国，就已经决定走上了工业革命这条充满荆棘、但注定前景光明的道路。铁路、钢铁、电力、石油，经过一代代美国企业家的奋斗，这些工业革命的代名词一个个出现在美国资本市场中。

当时间走到 20 世纪初，美国已经完全在技术实力上领先世界，流水线生产带来的效率优势，让美国汽车、家电行销世界。其综合国力打败英国是迟早的事。两次世界大战催化加速了这一过程，每一次战争过后，我们都能看到世界的权力和财富中心在大踏步地向美国转移，期间还有一次美股的泡沫繁荣。

二战后，美国在资本主义世界几无敌手，在此基础上其又率先展开第三次科技革命，其制造业于 20 世纪五六十年代达到巅峰。但历史和幸运并不总是站在美国一边，70 年代，美国遭到石油危机的打击，德国、日本趁机崛起，美国制造业从此开始走下坡路。但到了 20 世纪八九十年代，美国又摸索出一条鼓励、发展服务业的"新经济"道路，一举获得成功，并带来了美股 20 年间增长 10 倍的超级大牛市。

第二章
资本绽放

　　进入 21 世纪后,美国资本市场相继遭遇互联网泡沫破灭、金融危机、逆全球化浪潮的打击,是否预示着新经济道路也已经走到了尽头?沧海桑田,或许没有一个国家能够永葆青春,美国能否在 21 世纪继续称霸全球仍是未知数。但是,至少今天的美国资本市场仍是当之无愧的 No.1,学习它,模仿它,并且超越它,才是我们研究美国股市的意义所在。

第一节 1871—1912年：梧桐树下的"宪法"

导读：纽约股票市场的历史，和这个国家的历史几乎一样长。直到19世纪70年代，纽约股票市场才奠定了它独一无二的市场地位，并在自律监管上和交易模式上初步转向现代化。70年代初，在经历了多年铁路建设的繁荣之后，铁路投资的衰退将美国股市拖入熊市（见图2-1-1）。在这场历史持续时间最长的衰退结束后，美国进入经济高速发展的镀金时代，最初两三年，铁路热重回美国股市，然而由黄金短缺造成的通货紧缩又带给美国股市长达15年的"慢熊"。90年代末，美国股市从"铁路时代"过渡到"工业时代"，同期海内外黄金产

图2-1-1 1871—1913年美股指数走势（标准普尔综合指数）

（资料来源：国海证券研究所）

第二章
资本绽放

量大幅增加,提振了商品需求,基本面的好转向美股播撒了牛市的阳光。但进入 20 世纪后,世界经济停滞不前,危机频繁发生,导致美股在两轮危机中大幅震荡且有所退步。

1792 年,美国第一部《宪法》生效,美国联邦政府成立之后的第 3 年,华尔街的股票经纪人们也在一棵梧桐树下制定了他们的"宪法",后人称之为"梧桐树协议"(Buttonwood Agreement)。"梧桐树协议"的内容大致有两条:

一、只与在"梧桐树协议"上签字的经纪人进行有价证券的交易,该条奠定了纽约股票市场会员制的基础。

二、股票经纪佣金不得低于成交额的 0.25%,有效制止了会员间的价格战和恶意竞争。

"梧桐树协议"播撒了美国股票市场自律管理的种子。在该协议框架下,1817 年,纽约经纪人团体正式建立纽约证券交易委员会。委员会随后将经纪人们的证券交易活动从咖啡馆转移至独立的交易大厅,纽交所由此诞生。1817—1865 年,纽交所几经搬迁,最终落脚于今日的地址——曼哈顿下城华尔街 11 号。

如同其摇摆不定的选址,当时纽交所在美国证券交易行业中的地位也远没有今日这么稳固。在美国独立之前,费城就已经建立了全美第一家股票交易所,一直作为纽交所最强有力的竞争对手。19 世纪 40 年代,电报的发明打破了地域的藩篱,金融活动进一步聚集,让全国性金融中心的出现成为可能。纽约、波士顿、费城、巴尔的摩等殖民时代就发展起来的港口城市均是这一位置的强有力竞争者。

蒸蒸日上的贸易活动,最终让纽约在众多候选者中脱颖而出。1825 年,伊利运河竣工,这一运河将纽约哈德逊河流域和五大湖农业区连接起来。中西部农产品通过伊利运河和纽约港出口海外的交通成本下降九成以上,推动纽约一跃成为美国第一大港口。1840 年,纽约的贸易量就占到全国贸易量的 18%,几乎是新奥尔良、波士顿、费城和巴尔的摩4个城市贸易量的总和。繁荣的贸易活动为纽约银行业的茁壮成长提供了养分，这里逐渐汇集了来自全国的资金，并成为银行同业往来的货币中心。

经济基础之上，良好的法律监管环境对一个金融中心来说必不可少。1829年，纽约创立了安全基金制度（Safety Fund System），规定银行必须将股东资本的3%存入基金，以应对银行破产时的挤兑，维护金融稳定，这一举措成为当今存款保险制度的前身。1838年，纽约又率先通过《自由银行法案》（Free Banking Act），规定一定条件下任何个人和团体可以开设银行，抛弃了容易滋生腐败的行政审批环节。1853年，纽约清算中心（The New York Clearing House）成立，清算中心开业第一天就完成了2200万美元的票据清算工作，极大地改善了各成员银行的资金流动性。

繁荣的贸易活动和稳定、便利的金融环境，让纽约在经历数轮经济周期的波动之后，逐渐超越费城，晋升为全国性金融中心。南北战争期间，纽约展现出了强大的融资能力，大量北方政府国债在这里发行并交易，体现出官方对纽约金融地位的认可，同时进一步活跃了纽约证券交易市场。

南北战争之后，纽约证券市场的龙头地位已经不可撼动，纽交所成功击退了其他城市交易所的挑战。不过按下葫芦浮起瓢，紧接着一个同城劲敌出现了！1864年，公开交易所（Open Board of Stock Brokers）成立，拥有354个会员的公开交易所采用更先进的连续竞价模式，对当时依然沿用一日两次集中竞价模式的纽约交易所构成强有力的竞争。1869年，纽交所并购公开交易所，并改用后者的交易模式，最终确立了在证券交易行业的全国性地位。

也正是这一时期，纽交所不但在交易模式上现代化，在证券监管上也日臻完善。70年代以前，"梧桐树协议"虽然对证券经纪做出初步规定，但是在对投资者和上市公司的监管上却一片空白，内幕交易、股价操纵层出不穷。

1867年，纽约股票市场上爆发了一场股票投机大案——伊利铁路控制权争夺战，暴露出当时的监管漏洞。争夺战中进攻的一方是铁路大王范德比尔特，

第二章
资本绽放

他为了垄断所有进入纽约的铁路并组建价格卡特尔⊖，在股票市场上不断买入伊利铁路的股票，希望获得铁路的控制权。防御的一方是伊利铁路的控制者和投机家丹尼尔·德鲁，他不但联合坐庄操纵股价上涨，以提高范德比尔特的收购成本和自己手中股票的收益，甚至凭空印刷了10万股"掺水"股票，卷走了范德比尔特700万美元。最终，范德比尔特在付出巨大代价后，达成了控制伊利铁路的目标。德鲁的欺诈行为引起了股票投资人的广泛抗议，纽约交易所和公开交易所由此规定，"所有在交易所拍卖的股票需要进行登记，且任何新股发行都必须提前30天通告。"这成为股票市场自律监管的开端。

在纽交所和公开交易所合并之后，新的纽交所在证券交易市场具有垄断地位，因此在监管上更加强势，自律监管在几年内得到长足发展。到了19世纪80年代末90年代初，在投资者和经纪商的推动下，现代会计制度应用在股票市场当中。独立审计师出现之后，上市公司需要向公众披露经审计过的财务报告，自律监管初具雏形。不过这时股票市场尚且缺乏政府监管，在"买者自负"的理念下，证券交易行业从未被当成政府监管的对象。

1. 世界第一个股票指数

当股市投资者谈论股票市场表现的时候，一个简洁明了、具有良好代表性的指数必不可少。当今美国股市中最负盛名、同时经历了百年历史洗礼的指数当属道琼斯工业平均指数（Dow Jones Industrial Average）。然而，较少为人所知的是，在1896年查尔斯·道（Charles Dow）推出工业平均指数之前，他已经先于1884年推出了世界上的第一个股票市场指数——道琼斯交通平均指数（Dow Jones Transportation Index）。为何查尔斯·道编辑的第一个指数是关于交通行业的，而非其他行业？这则与早期美国股市的行业特点有关。

早期美国股市长期被铁路股票所占据，构成了编制交通行业指数的基础。南北战争之后，美国掀起了铁路建设的热潮，较铁路的先驱者英国晚了30年左

⊖ 卡特尔（cartel）是由一系列生产类似产品的独立企业所构成的组织，集体行动的生产者，目的是提高该类产品价格和控制其产量。

右。1865—1870 年，美国铁路运营里程增长了 50% 以上（见图 2-1-2）。铁路建设投资巨大，回报周期长，难以满足一般商业银行信贷对于风险的要求，因此，上市成为铁路公司主要或许是唯一的筹资手段。1878 年，纽交所上市公司中铁路公司多达 36 家，远超其他行业上市公司数量的总和（见图 2-1-3）。如果要说早期的纽交所是一个铁路股市的话，一点也不为过。

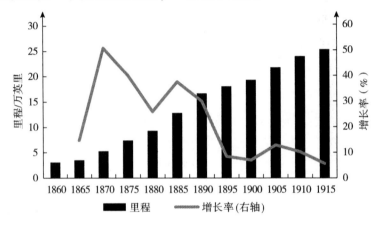

图 2-1-2　1860—1915 年美国铁路建设历史

注：1 英里 ≈ 1.61km。

（资料来源：国海证券研究所）

银行、保险等金融机构却在早期美国股市中相对缺席，这与同期英国股市形成了鲜明对比，这种现象是由当时美国独特的金融监管体系造成的。在建国后的很长一段时间里，美国联邦政府相对弱势，州政府才是监管与行政主体。金融业地方保护主义氛围浓重，各州不允许外部机构进入。如监管禁止银行业跨州经营，甚至要求州内银行实行单一银行制⊖，不允许在其他县市开设分行。这样独特的监管环境，使得美国金融机构山头林立，数量众多但规模偏小，难以满足上市的门槛要求。相比较而言，英国王室与政府赋予伦敦独特的金融地位，伦敦大银行不受监管的地域限制，同时其经营网络还伴随着英国的殖民触

⊖ 即商业银行只有一个独立的银行机构，不设立分支机构。实行单一银行制度的商业银行在经营管理上较灵活，但其经营范围受到地域的限制。

角延伸至海外，使其规模远大于美国同业，更好地跨过了上市门槛。最终，同一时期的大西洋两岸股市展现出不一样的行业格局，金融行业在英国股市中林林总总，然而却在美国股市中难寻踪迹。

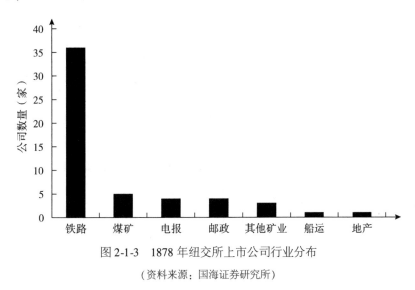

图 2-1-3　1878 年纽交所上市公司行业分布

（资料来源：国海证券研究所）

2. "七三年的罪恶"

1865 年，南北战争以北方政府的胜利而告终，美国进入了战后重建与复苏阶段。战后，北方政府背后的资产阶级工厂主趁机扩大自己的胜利果实，攫取更多的经济利益。对外，资产阶级以保护民族工业为借口，推动政府通过了新的关税法案，对其他国家的工业品征收 50% 以上的关税。高额关税有效阻挡了来自英国等先进工业国家的商品，留下广阔的国内市场，以支撑美国刚刚起步的重工业。对内，北方资产家加快推动连接北方与南方、东部与西部的铁路建设。以往通过海路出口的农产品、原材料，在战后被装入火车送往北方，保证了北方工厂的原材料供应，东北部工业区与南部棉花种植区、中西部粮食产区的经济联系更加紧密了。

在本国工业快速起步，铁路投资如火如荼的情况下，美国经济经历了数年的战后繁荣。贸易量上升，支撑铁路货运收入和 1872 年前的股市指数稳步上涨。然而到了 1873 年，美国却陷入一轮严重的经济衰退当中。这轮衰退持续了 65 个月，甚于著名的 1929 年大萧条，成为美国经济史上持续时间最长的衰退。同期股市指数从 1873 年 2 月的高点下行了 47%，直到 1877 年才触底。

本轮经济衰退是由铁路投资的衰退周期所引发。战后数年的铁路建设热潮挤占了美国金融体系过多的资金，而杰·库克公司（Jay Cooke & Company）的破产案则成为压垮骆驼的最后一根稻草。杰·库克公司是当时美国业内的主要投资银行之一，还是第一个将电报技术应用于证券承销与撮合的投资银行。它的客户关系遍布全美银行业、保险业与房地产业，在南北战争期间曾经成功承销上亿美元国债，证明其过硬的业务实力。战后，公司将业务重心转移至铁路债券的承销当中，并成为 1870 年刚开工的北太平洋铁路（Northern Pacific Railway）的独家承销商。

周期的力量决定着投资过热后必然面临衰退。到 1873 年，杰·库克公司发现它已经无法再向市场售出新的铁路债券了，按照合约规定，公司只能用自己的资本金购买承销剩余的债券。一口气吞下过多的债券，使整个公司的经营被置于巨大的风险之中，其他机构知情后开始撤离资金。1873 年 9 月 18 日，现金流断裂的杰·库克公司宣布破产。一个大型投资银行破产的消息引发了整个市场的恐慌与资金出逃，金融活动陷入冰点，随后造成了一连串银行破产。而作为本轮衰退的罪魁祸首，铁路行业则首先被投资人抛弃，铁路股票无人问津，全美铁路建设的进度也大大放缓了。

而就在衰退开始的当年，美国政府对于货币制度的改革也加速了危机的爆发。《1873 年铸币法案》获得国会通过，法案规定美国政府不再按照固定价格购买白银并铸造成银币，实际上宣告美国金银复本位制度[①]的终结和金本位制度的建立。美国政府抛弃白银之后，白银价格迅速下降，因而该法案被白银的支持者们称为"七三年的罪恶"。银行在过去储备的白银价值缩水严重，实际上减少了可以放贷的金额和整个金融体系的货币供应量。铸币法案如同一盆冷

---

① 指以金银两种金属同时为本位货币的货币制度。金银两种金属同时被定为法定货币，金银两种铸币均为主币，均可以自由铸造，按国家法定比价流通，都具有无限清偿的效力。

水,浇在了当时正火的铁路投资上,各机构资金短缺的情况雪上加霜,最终让铁路投资难以为继,加速了危机的爆发。

危机爆发后的3年,美国第一次全国性罢工——"1877年铁路大罢工"标志着此轮熊市的最低谷。由于不满铁路公司年内第三次削减工资,西弗吉尼亚的铁路工人于1877年7月发起罢工,他们在铁路上设置障碍物阻碍火车通行,并与前来镇压的警察发生激烈冲突。罢工浪潮随后席卷了纽约州、宾夕法尼亚州、伊利诺伊州、马里兰州、密苏里州等多个铁路重镇,约10万名铁路工人卷入其中。在经历了一个半月的抗争后,铁路运动被残酷地镇压下来,全国大约有100名工人被军警射杀。激烈的劳资纠纷凸显出铁路公司日常运营的风险,进一步打压了其股票估值。直到1879年,美国经济才完全从上一轮的衰退中复苏过来,股市重新步入牛市区间。

3. 镀金时代

1873年,美国作家马克·吐温发表了他的第一部长篇小说《镀金时代》(The Gilded Age: A Tale of Today)。书中揭露了当时美国在经济增长、社会财富快速积累的光鲜表面下,政治风气败坏、民众道德沦丧、物质主义盛行的社会现实。后人将这部小说的标题"镀金时代"用来描述19世纪70年代末经济危机结束后至90年代中期这段美国经济快速增长的时期。在科技革命和工业投资的刺激下,同期美国总体经济和人均收入增长均高于欧洲国家,1880—1890年,美国工人工资增长了48%。受高工资的吸引,越来越多的欧洲人移民美国,仅1881年就有67万人移民美国,当年美国人口净流入的数字再创新纪录。

时间来到1879年,这一年是美国发明大王爱迪生发明白炽灯的年份。今日我们看来,电力和灯光对于人类的重要性丝毫不亚于火对于原始人的重要性,它大大延长了人类工作和活动的时间。虽然从发明白炽灯到电力大规模推广应用仍需要一段时间,但电气革命的星星之火已经点燃。过去美国一直在英国身后作为技术革命的追随者,但从这时起,它开始挺身向前,成为下一轮科技革命的引领人。

这一年,美国经济一扫70年代中期衰退的阴霾,实际GDP在当年取得了11.6%的惊人增长,随后两年增速又分别达到8.3%和12.5%。在高投资的推动下,南北战争之后产生萌芽的美国重工业,此刻正跨步前进,成为经济复苏的源动力。就重工业中的基础——钢铁工业来说,美国的钢铁产量在1879—1880年年均增长30%,一度比肩当时的钢铁先进生产国英国。

繁荣的工业生产带动铁路货运重回景气,铁路公司收入增加,许多一度搁置的铁路建设计划重新上马,美国投资者所熟悉的"铁路热"又回来了(见图2-1-4)。1879—1881年年中,短短两年半的时间,美国上市公司收入增长了不到60%,而股市股指却大涨90%,以作为对这种"铁路热"的回应。

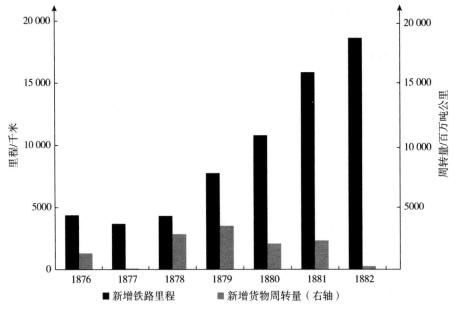

图2-1-4 19世纪70年代末、80年代初铁路新增里程与货运周转量

资料来源:(国海证券研究所)

然而好景不长,仅历时2年多的短暂牛市过后,美国股市迎来了长达15年的"慢熊"。在这15年间,美国股市跌跌撞撞,下行了约35%。是什么导致美

第二章
资本绽放

国股市经历如此长期的熊市，是经济衰退吗？严格来说并不是。这15年里，虽然繁荣与衰退交织，但依旧是美国向重工业经济转型升级的关键时期，经济增长总体稳健。在钢铁生产领域，西门子平炉被发明后，越来越多的美国钢铁厂开始采用这一生产效率更高的新式设备。美国在钢铁产量上与英国纠缠多年后，于1886年正式超越英国，晋升为世界钢铁生产第一大国，之后美英之间的产能差距越拉越大。在电力领域，1887年，尼古拉·特斯拉成立了自己的电力公司，开始推广交流电专利。最终因为交流电在远距离输电上的经济优势，战胜了爱迪生所代表的直流电一方，赢得了80年代"电流战争"的胜利。科技碰撞产生的火花，不断地点燃美国经济，推动美国向经济总量世界第一的目标不断前进。1894年，美国在GDP上正式超越英国本土，坐上经济总量世界第一的宝座。

除了经济基本面之外，美国股市表现不佳的原因还需要从货币体系中寻找。《1873年铸币法案》通过后，美国货币制度转向金本位，黄金成为唯一的硬通货。而黄金产量的多寡决定了每年有多少货币投入经济，影响商品需求和价格水平。

遗憾的是，这一时期美国黄金产量的增长速度远远跟不上工业革命中商品产出的增长速度。在商品需求不足的情况下，通货紧缩愈加严重，成为股指下行的最主要原因。上一轮美国黄金出产的高峰可以回溯到19世纪50年代的加州"淘金热"期间。

当时的加州一片荒芜，基本生活资料都无法生产，仅凭借着淘金者手中黄金的购买力，东部工业品和中西部农产品的市场需求上升，抬升了物价并刺激了生产。可以说，加州黄金为当时美国经济的繁荣提供了许多助力。

然而19世纪70年代后，加州的黄金开采高峰已过，同时又缺乏新的黄金矿源，美国黄金年产量较淘金热时下降近四成（见图2-1-5）。在需求端，低迷的黄金产量意味着可以用来购买商品的通货变少了；而在供给端，科技革命的车轮滚滚向前，受技术推动商品产量不断攀升。供过于求的情况下，唯一的结果就是商品降价。1881—1895年，美国总体商品价格下降了15%（见图2-1-6）。为了出售商品,商家间的价格竞争趋于白热化,越来越密集的铁路网,让铁路公司也无法避免竞争,货运服务的价格同样调降。致使这15年中上市公司的利润下滑40%以上,成为拖累股市的最重要原因。

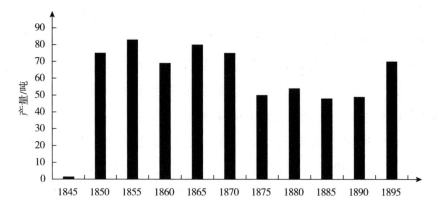

图 2-1-5　1845—1895 年美国黄金年产量

(资料来源:国海证券研究所)

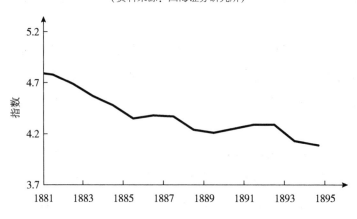

图 2-1-6　1881—1895 年美国 GDP 平减指数走势

注:GDP 平减指数以 2012 年为基期(100)。

(资料来源:国海证券研究所)

仿佛历史开的一个玩笑,在"镀金时代"美国经济中最缺乏的就是黄金。到19世纪90年代中期,黄金紧缺的情况甚至蔓延至联邦政府。1895 年,美国

第二章
资本绽放

联邦政府黄金储备一度降至 5000 万美元以下,以至于无法偿还下一次债务,美国政府信用和整个金本位的货币体系都岌岌可危。然而就在美国经济和股市因为黄金短缺而"山重水复疑无路"时,1895 年,国内外两个巨大的历史机遇摆在美国面前,让一切"柳暗花明",股市又迎来了久违的牛市。

4. 谁造就了美国

1896 年,查尔斯·道开始编制道琼斯工业平均指数,这件事不仅在股市指数历史上具有划时代的意义,更标志着美国股市从"铁路时代"进入"工业时代"。19 世纪 80 年代至 90 年代早期,经历多年通货紧缩后,美国工业界内部竞争加剧。为了避免恶意竞争和两败俱伤的局面,各个行业内部开始大整合、大兼并,前后收购数百个小厂商而形成的行业寡头开始出现。而美国股市则成为大型工业企业收、并购后,成千上万个小股东股权交易的平台。在道琼斯指数最早期的成分股中,我们能看到不少公司以"美国"加"行业"命名,它们便是其所在行业的寡头,是这个大整合、大兼并时代背景下的产物(见表 2-1-1)。这些企业合并后,很多为了规避政府对垄断行为的审查,结成秘密信托(trust),接受总部管理层的统一指挥,"托拉斯"一词便由此而来。

表 2-1-1　最初道琼斯工业平均指数成分股

初始名称	现今状况
General Electric（通用电气）	2018 年 6 月被踢出指数
American Cotton Oil Company（美国棉花油制造）	Unilever（联合利华）的业务部门
American Sugar Company（美国糖业）	Amstar Holdings（目前的经营主体）
American Tobacco Company（美国烟草）	1911 年解体
Chicago Gas Company（芝加哥天然气公司）	1897 年被 Peoples Gas Light & Coke Co.（现在的 Peoples Energy Corporation）收购
Distilling & Cattle Feeding Company（蒸馏及家牛饲料公司）	Millennium Chemicals（目前的经营主体）

(续)

初始名称	现今状况
Laclede Gas Light Company（拉克利德汽油公司）	The Laclede Group（目前的经营主体）
National Lead Company（国民锡业）	NL Industries（目前的经营主体）
North American Company,（Edison）electric company（北美爱迪生电力）	1950 年代解体
Tennessee Coal, Iron and Railroad Company（田纳西煤铁）	1907 年被 U. S. Steel（美利坚钢铁）收购
U. S. Leather Company（美利坚皮革）	1952 年解体
United States Rubber Company（美利坚橡胶）	1967 年更名未 Uniroyal，1990 年被 Michelin（米其林）收购

注：资料来源于国海证券研究所。

此后不久，一个更加为人所熟知的名字进入了工业指数的成分股名单当中。1901 年，在银行家 J. P. 摩根的安排下，钢铁大王安德鲁·卡内基缔造的卡内基钢铁公司同另外两家大型钢铁企业联邦钢铁公司（Federal Steel Company）、国民钢铁公司（National Steel Company）合并，美国钢铁集团（United States Steel Corporation）成立。该集团在成立之初便控制了全美 2/3 的钢铁产能，并成为世界上钢铁产量最大，同时也是市值最大的公司，美国工业界的"托拉斯化"达到最高峰。2012 年，美国历史频道（History Channel）播放了四集纪录片《谁造就了美国》（The Men Who Built America），片中描述了这一时期 J. P. 摩根、安德鲁·卡内基等 6 位工商业巨头与他们所缔造的商业帝国的故事。

当这些巨型工业企业上市之时，因它们庞大的收入和资产规模远超一般的铁路公司，导致工业股票逐渐占据了股市总体市值的大部分，而剩余铁路股票的市值比例则被大大压缩。工业行业的景气度开始影响美股整体走势，股市进入了"工业时代"。

就在美国工业巨头股票纷纷上市的 19 世纪 90 年代末期，美股又迎来了一轮大牛市。从 1897—1902 年，美国股市指数在不到 6 年的时间内翻了一番。美股此番上涨完全由基本面好转支撑。同一时期美国上市企业盈利的涨幅甚至超

第二章
资本绽放

过股价涨幅,达到了令人吃惊的180%。

1895年前,美国从政府到企业都在为黄金短缺而苦恼。然而几乎在一瞬间,美国国内外黄金产量明显增加,彻底扭转了当时需求不足和通货紧缩的窘境。在度过了平淡的七八十年代之后,90年代的美国淘金者先后在科罗拉多、华盛顿、阿拉斯加等地区发现新的矿脉,新矿开采让美国黄金产量在5年时间内增长了1倍。新一轮淘金热产出的黄金源源不断地注入美国经济,淘金者对生活资料和采矿设备的需求,带动上市公司盈利恢复了增长。

更重要的是,英国对美国商品的需求大幅增加,改善了美国企业的外需市场,加速了盈利的提升。1895年左右,英国从世界上最大金矿区——南非兰德金矿区开采出的黄金产量大幅增长(见图2-1-7)。因黄金而富裕的英国人开始追求最前沿的消费品。第二次工业革命中,美国在先端技术领域遥遥领先其他国家,其商品逐渐受到英国消费者的青睐。1895年后的数年时间,美国对英国出口大幅增长,其商品充斥着英国的大街小巷,让英国人开始警惕起美国的经济"入侵"(见图2-1-8)。一时间"美国威胁论"甚嚣尘上,诸如《美国入侵者》(The American Invaders)、《世界的美国化》(Americanization of the world)等书大行其道,反衬出美国因科技革命而日益强劲,并超越欧洲的经济、科技实力。

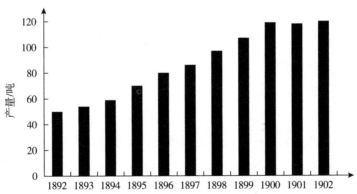

图2-1-7 1892—1902年美国黄金产量情况

(资料来源:国海证券研究所)

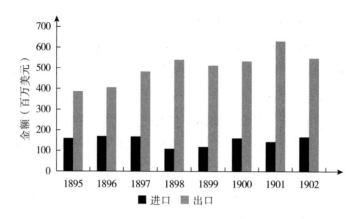

图 2-1-8　1895—1902 年美国对英国货物进出口额情况

（资料来源：国海证券研究所）

5. 进步时代的"退步"

进入 20 世纪后，美国进入了所谓的"进步时代"（Progressive Era），这种进步主要体现在政治领域。长期的经济增长过后，民众的政治诉求已经不再局限于经济领域，而是更多地对公共权利、社会公平性提出诉求。

这一时期，调查记者活跃在各个领域，揭发政府与企业的腐败和丑闻，为促进政治透明做出巨大贡献；妇女权利运动风起云涌，妇女开始积极参政，提升自己的话语权，并最终成功修改宪法，为女性赢得了投票权；国家税收制度得到改良，联邦政府拥有了征收所得税的权利，通过税收的手段，社会公平性得以改善，政府提高了底层民众的福利待遇。

美国虽然在政治领域取得巨大进步，其股市却丝毫没有前进。1902 年后至一战前，美国股市前后经历了两轮大幅震荡，股指甚至有些退步，与政治领域的进步形成鲜明对比。世界范围内增长动力不足，经济危机频繁发生，成为这一阶段股市大幅震荡且表现不佳的重要原因。

从 1902 年冬季开始，美国股市迎来第一轮震荡，并在随后的 1 年时间内下跌近 30%。美国实际上并不是本次危机的"策源地"，真正的"策源地"位于

第二章
资本绽放

世界的另一头——俄罗斯。19世纪90年代,俄国经历了其资本主义历史上最繁荣的10年。10年间,俄国生铁和钢产量超过法国而位居世界第4,全国前后铺设了22 600公里的铁路,其铁路线的长度仅次于美国。但是俄国的发展主要依赖西欧国家资本,1900年外国资本占俄国公司股本的40%以上。长期的经济繁荣招来了欧洲各国对俄国资产的投机,股票、债券泡沫严重。

最终,在1900年,俄国资产泡沫开始破灭。这不但让俄国经济处在危机风暴的中央,参与投机的欧洲各国资本也被熊市拖垮,俄国危机逐渐演变为世界性的经济危机。俄国经济危机爆发后,作为另一个主要外资流入国,美国也不得不面对外资大范围撤退的考验。1902年年末,外国投资的衰退使得悲观情绪笼罩整个股市(见图2-1-9),美股迅速崩盘,并最终引起了全面的经济危机。1904年,美国当年实际GDP增长-3.5%,在一定程度上成为俄国危机的受害者。不过由于仅受到俄国危机的外围影响,美国经济很快复苏起来,股市也于1905年实现反弹。

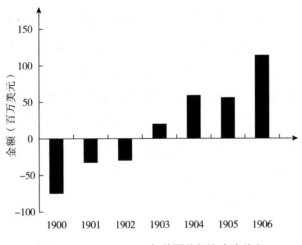

图2-1-9 1900—1906年美国外部资本净流入

(资料来源:国海证券研究所)

相比较而言,短短几年之后的1907年危机则与美国的关系密切得多,对美国经济的危害也大得多。1906年4月,旧金山发生里氏7.8级大地震,资金从纽约流向震后灾区，为纽约金融市场带来了一定的资金压力。大洋彼岸，英国在经历多年逆差和黄金外流之后，黄金储备下降。为了留住黄金，英格兰银行提高政策利率，进一步对纽约市场施压。因为资金供应不足，到1907年的春天，美国股市已经显露疲态，难以再继续上涨，甚至纽约州政府债券发行也因为资金短缺的问题而失败。

而一场针对铜矿公司的股价操纵案，则成为1907年美股崩盘的导火索。10月份，联合铜业公司（United Copper Company）的所有者F·奥古斯都·海因兹（F. Augustus Heinze）联合华尔街银行家查尔斯·摩尔斯（Charles W. Morse）操纵本公司的股价上涨。他们事先购买了大量看涨期权，以图在股价上涨时行权，并从空头方获利。然而，海因兹错判了形势，空头方的力量远比自己预想的强大。在大量卖单的打压下，联合铜业公司的股价迅速下跌，最终这一股价操纵计划失败。海因兹和他的伙伴摩尔斯在这一计划中亏损巨大，因为信用危机，不但他们旗下的银行遭到挤兑破产，甚至曾经给他们提供过资金帮助的纽约第三大信托公司——尼克博克信托公司（Knickerbocker Trust Company）也遭到挤兑破产。一时间，纽约金融市场风声鹤唳，挤兑与破产像瘟疫一样蔓延至整个金融体系，多家大型金融机构都因挤兑而濒临破产。

此时华尔街的领导者J. P.摩根站了出来，他号召纽约清算中心和主要银行将多余的流动性资金释放出来，拯救其他面临挤兑的金融机构。在他的安排下，上千万美元开始在纽约金融体系内部流转，很快平抑了民众的挤兑恐慌。虽然摩根的救市决策十分果断，但危机造成的负面影响依然十分明显：1907年全年，美国股市股指因流动性紧缩和金融恐慌下跌了37%；数十家金融机构破产，负面影响在随后的一年中传导到实体经济，1908年，美国的实际GDP萎缩了10.8%，失业率同时飙升。摩根在救市过程中的积极作用，让市场认识到了中央银行作为最后贷款人的重要性，最终促使美联储于1913年成立。

20世纪初的两次股市危机源头看似独立，但这一时期美国危机频繁爆发，证明了其金融市场和实体经济的脆弱性。这10年间，美国的平均实际GDP增

第二章
资本绽放

速低于 2.5%，创下了其建国以来的最差纪录。科技革命陷入低谷，可能是美国经济基本面相对羸弱的一个解释。19 世纪 80 年代末 90 年代初，电气技术的应用相继落地，为美国带来了"镀金时代"的繁荣。然而，20 世纪初，世界上并没有重大的技术革新产生，生产率增速下降，投资回报降低，削弱了美国的经济根基。而下一个具有重大意义的技术革新——流水线生产则是后话了。

20 世纪的前 10 年是美国各行各业托拉斯影响力达到巅峰的 10 年，垄断也抑制了美国经济的增长。国内外的研究已经证明，过度垄断不但会降低消费者的利益，还会阻碍竞争、创新和生产力的进步。虽然美国第一部反垄断法《谢尔曼反托拉斯法》（Sherman Antitrust Act）早已经于 1890 年获得国会通过，但它依旧没能阻挡各行各业托拉斯形成的大趋势。直到 1911 年，美国政府才开始下重手整治垄断问题，当年美国政府拆分了标准石油公司（Standard Oil Company）和美国烟草公司（American Tobacco Company），并就垄断问题起诉美国钢铁公司，行业巨头们此时才感受到了监管的寒意。

第二节 1913—1945年：命运的十字路口

导读：一战至二战期间是美国国家实力的上升期，也是重大的变革期。一战前期，美国充当"军火商"向欧洲出售军需物资，赚得盆满钵满，上市企业股价不断走高。但在美国参加一战、实行统制经济后，美股开始回调。20年代是美股的大牛市，一战期间国家财富的积累和技术革新，推动股价不断上涨，同时充满漏洞的金融监管，也助推股市积累了泡沫。大萧条时期，在政府救助不力的情况下，经济危机加深，美股崩盘，直到罗斯福总统上台实行新政改革后，危机才有所缓解。

不过新政并非一帆风顺，期间政府政策出现反复，导致美股大幅震荡调整。二战时期，企业盈利因计划经济的存在并没有增加，但随着战争局势逐渐明朗，预期的改善带动美股再次向好发展（见图2-2-1）。

对美国股票市场来说，1913年是一个意义重大的年份。这一年的12月23号，美国国会通过了《联邦储备法案》（Federal Reserve Act），美国的中央银行——联邦储备系统（Federal Reserve System，以下简称"美联储"）依据该法案成立。时隔70多年后，美国又一次拥有了自己的中央银行㊀。

《联邦储备法案》的起草者是美国参议院共和党领袖尼尔逊·奥尔德里奇（Nelson Wilmarth Aldrich）。1907年股市危机之后，他被政府委任负责中央银行体系的研究。受欧洲中央银行的运营历史和1907年J. P. 摩根救市举措的启发，

㊀ 建国初期，美国曾短暂成立过两次中央银行——美国第一银行（First Bank of the United States，1791—1811年）和美国第二银行（Second Bank of the United States，1816—1836年）。两届中央银行均在运作20年后停业。

第二章
资本绽放

图 2-2-1 1913—1945 年美股指数走势（标准普尔综合指数）

（资料来源：国海证券研究所）

他设计了一个去中心化的联邦储备体系，负责商业银行储备金管理、票据贴现窗口运作以及美元纸币的发行。在他的构思下，依照地理区位划分，全美各地成立了 15 家相互独立的联储银行，并分别负责美联储在当地的日常工作，如制定当地的贴现率、检查成员银行的财务状况等。各地联储银行是完全"私有的"，由当地会员银行股东共同所有和管理，这样一来，纽约的大银行就无法影响其他地区联储银行的人事任命，较好地规避了华尔街对美联储的影响。同时，每家联储银行定期推选委员进入位于华盛顿特区的理事会（Board of Governors），以商讨和协调货币政策（如存款准备金率）。

然而当法案初步完成时，美国政府的执政党派已经发生了翻天覆地的变化。支持加强政府监管的民主党总统伍德罗·威尔逊上台。在新总统的示意下，尼尔逊的继任者对法案做出了两点重要修改，一是联储银行的数量由 15 家下降到 12 家。更重要的是，理事会理事任命的权力由各家联储银行转移到美国总统和参议院身上，同时加强了理事会对各联储银行的监管。这样一来，联邦政府就拥有了影响美联储货币政策的权力。

美联储的成立以及联邦政府对货币政策的干预，成为接下来半个世纪美国政府扩大其经济角色的前奏。20世纪初，美国频繁发生的经济危机证明，市场这双"无形的手"并不能解决资本主义经济发展过程中遇到的所有问题，在熨平经济周期、促进社会公平等问题上，政府"有形的手"是不可或缺的。

而作为商业银行的最终贷款人和货币政策的执行者，美联储居于金融体系的中心位置，整个美国金融市场的运行逻辑因美联储的出现而改变。今日，美联储的一举一动都在影响着包括美股在内的世界金融市场的神经，美联储官员的每一次讲话、每一次会议纪要都会有无数交易员与投资者在第一时间跟踪。每一次美联储执政风向的改变，毫无例外都会在金融市场中掀起巨浪。

然而，如果置身于那个时代更加宏大的叙事背景下，1913年美联储的成立或许就不那么显眼了。这一年，美国及整个世界已经走到了命运的十字路口，以英国为首的协约国和以德国为首的同盟国剑拔弩张，战争一触即发。

第二次工业革命以来，美国、德国等新兴工业国家的国家实力蒸蒸日上，而世界秩序依然沿袭着第一次工业革命以来的旧有格局，第三世界殖民统治地区早已被英国、法国两个殖民大国瓜分完毕。受宗主国的阻挠，后起工业国家的商品难以出售到其他国家的殖民统治地区当中，世界市场开拓困难，成为这些国家当政者的心头之患。

为了打破这种旧有格局，美国、德国都作出了不少外交和军事上的努力。1898年，美国为了夺取西班牙在美洲和亚洲的殖民统治地区，挑起美西战争并获得胜利，成功夺取了古巴、波多黎各和菲律宾的控制权。美国的扩张引起了西欧殖民大国的警惕，也成为"美国威胁论"的起源之一。

相比于美国这种远在大洋彼岸的对手，卧榻之侧的另一劲敌德国更令英、法担忧。奥斯曼帝国衰落之后，巴尔干半岛出现权力真空，同盟国与协约国在利益归属的问题上再一次爆发冲突。1913年美联储成立之时，对阵双方已经开

第二章
资本绽放

始扩充军队,彰显自己的"肌肉"。仅仅半年之后,萨拉热窝的导火索就引爆了第一次世界大战。这场战争不但决定了卷入其中的欧洲诸国的命运,也在各个方面影响到大洋对岸的"看客"——美国的命运,甚至决定了接下来 20 年美国股市的走势。

1. "幸运"的战争

第一次世界大战爆发前夕,欧洲的不稳定因素阻碍了外国投资和商品需求,让美国经济陷入衰退,股市可谓一片惨淡。一方面,摇摇欲坠的欧洲局势,重创了商业信心和世界资本交流,欧洲商人们不断撤出他们在美国的投资,以回笼资金,为即将到来的战争未雨绸缪。另一方面,战争的忧虑也抑制了欧洲人的日常消费需求,外部需求下降,美国商品出口顺差大幅缩小。在两者的共同作用下,仅 1914 年,美国就流失了价值 1 亿美元的黄金储备,创下了 19 世纪 70 年代官方有统计记录以来的最快流失速度。实际 GDP 萎缩了 7.6%,战争阴云对美国经济的影响不亚于一场严重的经济危机。

受经济的负面影响,1914 年一战爆发的前半年,美国股市股指跌跌撞撞下行了 10% 左右。1914 年 7 月 28 日,酝酿已久的战争终于爆发,同盟国与协约国各国相继卷入战争。毫无疑问,世界大战所带来的金融风险远超任何一场和平时期的经济危机,为了防止资金集中出逃带来的股市混乱,7 月 31 日,纽交所果断决定休市,直到当年 12 月 15 日才重新开市。本次休市创造了纽交所自成立以来时间最长的一次休市纪录。

纽交所休市的决定是明智的,在休市期间,金融市场度过了战争初期的恐慌。随着时间的推移,美国投资者试图理清思绪,并开始探究这场大洋对岸的战争对美国来说意味着什么。他们开始明白,一战对美国来说或许并不算是一个巨大的风险,恰恰相反,这是一场天赐的、史无前例的"幸运",它将带领美国走向巅峰。

战争爆发后,最直接受益的便是美国的出口部门。1915 年开始,伴随着向战场上投入的兵力越来越多，欧洲各国深陷战争泥潭，国内劳动力短缺，工业生产捉襟见肘。与此同时，战场上的武器和物资消耗与日俱增，当国内生产已经远远无法满足军队的物资开销时，各个国家只能寻求外力的帮助。美国作为战争之外的最大中立工业国，自然而然地成为各交战国采购军需用品的目的地。

1915年，欧洲的军需品订单像雪片一样纷至沓来，美国的工厂开足马力生产物资，经济动力澎湃十足，完全褪去了战争初期时的疲软。当年美国对外商品与服务顺差达到了17亿美元，接近战争前夕1913年顺差额的5倍。随着欧洲战场进入白热化阶段，美国商品出口再创高峰（见图2-2-2），1917年，美国出口部门共为国家创造了35亿美元的顺差，占当年GDP的5.76%。在巨大的外部需求刺激下，美国上市企业的盈利在两年内上涨了200%。

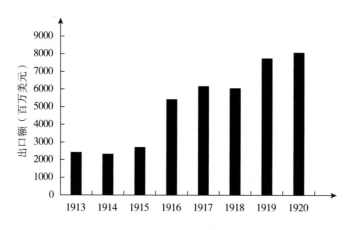

图2-2-2　1913—1920年美国商品出口额

（资料来源：国海证券研究所）

与军工生产更接近的企业，盈利增长则更加突出。典型的例子如美国钢铁集团在一战期间的在手订单量增长了240%。1913年，公司全年才为股东赚得8100万美元，而1917年公司一个季度营业净利润就达到1.4亿美元。罐头生产龙头——美国罐头公司（American Can Company）的净利润则由1914年的不到3000万美元上升至1916年的8000万美元。

一战期间，一批今日名声依然响亮的军事工业公司趁着战争利好，上市融

第二章
资本绽放

资并扩充产能。如美国最大的火药生产商杜邦公司（Dupont De Nemours Inc）于1916年上市，后来转型成为世界第二大的化工公司。美国航空工业的两位奠基人奥威尔·莱特（Orville Wright）和格伦·卢瑟·马丁（Glenn L. Martin）合作成立的莱特-马丁公司（Wright-Martin Aircraft Corporation）于1916年上市，后成为飞机制造商寇蒂斯-莱特公司（Curtiss-Wright Corporation）和洛克希德-马丁公司（Lockheed Martin Corporation）的前身。

在欧洲军需的刺激下，美国上市企业利润回暖明显，支撑股价从1915—1917年春天持续上涨超过30%。不过战争利好显然不可能持续，投资者预计受战争刺激的利润终究会随着战争的平息而消退，因此，上市企业的股价上涨远未有它们的利润上涨那样明显。到1917年的春天，一个新的因素开始制约股价上涨，那就是美国参加一战以及随之而来的统制经济。

一战初期，美国作为中立国向协约国、同盟国双方销售军需品。但实际上，美国同以英国为代表的协约国关系更近一些，物资供应更多，这引起了德国一方的不满。德国因此宣布进行"无限制潜艇战"，之后击沉了数艘美国前往英国运送物资的商船，引发了美国民众巨大的反德浪潮。同时，美国政府为了扩大自己在战后世界的话语权，趁着这股反德浪潮亲自参加一战，抛弃了以往的中立政策。参战后，美国为了更好地发动战争机器，开始实行类似于计划经济式的"统制经济"。

在统制经济下，政府不但亲自参与企业生产经营计划的设计，还会管控企业向政府出售商品的价格，挤压企业利润。仍以美国钢铁为例，从1917年下半年开始，尽管政府军费开支在增高，企业产量继续增长，但在价格管控下，企业利润直线下降（见图2-2-3）。不仅如此，为了筹集军费，美国政府还向企业和个人施加高额税率。在公司的营业利润中，不但一半以上需要作为公司税上缴政府，而且在派发给股东的股息中，政府还要划出近30%作为个人所得税的上缴。

在税收增加和利润减小的双重打击下，美国股市股指重新跌回了战前的水平，股价不振的状态一直持续到了1918年战争结束。虽然战后股票在价格上与

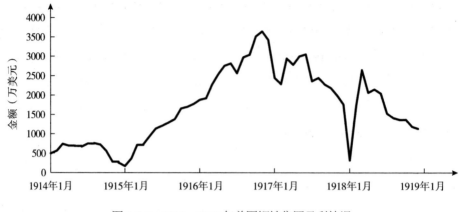

图 2-2-3 1914—1918 年美国钢铁集团盈利情况

(资料来源：国海证券研究所)

战前相差无几，但是积累数年的战争财富已经在股市中暗流涌动。通过战争，美国从世界最大净债务国摇身一变成为债权国，而纽交所也超越伦敦证券交易所，成为世界第一大股票交易所。世界的经济霸权已经转移，美国的时代来临了，而一场空前的牛市将为这个时代鸣响礼炮。

2. 咆哮年代

一战后的两年，美国经济经历了短暂的调整。由于战争中受外部需求和本国军费开支的刺激，美国通货膨胀问题较为严重。在民众的呼吁下，当时依然实行金本位制的美国为了保证美元的购买力，开始对物价进行控制。这时新成立的美联储第一次发挥作为中央银行的宏观调控职能，在 1920 年将贴现率水平从 4% 提高到 6%。美联储的加息操作有效地抑制了消费和投资，美国经济于 1920—1921 年陷入短暂的衰退，最直接的结果就是两年内一般物价下行 15%，通胀问题得到了完全解决。

经济调整结束后，美国进入了一战后的繁荣时期，经济增速加快，失业率不断下降，史称"咆哮的 20 年代"。同时，一个史无前例的股票大牛市出现，成为这个时代最显眼的注脚。从 1922 年开始美国股市单边上涨，到 1929 年股市崩盘之前，美股指数共上涨超过300%（见图2-2-4），冠绝全球。其实20世纪20年代欧洲诸国也经历了类似的战后重建和复苏，但其股市的表现却远未有美股这般出色。如同期英国股市仅上涨70%左右。为何只有美国股市取得了如此惊人的上涨？原因还要在美国的基本面和金融体系中寻找。

图2-2-4　1921—1929年美股上市公司盈利指数

（资料来源：国海证券研究所）

一战中，美国民众通过生产战争物资，积累了丰厚的战争财富，并在战后化为消费动力，这是美国20年代牛市的根基。1914—1921年，一战及欧洲战后重建期间，美国通过商品顺差共获得了大约200亿美元的财富，世界黄金从英国流向美国，化为工人工资、企业利润和政府税收，最终装进了美国民众的腰包。战争期间，美国政府为了筹集军费，发行大约215亿美元国债，暂时抑制了战时民众的消费需求。战后随着美国政府不断偿还债务，美国民众的腰包又重新鼓起来，消费逐渐释放。1922—1929年，美国上市企业盈利增长超过4倍，这便是美国民众强大消费能力的最好证明。

20世纪20年代，美国民众开始培养起借贷消费、超前消费的习惯，也进一步强化了消费需求。战后美国政府开始初步实行如最低工资标准等福利制度，保障了民众的基本生活。叠加长期的经济繁荣，劳动力市场供不应求，让美国民众忘记了失业风险和储蓄，培养起超前消费的习惯。在对大件家具、耐用品的消费中，分期贷款购买更加普遍。据统计，当时75%的汽车、收音机，90%以上的钢琴都是通过分期付款方式购买的。客观上来讲，贷款消费实际上是将未来的消费能力提前了，对当期的经济增长具有促进作用。然而当普通民众收入下降、消费贷款难以偿还时，后果是十分可怕的。30年代的大萧条中，美国民众流离失所、食不果腹的悲惨情景，部分就要拜这种超前消费所赐。当然，在繁荣的20年代没有人能预见到这种结果。

企业生产组织形式的革新，也促进了生产效率的提高和民众收入、消费能力的增加。1913年，亨利·福特在参观完肉类屠宰场后获得灵感，将流水线应用于汽车装配。他的革命性想法获得巨大成功，生产效率大大提高，著名的福特T型车的生产工时从12.5个小时缩短到1.5个小时，生产成本降低了2/3。到了1923年巅峰时期，仅福特一家公司每年就可以生产183万辆汽车，而第二名汽车厂商雪佛兰仅能生产33万辆。福特流水线的巨大成功很快推广开来，不但推动了美国的汽车文化，更提高了整个美国耐用品制造业的生产效率。福特获得成功并占领市场后，他决定将生产工人的日薪由2.34美元提高至5美元，有意培养福特汽车的消费群体。这样一来，一个福特工人用不到4个月的工资就能购买一辆汽车。因为生产效率的提高，20年代美国中产阶级的数量大大增加。

除了基本面的因素之外，20世纪20年代，美股牛市中也蕴含着大量泡沫。长期的股价上涨，为股票投机提供了机会，而这时缺乏监管的金融体系则成为泡沫积累的帮凶。

从美联储成立开始，美国政府的执政思路已经有所转变，开始强调政府的公共职能。但此时联邦政府在金融监管方面仍然缺乏经验，对商业银行信贷的具体流向放任不管。多年牛市之后，股市吸引了越来越多人的注意力，牛市的造富能力也招来了投机行为，股票经纪人则为投机客提供信贷杠杆，帮助后者放大股票上涨的收益。随着越来越多的投机客加入市场，股票经纪人的自有资金显然不够用了，他们开始向商业银行寻求资金帮助。

恰逢此时，完成通胀治理任务的美联储开始不断降低贴现利率，导致大型企业将结余资金用于投资票据、债券的收益降低，因此，其开始对经纪人的高息贷款更感兴趣。例如，在1929年年初，标准石油公司每天拆借给经纪人的短期贷款达6900万美元之巨。投机最兴盛的1928年，非金融机构对股市经纪人的贷款较前一年翻了一番，共有39亿美元企业以结余资金通过拆借给经纪人的方式流入股市，甚至超过了银行对股市经纪人的贷款。只要股市持续上涨，股市经纪人偿还贷款无忧，那么这种贷款在企业财务主管的眼里就是"一只会下金蛋的母鸡"，然而也正是这些资金让美国股市最终吹出了巨大的泡沫。

尽管存在泡沫，20世纪20年代的美股牛市还是能在一定程度上反映出美国在一战及战后经济实力上升，并超越英国成为全球财富中心的事实。不过美国的领先地位并不稳固，英国虽然实力受损，但依然有广大殖民统治地区作为后盾，世界上美元与英镑两个货币体系并驾齐驱。十几年之内，美国还需要等待另一个历史机遇，才能取得无可撼动的地位。

3. 大萧条与大变革

1929年秋天，美联储为了控制当时愈演愈烈的股市泡沫，上调了贴现利率。商业银行获取资金的成本上升，因此不得不回笼先前贷款给股票经纪商的资金。企业也开始转向购买其他高收益证券，停止对经纪人的放款。股市资金开始流出，股价压力显现。10月24日，股市一度出现恐慌性抛售，濒临崩溃，当天股票交易数高达1290万股。纽约金融机构大张旗鼓的"救市"，恐慌氛围才稍有遏制。

1929年10月29日，股票市场的"末日"来临，一天内被抛售的股票达到1600万股，道琼斯指数下跌43点（约12%）。对于杠杆程度比较高的投资机构来说，股市出现如此大的跌幅，简直就是灭顶之灾。即使如高盛公司（Goldman Sachs Trading Corporation）这样的知名投资机构，也不能阻止其股价在一天内就跌去42%。数以万计利用杠杆投资的股票账户，因为不能追加保证金而被迫关闭，经纪人的对外贷款也停止了，并在随后数周内引发一连串金融"地震"。因此后人将10月29日铭记为大萧条的开始，在美国金融史上，这一天甚至可以与1941年12月7日（日本偷袭珍珠港的日子）相提并论。

股票价格的快速下跌，让那些背负了"杠杆"的投机客破产，无力偿还欠债。作为出借方的股票经纪商无法收回贷款，也难以维持经营，纷纷倒闭。通过股票经纪商，股市下跌的风险最终传导至商业银行体系，1930年，美国银行业爆发了第一波倒闭潮，当年有1350家银行停业。商业银行倒闭的破坏性是巨大的，企业家无处借贷以维持经营，储户存款因银行破产而荡然无存。那些仍在营业的银行也风声鹤唳，要求提前收回贷款，不少人的住房、汽车因此被收走，正常的商业秩序完全被打乱了，大萧条全面爆发。

大萧条对美国经济社会的冲击是巨大的。从数字上看，1930—1932年连续三年，美国GDP分别萎缩了8.5%、6.4%、12.9%，失业率飙升至20%以上。普通民众因为丢了工作，连孩子也抚养不起，导致大萧条期间美国的生育率大幅降低。没有了消费支撑，上市企业的盈利严重下滑，大片的亏损数据开始在上市企业财报中出现，进一步引起了股价的下跌。到1932年股市的最低谷时，股指已经较1929年高点下跌了85%。

单纯的数字其实并不足以反映美国民众的糟糕境遇。在大萧条中，即使那些过去有房有车的中产家庭，也因为买不起食物，大多将自家花园改造为菜地以自给自足。而较贫穷的城市居民则只能流离失所，每日依靠政府救济为生，它们搭建的棚屋被讽刺地称为"胡佛屋"。在农村，因为农产品根本卖不出去，农民们只能将谷物焚烧、牛奶倒掉，密西西比河一度成为银色的河。很快这些农民也因为偿还不起农场贷款而破产，并涌入城市当起了流浪汉。

从客观上讲，大萧条是由商业周期、债务周期所引发的必然衰退。而这次萧条无论是衰退幅度，还是在对经济的损害上都是历史罕见的，反映出必然存在"人为"的促进衰退的因素。其中美国联邦政府和美联储救市不力，是大萧

第二章
资本绽放

条不断加深，股市暴跌的重要原因。

在大萧条的初期，美国由赫伯特·胡佛总统当政，他对当时初见端倪的萧条采取了放任自流的态度。代表大资产阶级利益的他认为经济事务应该完全交由市场解决，政府应当减少干预。除此之外，他还在1930年安排国会通过了《斯姆特-霍利法案》（The Smoot-Hawley Tariff Act），将2万多种美国商品的关税提高至历史最高水平。胡佛对进口商品加税的行为引起了诸多国家的反制，各国纷纷对美国商品征收报复性关税，国际间贸易战就此开打。贸易战对于美国出口的损害是严重的，第二年，美国的进口额和出口额就下降了50%以上，进一步加深了萧条。

美联储方面，由于受到金本位和黄金储备的限制，美联储向美国银行业提供资金的数量有限，没能避免银行业的破产浪潮。1933年前，美国一直坚守着金本位制度，在这样的制度下，美联储能够向银行体系内投放多少现金，取决于美联储自身的黄金储备。然而，大萧条中美国银行业的危机如此之深，资金缺口如此之大，使得美联储依据储备进行的资金投放多少显得苍白无力。到了1932年经济危机最严重的时候，美联储的黄金储备已经见底，不得不提高贴现率以减缓黄金流出速度。美联储提高贴现率的行为引发了又一轮银行破产浪潮，第二年，有近4000家银行倒闭，成为大萧条中银行倒闭数量最多的一年。

在经济危机中，政府的不作为引发了美国民意的强烈反弹，在民众的呼声下，强调"大政府"功能的富兰克林·罗斯福政府上台。为了拯救美国经济于水火之中，罗斯福总统对美国的财政政策、货币政策和金融监管政策都做出了大刀阔斧的改革，并奠定了接下来半个世纪联邦政府的执政思路。

罗斯福政府首先重视政府支出在支撑经济、托底救市方面的重要性。他上台后，联邦政府先后成立了联邦紧急救助署、工程进度管理署、民间资源保护队等就业机构，雇佣失业民众参与基础设施建设。最高峰时，联邦政府雇员数量占到了美国劳动力人口的10%。而这些雇员的工资和项目经费，大多来源于政府债务的扩张。

针对金本位对货币政策的制约，罗斯福政府宣布美元与黄金脱钩，同时加强了美联储的独立性和功能性，使其有更强大的货币政策执行能力。这样，理论上美联储就拥有了投放无限货币的能力。除此之外，美联储还新设立了公开市场委员会（Federal Open Market Committee），将公开市场业务⊖纳入美联储的货币政策篮子中，委员会委员则由联邦储备体系理事会理事和地方联邦储备银行成员共同担任，加强了美联储的独立性。改组后的美联储开始向金融市场大规模地投放货币，商业银行获得了源源不断的资金供给，从而稳定了整个金融体系。

在金融监管政策上，罗斯福政府吸取了1929年股市泡沫破灭引发经济危机的教训，于1933年通过了《格拉斯-斯蒂格尔法案》（Glass-Steagall Act），规定将投资银行业务和商业银行业务严格地划分开，保证商业银行避免受证券业风险的传导。该法案禁止银行包销和经营公司证券，而只能购买由美联储批准的债券。针对股票市场，罗斯福在新政中先后在1933年和1934年颁布了《证券法》和《证券交易法》，在股票一级市场和二级市场打击投机交易，提高信息透明度。并成立美国证券交易委员会（United States Securities and Exchange Commission），负责对股票市场的监管。这些股市监管政策从长期来看有利于吸引长线投资者，提高了美国股市的稳定度并降低了其风险。

在罗斯福新政的带领下，美国股市和美国经济于1935年有了明显好转。不过这种回暖并不稳固，美股接下来还将迎来一次大的震荡。

4. 阴晴不定的新政

罗斯福新政中，政府开支增加对于经济的促进作用是明显的。1934—1936年，美国的实际GDP增速分别达到10%、8%、12%。在政府需求的支撑下，企业盈利也出现明显好转，美股指数从大萧条中的低位回升，接近翻了一番。然而在1937年夏天，美股又出现了一次严重的股灾，短短半年时间，股市再度

⊖ 公开市场业务是指中央银行通过买进或卖出有价证券，吞吐基础货币，调节货币供应量的活动，是主动性的货币调节工具。

第二章
资本绽放

下行了40%左右。

这次股灾因何而起?

简单来说,这次股灾同罗斯福政府对经济的判断和施政失误脱离不了干系。新政之中,美国在政府需求推动下,表面上的总产出增长速度良好。然而作为经济的根基,整个私人部门的信心是虚弱的。美国经济仿佛是建在沙石之上的楼阁,略有风吹草动便有垮塌的风险。

私人部门信心虚弱,一方面的确是因为大萧条的破坏力,让企业家们心有余悸,不敢贸然扩大投资和生产经营。但更重要的是,罗斯福政府对企业家并不友好,施加的层层监管削弱了私人部门的经营动力。如罗斯福政府规定了全国范围内的最低工资,并每年提升该标准。虽然对工人阶层来说这是一件好事,但在经济并不稳固的情况下提高最低工资,直接提高了私人企业的经营成本,增加了经营压力。没有盈利,企业主们就缺乏扩大经营的源动力。即使在经济最好的1936年,美国失业率依然达到10%,反映出了私人部门用工需求的疲软(见图2-2-5)。

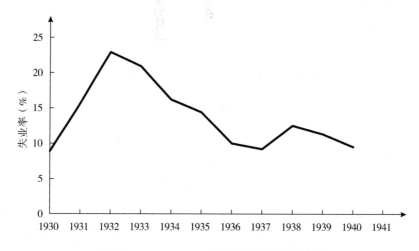

图2-2-5 1930—1940年美国失业率变化走势

(资料来源:国海证券研究所)

就在这样一个经济根基尚未稳固的背景下，罗斯福政府于1937年贸然中断赤字经济，并紧缩财政，这样的举措引起经济的下行（见图2-2-6）。1937年，美国迎来了新一轮总统选举，不少议员和选民对联邦政府多年扩张赤字、财政问题恶化表达了不满。为了回应这些人的诉求，罗斯福政府提高了公司税率并压缩政府开支，以平衡财政赤字。同时，美联储还大幅提高了存款准备金率，紧缩银根，商业银行的信贷投放力度更弱了。就这样，由政府推动的经济复苏也因政府行为戛然而止，正所谓"成也萧何败也萧何"，美国经济于1938年又陷入衰退当中，失业率再度抬头。

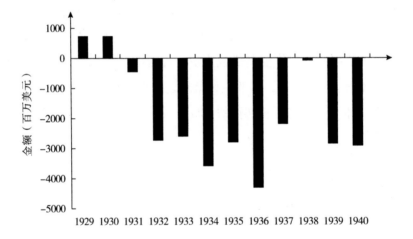

图2-2-6　1929—1940年联邦政府财政盈余

（资料来源：国海证券研究所）

幸运的是，罗斯福总统并没有因为他人在财政问题上的责难而落选。再度当选的他面对经济衰退，重新拿起了新政的武器——赤字经济，联邦政府的财政赤字又恢复了增长。仿佛一切又回到了几年前的老样子：在政府支出的带动下，总产出增速不错，但私人部门依旧疲软，经济基础并不稳固。真正带领美国走出经济困局的功臣，还是几年后另一场世界战争。

第二章
资本绽放

5. 胜利的曙光

1939年9月1日,德国发动闪电战奇袭波兰,第二次世界大战爆发。对于美国来说,二战与一战具有很多相似的地方。如美国在战争初期都充当了一段时间的中立军火商的角色,直到战争中后期才参战;两次世界大战的战火并未烧到美国本土,美国工业基础完好保留,并受战争生产的刺激,产能得以大幅扩张;战争中,美国的军费开支大幅增长,政府杠杆率明显上升;联邦政府在两次战争中都实行了一定程度上的计划经济。

同样的,两次战争中股市的表现也有相似之处。在战争初期,美股都经历了一段时间的下跌。在1938—1940年美国参战前夕,罗斯福新政的再度上马,带领美国经济重回增长。然而此时的股市却没有像1935—1936年经济复苏时那样昂首向前。其根本原因和一战前夕很类似——此时世界的和平局势受到了法西斯轴心国的挑战,战争疑云下商业和投资信心受到严重干扰。特别是1941年12月珍珠港事件爆发后,美国对轴心国宣战。民众对战争的担忧,以及对日本舰队可能袭击到美国本土的恐惧,进一步导致美国股市下跌,6个月后股指迎来了二战时期的最低点。

不过在诸多相似之中,两次世界大战中后期美股的走势却大不相同,意味着驱动股市的内在逻辑已经发生了转变。当美国参加一战后,美股指数接连下跌,但二战中后期美股指数却不断上扬。直到二战结束时,美股指数已经上涨接近90%。

是什么因素驱动了股指的走高?是上市企业盈利在好转吗?其实不然。1941年美国加入二战后,联邦政府实行了比一战时期更加全面的计划经济,当时政府规定所有企业的盈利不得超过1940年的水平,超出上限的部分必须上缴以充国库。因此,即使二战期间美国的GDP增长了75%,企业产量大幅增加,企业的盈利却丝毫没有变化,上市公司的股东也没有享受到战争生产带来的更多好处。

排除盈利增长的可能性后，股市走牛的原因——预期的改善——显而易见。在 1942 年 6 月的中途岛海战中，美国舰队以损失一艘航空母舰为代价，击沉了日本舰队 4 艘主力航母，日本海军的实力大受打击，从此无力再进攻美国本土。中途岛海战胜利的消息传来，打破了日军在亚太不可战胜的神话，也消除了美国防卫本土的压力，美国股市从这一刻起开始反弹。

随着战争的持续，美国在太平洋战场和欧洲战场的优势愈发明显，反法西斯国家的胜利已经是时间问题。和一战不同，这一次美国彻底成为战争中的主角，股市的投资者都已经意识到，战后世界的秩序将由美国来主导。在这种情况下，美国企业盈利增长是板上钉钉的事情，并很可能再次迎来如同 20 世纪 20 年代那般的大牛市。因此，尽管战争末期政府的管制经济还未取消，企业盈利没有恢复增长，但股市的投资者已经争先恐后买入股票。毕竟对他们来说，买入股票就是买入美国光明的未来。

当我们回看整个一战、二战期间的美国股市时就能发现，虽然指数有过高峰（1929 年泡沫），有过低谷（大萧条），但美国的股市依然处在上升的趋势当中，和同一时期的英国股市形成鲜明对比。长期来看，股市的涨跌必然映衬着国家的命运。通过两次世界大战，美国从一个二流国家完成了向具有经济霸权、军事霸权的超级大国的转变。期间虽有乌云遮蔽，但什么也无法阻挡美国像朝阳一样冉冉升起。上涨的股市，则成为这颗朝阳散发出的第一缕炽热的光芒。当二战结束的钟声敲响时，属于美国的世纪真正来临了，美股也将伴随着这一经济体，迎来又一段传奇。

第二章 资本绽放

第三节 1946—1979年：制造业的波荡起伏

导读：二战及经济管制结束之后，在内、外部需求的推动下，美国企业盈利大幅增长。同一时间由于物价上涨较快，美股估值受到一定抑制。20世纪50年代，在技术革新的推动下，制造业蓬勃发展，同时，通胀的回落让美股投资价值重新显现。60年代，制造业的长期繁荣培育出庞大的美国中产阶层，为娱乐、旅游产业的增长创造了先天条件。60年代末期，美国制造业出现衰退迹象，经济增长动能下降，美股也趋于停滞。两次石油危机的到来，更加暴露出美国经济的内在问题，美股波动进一步加剧（见图2-3-1）。

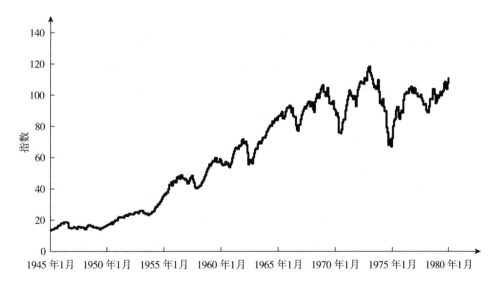

图 2-3-1 1945—1980年美股指数走势（标准普尔综合指数）

（资料来源：国海证券研究所）

1945年8月15日，在全世界反法西斯阵营的强劲攻势以及广岛、长崎两颗原子弹的威力震慑下，日本裕仁天皇宣布无条件投降。这场历史上参战规模最大、伤亡人数最多、对人类文明摧残最为严重的战争终于落下了帷幕。

二战后，联合国的成立不仅带来全世界政治格局的巨变——两个超级大国美国和苏联的对抗和冷战，成为接下来几十年世界政治的基调，更带来了全世界商业环境的大洗牌。

在二战后的主要工业国中，只有美国还保持着完整的工业能力，其他资本主义国家若想要顺利进行战后重建，必须依靠美国的援助。面对美国的战争功绩和经济优势，西欧资本主义国家不得不仰人鼻息，屈服于美国提出的利于自己的世界重构方案。

在这些方案中，最重要的两条莫过于对世界货币体系和贸易体系的重构。货币体系的改革是从1944年7月出台的布雷顿森林体系开始，拥有全球3/4黄金储备的美国顺理成章地将美元推到了世界储备货币的中心位置，美元霸权得以确立。贸易体系的改革则是从1947年10月欧美各国签订的《关税与贸易总协定》（General Agreement on Tariffs and Trade，以下简称"关贸总协定"）开始，旨在消除各国间的非关税壁垒，并降低总体关税水平。在1947年的首轮协商中，共有45 000种商品关税得以削减，涉及上百亿美元国际贸易活动。

布雷顿森林体系和关贸总协定联手，实现了各国商品的公平竞争，美国商品从此可以毫无阻碍地进入世界各地，直接击碎了英、法等殖民大国在其殖民统治地区的贸易垄断。对于这些老牌殖民大国来说，殖民利润荡然无存，却依然要付出殖民统治地区的治安、维护成本，意味着它们必然要抛弃旧世界的殖民体系。而对于美国工业企业来说，二战中，40万美国士兵的牺牲和上千万民众的辛勤劳动换来的是对新世界有利的贸易条件。在市场化竞争下，美国制造业凭借着先进的技术和规模优势，在世界市场上呼风唤雨，利润滚滚而来，奠定了今后30年美国霸权的经济基础。

第二章
资本绽放

1. 繁荣的种子

二战后，美国"管理"下的全球秩序已经重新确立，美国商品走向世界的一切条件都已具备。然而美国股市却并未展现出同国家命运相协调的、欣欣向荣的景象。在1946—1950年，美国股市经历了整整5年的调整，在战争末期的乐观预期之中，股市指数甚至回调了约20%。

从最宏观的GDP数据上来看，1946年、1947年美国实际GDP连续两年萎缩，但仅仅凭此断言美国经济陷入了战后衰退，并造成了股指下跌还为时过早。实际上，战后最初几年是美国上市企业盈利快速释放的时期，主要上市公司盈利普遍增长200%以上。究竟是什么导致上市企业盈利如此集中且快速的增长？又因为什么企业的盈利和股票价格走势相脱节？

二战后，美国企业盈利飞速增长，与美国从战时体制向和平体制的转换密切相关，企业生产端和民众消费端都经历了巨大而深刻的转变。如同前文所提到的，二战中，美国商品价格和企业盈利都受到了政府严格管控，虽然战争中企业增产颇多，但盈利丝毫没有增长。战争结束后，联邦政府很快结束了战时计划经济，重新拥抱自由市场，让产品价格和企业盈利恢复了弹性，成为这一时期企业盈利增长的必要条件。

尽管市场经济得以恢复，但企业盈利若要真正出现改善，仍需要需求端的好转。二战后，美国民众的消费欲望迅速释放，替代政府需求成为需求端改善的源动力。回溯至二战期间，美国政府为了满足军事需求，对重要物资实行严格的配给和管控，民众消费欲望因此被极大地压制了。"凭票购买"是战争期间美国民众消费的常态，每个美国家庭都会收到一本物资配给手册，里面贴着各种商品的购买凭证。

例如，战争开始后最先被管控的食品是白糖，政府规定每个成年人每星期可以最多购买半磅（约226克）白糖，仅为正常消费量的一半。美国人每日必不可少的食品——面包的制作材料，如泡打粉、奶油配给额被限制到正常消费量的70%，咖啡的配给额也被限制到正常的50%。一些具有战略意义且非必需的商品消费则完全被政府抹杀。由于日本占领了橡胶的重要产地东南亚，美国面临较为严重的橡胶短缺问题，因此政府决定不再将轮胎出售给个人，连需要橡胶的鞋子供应也被限制在每人每年3双。随着汽车制造厂、金属家具生产厂转向军用，一些常见的生活耐用品更是有市无价。

正是在这样一个物资配给制度之下，美国民众在战争中"被迫储蓄"，即战时所获得的工资很大一部分无法转化为消费，只能储蓄起来。1944年美国民众的储蓄额高达38.7亿美元（见图2-3-2），为同年美国GDP的17.3%。随后物资配给制度结束了，在庞大存款的支持下，美国民众压抑多年的消费热情迸发出来，所有的商品均被抢购一空。短短两年半的时间，美国人就"挥霍"了30亿美元存款。民众消费需求的巨大改善，成为企业盈利增长的重要支柱。

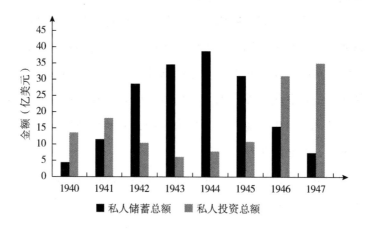

图2-3-2　二战及战后私人储蓄、投资情况

（资料来源：国海证券研究所）

除了一般消费，美国政府向退役军人和转型工厂投放大量优惠贷款，也促进了投资，成为需求改善的推动力之一。战后两年内，美国有上千万军人复员回乡，占当时美国总人口的7%以上。如何安排规模如此庞大的青年劳动力进入就业市场，是当时摆在美国政府面前的一大难题。为了促进工厂吸收复员军

第二章
资本绽放

人的就业，完善个人安置，联邦政府联合银行系统和退伍军人事务部（Department of Veterans Affairs）等多部门，向军用转民用工厂和退伍军人提供廉价贷款。1948年，美国政府机构向商业领域投放的直接贷款就高达30亿美元，是1945年的3倍以上。政府贷款有力地促进了私人投资，助推企业盈利得到改善。

除了国内的消费、投资因素之外，欧亚国家在战争废墟中重建，也需要大量的美国物资支持。二战结束时，西欧与东亚战场满目疮痍，工业生产能力尽失，各个参战国根本无法满足民众的日常物资供应。在情况最严重的1946—1947年，由于那年冬天极为寒冷，且民众缺乏食物和取暖燃料，仅在德国就有数十万人死亡。该年冬天被称为"饥饿的冬天"（Hunger Winter）。出于人道主义，同时为了对抗苏联在欧洲、亚洲的影响力，美国很快恢复了对曾经的主要贸易国如日本、法国等国的商品出口和援助。1948年，美国还启动了马歇尔计划，帮助西欧国家快速重建。在外部需求的支持下，美国在战后的商品出口额丝毫不逊于战争期间的武器出口额，商品出口保持坚挺也成为企业盈利的重要原因。

总的来说，消费、私人投资和出口明显提振了企业盈利，但是，股票价格却毫无上涨的迹象，这主要归咎于当时严重的通货膨胀压制了股票估值。战后，生产工厂从军用转向民用需要一定的改造时间，改造期间商品的生产速度跟不上突然迸发的消费需求，造成1946—1947年间美国出现了极其严重的通货膨胀现象，CPI同比一度高达19%。飞速上涨的商品价格让股票的回报相形见绌，因此，即使理性的投资者也不得不抛售股票，转向投资其他回报更高的资产。

不过，在震荡调整的大环境中，仍有不少股票走出了超越大盘的涨势。由于军事需求消失，战后美国大多数传统商品的产量均出现了不同程度的下滑，如钢铁产量在两年内下跌了20%。然而在一些新兴化工领域，由于技术的进步和应用推广落地，主要商品产量不降反升。在合成纤维、化肥等新应用的推动下，重要化工原材料硫酸的产量稳步上涨。另外，二战期间石油因其热值高、易运输、更清洁的特点，得到了军方的广泛重视。石油逐步代替煤炭成为主要能源，并改变了战后世界的能源格局，美国的石油产量也受需求推动不断增加。

因此，这一时期盈利增长强劲、表现突出的股票主要集中在上游新型化工产业和石油领域，侧面体现出战后军用转民用技术领域的初步成就。如化工巨头杜邦公司、石油巨头埃森克美孚的股价在 5 年内均上涨超过 40%，远超同期大盘涨幅。

美国股市虽然整体上并没有展现出应有的繁荣，股票价格仍在调整之中。但这几年间，企业盈利已经更上一个台阶，牛市的种子已经埋下，只需一场春雨落下，股市就能开花结果。

2. 孩子、房子和车子

当时间来到 20 世纪 50 年代，美国股市迎来久违的超级大牛市，整个 20 世纪 50 年代，美国股市指数上涨超过 250%，表现仅次于"咆哮的 20 年代"。其实二战结束时美股企业盈利已经开始增长，当 50 年代一些抑制股票估值的因素消散后，股价终于开始上行，以同企业利润的增速相匹配。其中最重要的一点是通货膨胀得以缓和，使股票重新吸引了投资者的目光。

在 20 世纪 40 年代末，美国股市中市盈率低于 7 倍的优质股票比比皆是，但由于物价上涨速度过快，这些股票仍不具有投资价值。50 年代初期，美国企业从军用向民用的转换基本完成，商品供应大幅增加，使得物价得到了较好的控制。1949 年下半年开始，CPI 甚至出现小幅负增长。与此同时，买入股票指数的年回报仍高达 15% 以上。购入股票成了一笔划算的投资，牛市水到渠成地出现了。

这一时期，美国股市还显示出一种奇特的现象：当经济越差时，股票的上涨速度越快。整个 50 年代，宏观经济最差的两个年份是 1954 年与 1958 年，当年美国实际 GDP 分别增长了 −0.6%、−0.7%。然而在股票市场中，这两年股指分别上涨了 41%、32%，是整个 50 年代表现最好的两年。

这种宏观经济和股票涨势背离的背后可能与当时美股散户居多，散户在投

第二章
资本绽放

资与消费决策上的非理性有关。简单来说,当经济向好时,美国民众并不担心未来的收入情况,更倾向于消费,尽管此时股票的盈利回报更高,也不能吸引投资者入市。而当经济变差时,民众开始担心起未来的收入保障,因此更加倾向于储蓄和投资,上市企业盈利停滞甚至小幅下降,仍不能阻挡投资者将资金放入股市。考虑到当时美国股市散户持股比例超过90%,这种非理性情绪可能主导了股票价格的涨跌。

从更微观的行业角度上来看,20世纪50年代牛市中,汽车、家电等下游耐用消费品制造业股价表现最为突出,带动整体工业股股价上涨超过300%,表现远好于大盘。拉动此类公司股价上涨的核心因素是当时出现的房地产热潮。二战后,随着上千万军人复员并成家立业,美国迎来了结婚及婴儿出生高峰。长期的经济繁荣和家庭收入提升,也让美国的父母们"愿意生""有能力生",平均每个美国家庭抚育的子女人数达到3.5个左右,生育意愿较二战前有了明显提高。

家庭规模的扩大,最直接的结果就是普通家庭对面积更大、更舒适的新房需求更旺盛了。然而从南北战争后开始计算,美国已经经历了近100年的工业化和城镇化,主要城市核心区域早已拥挤不堪,无法满足一般家庭日益上升的住房需求。在民众的呼吁下,20世纪50年代,美国各级地方政府开始大力修建城市周边道路和基础设施,开发郊区、推动住宅郊区化(见图2-3-3、图2-3-4)。郊区远离嘈杂的城市中心,绿化丰富,整洁且安全,美国民众趋之若鹜,在郊区拥有一个带花园的独栋别墅成为美国中产家庭的梦想。

遗憾的是,美股投资者无法通过投资地产公司直接瓜分到本轮郊区地产开发的红利。由于美国房地产行业集中度非常低,开发商规模小且分散,导致能上市的房地产企业寥寥无几——1950年,美股中仅有1家房地产公司。不过在这场住宅郊区化的浪潮中,美国家庭不但搬进了郊区的新家,还购买了最新式的家用电器和家具,使得一众家电、家具生产商间接享受到房地产开发的利好。其中的佼佼者是惠而浦(Whirlpool)家电公司,10年间,该公司收入从1亿美元跃升至 4 亿美元，股价更是取得 10 倍以上的上涨。

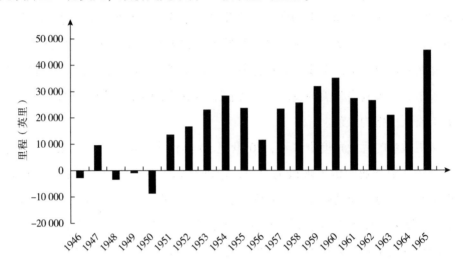

图 2-3-3　二战后，美国公路新增里程

注：1 英里≈1.6 千米。

（资料来源：国海证券研究所）

图 2-3-4　二战后，美国住宅建设情况

（资料来源：国海证券研究所）

第二章
资本绽放

住宅郊区化间接利好的另一个行业是汽车制造。因为郊区的公共交通网络稀疏，往来市中心的通勤时间变长，汽车不得不成为美国郊区家庭的必备品。在汽车需求最好的年份，仅福特和雪佛兰这两家公司一年内就能卖出300万辆汽车，是20世纪40年代末汽车销售量的3倍。受汽车销售向好的刺激，通用汽车（General Motor）、倍耐力轮胎（Goodyear Tire）的公司股价分别上涨了近15倍和20倍。

除了住宅郊区化带来的商品需求以外，大型企业迈向自动化、电子化生产的效率进一步提升，也是促进企业盈利的重要因素。这里就不得不提及电子计算行业的先驱者，国际商业机器公司（International Business Machine，IBM）。1911年成立的IBM公司最早因穿孔卡片机①蜚声业界。

二战时期，通过为美国军方提供研究计算服务，IBM积累了深厚的技术功底。1952年，IBM推出的第一台大型商业电子计算机"IBM 701"，迅速占据了美国市场80%以上的份额，并构成大型工厂早期数控机床、自动化流水线的中枢。在电子计算领域技术进步的带动下，大型企业的生产效率明显提高，IBM也因此赚得盆满钵满。10年时间内，其收入从2.7亿美元跳跃至18.1亿美元，雇员人数从3万人增长至10万人，股价上涨超过10倍。

3. 娱乐至上

1964年2月7日，当在英国大火的披头士乐队（The Beatles）一行四人到达纽约约翰·肯尼迪国际机场，第一次踏上美国的土地时，他们一定想不到自己即将成为美国最为家喻户晓的明星。2天后，他们被邀请到综艺节目"艾德·莎莉文秀"（The Ed Sullivan Show）上表演。这一天，有2300万美国家庭打开电视机观看披头士乐队的表演，占到当时美国总人口的1/3，并创下美国电视节目的收视纪录。披头士乐队瞬间掀起了美国乐坛和娱乐领域的飓风，成为一个社会现象，甚至有一个专有名词"披头士热"（Beatlemania）被收录进词典。

---

① 穿孔卡片机通过在具有固定格式的纸片上打孔，实现信息的输入、输出与统计，是20世纪早期世界最主要的统计、计算工具。

所谓时势造英雄。披头士乐队从英国发迹，在美国成名，进而流行到全世界，固然与其团队天才般的音乐创作有关，但同样重要的是，披头士乐队出现的时点正好处于 20 世纪 60 年代美国家庭娱乐消费的黄金时期，正在寻找精神偶像的美国人，为披头士乐队的成名创造了良好的先天条件。

60 年代的美国股市也很好地反映出此种消费风向的改变。虽然从大盘指数上来看，60 年代美股延续了 50 年代以来的上涨势头，1960—1968 年，美股指数上涨接近 80%，但是推动大盘上行的动力已有所切换。表现最突出的行业，已经从汽车、家电等耐用品制造业转向休闲娱乐行业。

60 年代，美国旅游行业开始崛起。早在 1955 年华特·迪士尼先生（Walt Disney）就察觉到了美国旅游市场的春风，在他的亲自监督下，第一座迪士尼主题公园在洛杉矶市区东南拔地而起。梦幻且富有童趣的乐园吸引了全美各地携家带口、慕名而来的游客。开园第一年，洛杉矶迪士尼乐园的接待人次就超过了 360 万，成为华特迪士尼公司在影视版权之外的重要收入来源，60 年代，迪士尼公司的股价上涨超过 300%，很大程度上要归功于乐园的成功。

随着出门旅游的民众越来越多，美国旅游行业蒸蒸日上，仅西海岸一家迪士尼乐园的接待能力已经无法满足全美家庭的游玩热情。因此，1963 年，迪士尼公司在东海岸规划了一家新的主题公园，这家新公园的选址大胆地跳脱出传统思维，没有定位在纽约等大型城市附近，而是选在阳光明媚的旅游城市奥兰多。显然仅凭奥兰多的 25 万本地人口是无法支撑起迪士尼乐园营收的，新的乐园自然是将目光投向整个东海岸的度假游客。这反映出在当时的美国，度假旅行已经成为一种全民风尚。无独有偶，1964 年，迪士尼公司的主要竞争对手环球影业（Universal Picture）也在好莱坞建成了主题公园"环球影城"（Universal Studio），试图分享旅游市场这块越来越大的蛋糕。

受旅游热的推动，酒店业和航空运输业也在 60 年代迎来全面繁荣。这一时期全美宾馆酒店雇员人数上升了 50%，航空公司载客人次更是增长 1 倍以上，市场增长速度大幅超过 50 年代（见图 2-3-5、图 2-3-6）。航空公司和度假酒店的股票表现同样优异。例如，开创了经济型连锁酒店先河的假日酒店（Holiday Inn）因其中等价位、亲近家庭的定位完美契合了中产阶级家庭的旅游需求，受到了市场的欢迎。10 年时间该公司的酒店数量从 100 家增长到 1000 家，股票更是夸张地上涨了 20 倍。同一时期，达美航空（Delta Airline）公司的股票涨幅更大，一度接近 30 倍。

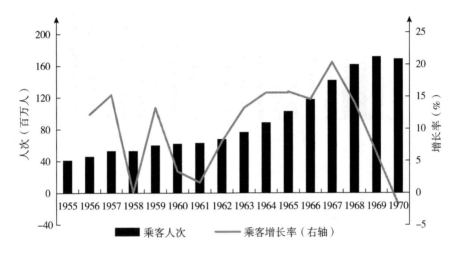

图 2-3-5　1955—1970 年美国航空乘客人次与增长率

（资料来源：国海证券研究所）

20 世纪 60 年代美国文娱行业大发展的根源是什么？当回顾完整个战后繁荣的历史，答案自然而然地浮出水面。经历了战时技术研发、电子化和自动化革命的美国制造业，在战后 20 年内相对世界同业保持了绝对的技术领先水平，才是美国战后繁荣的根本动力。从二战结束至 1967 年间，美国对外商品贸易一直保持着年均 50 亿美元以上的顺差，即是这一时期美国制造业具有先进性的最有利证明。

只有当制造业高效地为国家创造更多财富时，文化、娱乐等分配财富的服务业才有发展的空间。60 年代，美国文娱产业加速发展，股票受到投资者追捧，实际上也是当时美国制造业发达的一种衍生现象。经过战后 20 年的发展，美国用世界上技术最先进的工业体系，培养出了规模最庞大的中产阶层。这些制造业企业中的职工以及他们背后的家庭不愁吃穿。在50年代相继购入住房、汽车后,中产家庭的物质需求已经得到基本满足,到60年代,更多的金钱被花在了休闲、文化、娱乐领域,可谓是"娱乐至上",同时也催生出美股新的增长点。

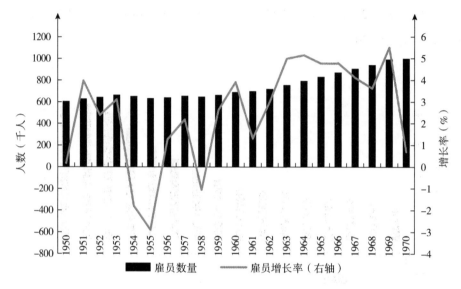

图2-3-6 1950—1970年美国酒店业雇员人数与增长率

(资料来源:国海证券研究所)

不过"花无百日红",美国制造业的优势不可能永远维持下去,60年代末期,美国制造业衰落的苗头已经开始显现,美国战后繁荣的动力即将受到严峻的考验。在旧的增长动力开始枯萎,新的动力尚未出现时,70年代的美国经济将不可避免地面临阵痛,而美国股市也随之一道经历了10年的震荡。

4. 失去的十年

1968年年末,美股结束了从1950年开始的长达19年的牛市。这19年间,美股指数合计上涨了544%,可以说在战后婴儿潮时期出生的整整一代人,都在美股的空前繁荣中度过了他们的童年时光。而他们的父母,也就是新兴的中产阶级群体,则是战后美国崛起的见证者和得利者。但当历史前进至60年代末

第二章
资本绽放

期时,美国的经济繁荣开始落下帷幕。美股最先感受到了这个变化,股市大盘于1968年12月登顶后,旋即失去了继续上涨的动力,开始震荡下行。而当美股开启下一轮长期牛市时,已经是80年代的事了。

在这期间的20世纪70年代,美国股市危机频繁发生,大盘反复震荡却难以突破前高,可以说是美国版的"失去的十年"⊖。造成这一现象的主要原因是美国经济的基石——制造业出现衰落迹象,且在世界范围内的地位有所下降。制造业的疲软削弱了经济增长的深层动能,美股因此很难有出色表现。

20世纪60年代末,美国科技浪潮陷入低谷,成为其制造业衰落的起因。五六十年代,借着自动化革命的东风,美国电子产业取得突破性的成就,IBM就是当时美国电子产业发展的缩影。这一时期该公司相继开发出第一台商业电子管计算机"IBM701"(1952年)、第一台商业晶体管计算机"IBM7070"(1958年)、第一台商业集成电路计算机"IBM360"(1964年),树立了前三代计算机的行业标杆。但随着60年代末美国政府对IBM发起反垄断调查和创始人家族的相继离去,公司陷入了发展和研发瓶颈。70年代的IBM公司虽然一直保持着行业龙头地位,却再难以拿出划时代的作品。当计算机革命放慢脚步时,美国工业企业的生产效率也随之停滞。1969年,美国劳动生产率数据自二战后首次出现了连续一年的同比下滑,预示着70年代科技低谷的到来。

美国制造业停滞的同时,德国、日本的工业水平依然在持续攀升,将"美国制造"挤下了神坛。二战后,美国企业之所以能独步天下,一方面是由于技术领先,另一方面也是由于德国、日本等国的工业基础在战争中被摧毁殆尽,无力同美国展开竞争。但在20余年的重建和复苏后,德国、日本的工业能力重新接近美国,甚至在部分领域实现对美国的反超。

最能体现三国激烈对抗的领域莫过于汽车工业。相对于大排量、外形粗犷的美国车,德国车设计更加美观,日本车经济耐用,在世界市场上同美国车展开了强有力的竞争。外国车甚至也打开了美国消费者的心门。1969年,大众公

⊖ 失去的十年(Lost Decade)最初用来形容日本经济泡沫破裂后的1991—2000年。

司在美国卖出了 55 万辆汽车，丰田紧随其后卖出近 13 万辆，美国汽车厂商只能眼睁睁地看着市场中的进口车比例越来越大（见图 2-3-7、图 2-3-8）。

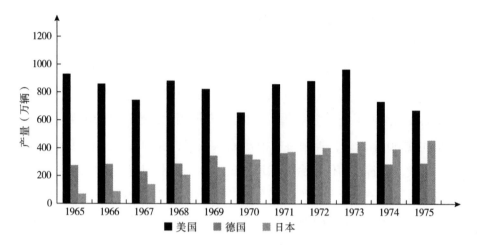

图 2-3-7　1965—1975 年美国、德国、日本私家车产量

（资料来源：国海证券研究所）

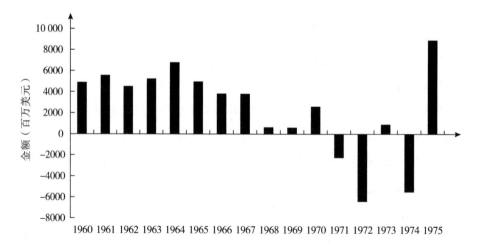

图 2-3-8　1960—1975 年美国商品贸易顺差

（资料来源：国海证券研究所）

国际市场竞争不过，国内市场又丢城失地，美国制造业优势下降的结果就是

第二章
资本绽放

美国商品出口越来越少,而进口需求反而增大,国家财富向外流失。1971年,美国出现了自1890年以来的第一次商品贸易逆差,敲响了美国制造业的警钟。

这一时期,美国政府在经济、财政政策上频频失误,也加速了制造业的衰退。1966年,美国派兵全面介入越南战争,但很快陷进越南的丛林当中。越战泥潭成为美国政府财政上的无底洞。整个越战期间,美国政府在军事上的直接开支达到1680亿美元,占到当时GDP的15%左右,更有上千亿美元间接开支用在士兵福利和家属抚恤上。越战初期,美国经济尚属繁荣,突然出现的大量军事采购订单让商品一时间供不应求,加速了当时的物价上涨速度。

几乎同一时期,美国民主党总统林登·贝恩斯·约翰逊(Lyndon Baines Johnson)提出"伟大社会"(Great Society)构想,旨在消灭美国社会的绝对贫困。在他的安排下,美国政府多次提高最低工资标准,改善底层民众福利。虽然约翰逊的计划有助于缩小美国社会的收入差距,但客观上加重了美国企业的人力成本负担,也对物价上涨起到了推波助澜的作用。在两者的共同作用下,70年代初,美国的通货膨胀速度高于世界其他地区。相比于进口商品,美国货在价格上的劣势更明显了。

最终,美国制造业的衰退不但拖累了经济发展,更导致了布雷顿森林体系的崩溃。长久以来,美国一直依靠商品出口回流海外美元,保持美元的强势地位。但当美国制造业称霸世界的时代一去不复返后,商品贸易的顺差转为逆差,美元流出速度加快。这时美国的黄金储备已经无法再满足其他国家手持美元、购买黄金的全部需求,部分国家中央银行开始对美元投出不信任票,抛售手中的美元。国际资本担心美元即将贬值,也顺势抛售包括美股在内的美元资产,导致整个金融市场动荡不安,股市大幅下行。

在各方抛售的压力下,1971年8月,美国总统理查德·尼克松宣布美元贬值和停止兑换黄金,布雷顿森林体系就此崩溃。

美元停止兑换黄金之后,为了继续支持美元霸权,美国政府开始着手构建石油美元体系。1974年第一次石油危机之后,美国政府和沙特阿拉伯王室达成了一系列协议，以美国向沙特购买石油并提供军事、安全援助为条件，换得沙特继续使用美元进行石油贸易结算，同时美国为沙特的石油美元回流国内金融市场提供便利。石油代替黄金重新为美元做了背书，让美元在牙买加协定[⊖]下继续勉强维持其主要储备货币的地位。

5. 灾难在持续

1973年10月，第四次中东战争爆发，美国因为在背后支持以色列，成为所有中东产油国共同的敌人。石油输出国组织欧佩克旋即决定减产，并对美国展开石油禁运，第一次石油危机全面发酵。石油危机对美国股市的打击是致命性的，短短一年半的时间里，美国股市指数下跌了40%，成为二战后美国股市最惨烈的一次崩盘。

这次石油危机在通货膨胀和经济衰退两个方面打击了股市情绪。首先是石油危机造成了世界范围内的石油短缺和油价上涨，两年内，国际原油价格就从2.48美元/桶飙升至11.58美元/桶，以石油作为基础能源的工业产品涨价压力巨大。在两次石油危机期间，美国的CPI增速均涨至10%以上，飞速上涨的物价降低了股票投资所带来的回报，从而引发了股票抛售。

美国本是一个具有丰富油气资源和开采能力的国家，在市场调节下，油价上涨会促进本国石油企业最大化利用已有产能，进而增加本土石油产量，缓解石油供给缺口。然而当时的美国政府却选择了另外一条道路。1971年，尼克松总统为了抑制当时比较严重的通货膨胀，用行政命令限制本国出产的石油价格。当第一次石油危机爆发，世界石油价格已经上涨至10美元/桶以上时，美国本土企业出产的石油价格仍被限制在5.25美元/桶。行政干预极大地损害了石油企业的生产热情，在油价高涨的70年代，美国石油产量不升反降。错误的政策不但没有达到抑制通胀的目的，反而扩大了美国的石油供给缺口，并使得第二

[⊖] 牙买加协定（Jamaica Accords）指布雷顿森林体系崩溃之后，1976年国际货币基金组织在牙买加首都达成的国际货币制度的新协定，1978年4月生效。主要内容是各国货币实行浮动汇率制和黄金去货币化。

第二章
资本绽放

次石油危机到来时,美国的通货膨胀问题较第一次石油危险时更加恶化了。

其次是石油危机前能源价格长期低廉,让美国人养成了肆意挥霍资源的习惯。很多美国出产的商品也依照美国人的消费习惯设计,并未考虑到节约能源的需求。如美国产的汽车排量普遍较大,家电耗电量也更多。但当石油危机袭来时,石油价格数倍上涨让富裕的美国人难以承受。商品价格普遍上涨,不但削弱了美国人手中财富的购买能力,更让美国人偏好外国制造的、能源节约型商品,进一步打击了美国制造业,将经济拖入衰退当中。

为了托底经济,美国政府按照凯恩斯主义经济学的思路,扩大政府开支和货币投放,增加需求。但这种积极的财政、货币政策进一步加速了通胀,并继续将消费者推向优质节能的进口商品,不利于本土制造业。美国经济于70年代中后期陷入了"通胀—衰退"的恶性循环,股市也因为经济的阴晴不定而波动加剧,表现不佳。

在这种大幅震荡的行情中,投资者更倾向于购入确定性强的大盘蓝筹股,这导致70年代美国股市呈现出一种大盘股表现好于小市值股票的现象。其中50只大盘股被投资者提炼出来,冠以"漂亮50"(Nifty Fifty)的称号。机构投资者因为抱团持有这些大盘股,所以收益率普遍高于散户。以往直接参与股票市场的散户、个人,为了收益的稳定,也开始追捧起股票基金,推动美国股市在机构化的道路上前进。

回首二战后30余年美股的波荡起伏,我们就能发现,这一时期美股的历史其实是一段美国制造业兴盛—巅峰—衰落的历史。到70年代后期,由制造业推动经济发展的思路在美国遭遇重重问题,社会上下也在不断思索新的经济驱动模式,并最终引发了20世纪80年代初的一系列经济社会改革。改革之后,美国顺利地找到了新的经济发展方略,并再次迎来了美股牛市,不过那就是一篇新的故事了。

第四节　1980—1999：服务业的高光时代

导读：20世纪80年代初，里根经济改革确立了美国未来以发展服务业为主的新的经济增长方向，并为接下来20年的服务业大牛市创造了条件。经历了短暂的经济调整后，80年代早期的计算机技术革命为美股带来了第一波牛市；80年代中后期开始的经济全球化带来了第二波牛市；90年代初的金融行业去监管化带来了第三波牛市；90年代中后期互联网革命带来了最后一波牛市（见图2-4-1）。4波牛市共同组成了一轮超级大牛市，并勾勒出美国经济转型的大体路径。

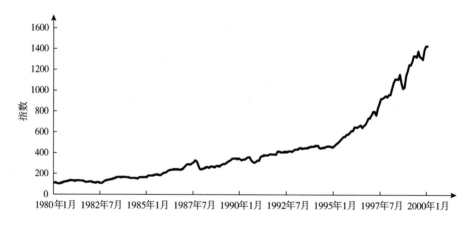

图2-4-1　1980—1999年美股指数走势（标准普尔综合指数）

（资料来源：国海证券研究所）

20世纪80年代初，美国经济发生了巨大变化，其发展模式由以往的依靠制造业驱动逐渐转向依靠服务业驱动，并对接下来20年的美国股市产生了深远影响。60年代美国服务业兴起，70年代制造业衰落，已经显露出此种经济动能切换的迹象。不过要论自上而下、具有里程碑意义的经济改革，莫过于里根经

第二章
资本绽放

济学（Reaganomics）的出现。

1980年，曾担任过好莱坞演员和两届加利福尼亚州州长的罗纳德·里根参与竞选第40任美国总统。他上任初期，美国经济仍在第二次石油危机中挣扎。受高油价影响，制造业工厂普遍亏损、濒临倒闭，通货膨胀率位于两位数水平，居高不下。针对美国经济中存在的顽疾，里根在竞选演讲时就提出，要让美国重新回到罗斯福新政之前的自由市场时代，并采用供给学派⊖（Supply-side economics）的经济理论来为自己的施政纲领进行辩护，抨击问题重重的凯恩斯主义。由于契合了当时糟糕的经济现状和民众为此产生的不满，里根的宣传大受欢迎，并为他赢得了90%以上的选票。

里根总统上台后为了兑现诺言，迅速出台一系列改革，这套政策"组合拳"被称为里根经济学。其主要包含四个方向：撤销行政干预和企业福利负担，恢复自由市场；大幅减少个人所得税和公司税；减少政府福利和基建开支；支持美联储的货币政策，严格控制通货膨胀。

总的来说，里根经济学的前三个方向缩小了政府在国家经济事务中的角色，标志着美国政府的经济工作思路的转变。以往美国政府在经济不景气时上马基建项目，增加政府采购订单，通过"政府的手"保护、托底制造业。里根上台后，企业、个人大减税，变相奖励了高端服务产业，同时打压工会，提高企业灵活性，通过"市场的手"促进优胜劣汰。因此在80年代初，大量的制造业企业或淘汰、或被迫转移，美国拉开了去工业化和产业转型的大幕。

而美联储紧缩型的货币政策，为了抑制通货膨胀而维持较高利率，客观上帮助美元在80年代持续升值，也在一定程度上起到了促进进口、打压国内制造业的作用。最终大浪淘沙，美国更具优势的服务产业在竞争中脱颖而出，并乘机扩大战果，成为美国经济增长的支柱动力。美国股市在接下来20年走出的行情，便是这些服务行业相继闪亮登场的舞台。

⊖ 供给学派亦称"供给经济学""供给方面经济学"。着重从供给方面考察经济现状和寻求对策的一种经济理论。

1. 通胀与失业的两难

1980 年夏天,当吉米·卡特紧锣密鼓地准备他的连任选举时,无论如何也想不到,1979 年亲手任命的新一任美联储主席,竟会葬送他的政治生涯。这位承诺解决通胀问题的美联储主席保罗·沃尔克上任之后,一改美联储以往走走停停的货币政策,坚决提高联邦基准利率,控制货币供给,以抑制通货膨胀。在半年时间内,联邦基金利率已经被提高到 17%(见图 2-4-2)。

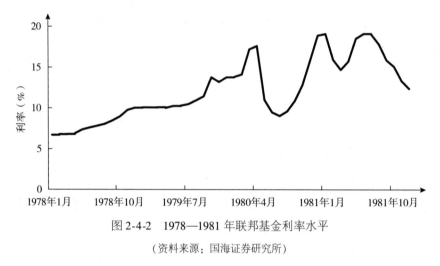

图 2-4-2　1978—1981 年联邦基金利率水平

(资料来源:国海证券研究所)

高利率对经济的短期损害是显而易见的。过高的借贷成本抑制了投资,经济开始衰退,失业率很快上升至 7% 以上,些许美国民众开始抱怨卡特经济政策的失败。在选举压力下,卡特总统为了推卸责任,将经济衰退的原因归咎于美联储,批评后者将政策利率制定得过高。沃尔克主席屈从于总统的政治压力,同时也为了避免让美联储落得个扰乱选举的口实,很快指导政策利率大幅下调了 8 个百分点。在如此大幅降息的刺激下,美国经济有了好转的迹象,股票指数在降息的几个月内大涨了 30%。

不过降息不是没有代价,通货膨胀的"恶魔"再度抬起了头。1980 年 8 月,两个石油主要生产国伊朗与伊拉克之间爆发了战争,进一步推高了世界油

第二章
资本绽放

价,第二次石油危机全面爆发。较为宽松的货币政策叠加石油危机的刺激,让美国的通货膨胀率居高不下,持续保持在两位数水平。卡特总统既想管理物价又想减少失业的想法,让他首尾不得兼顾,两个问题都没有得到解决。美国民众大失所望,纷纷将选票投给他的竞争对手罗纳德·里根,并将里根送上了总统的位置。

与进退维谷的卡特不同,新总统里根在货币政策上有着清晰的立场,坚决站在"鹰派"的沃尔克主席一边。为了解决10年来顽固不化的通货膨胀问题,他不惜以经济衰退为代价,这给了沃尔克极大的政治支持。得到支持的沃尔克在里根上任的当月就将政策利率提高到20%——这是美联储成立来,政策利率所达到的最高值。

就像里根和沃尔克预期的那样,大幅加息之后,投资需求被摧毁。美国经济在之后的2年间陷入了严重衰退,失业率一度上升至10%,美股指数也跌回到1980年的水平。不过在付出巨大的代价后,里根终于得到想要的结果:1983年,美国CPI增速回落至3%以下。笼罩美国经济十余年的通胀阴影终于云开雾散,沃尔克也一战成名,从摧毁美国经济的元凶变成了解决通胀问题的英雄。80年代前中期,在沃尔克的铁腕治理下,美国的通货膨胀再也没有抬头,经济秩序得以恢复。

物价得到成功控制后,美国民众的消费欲望重新释放出来。结合减税、加速折旧等一系列政策刺激,投资再度繁荣,1983年年底,美国的GDP增速一度高达8%,牛市的春风也吹拂进美国股市。回头来看,这一次美国经济的重生很大程度上并不是由制造业复苏贡献的,服务业取而代之发挥了决定性作用,80年代的第一波计算机牛市便是最好的例证。

2. 新的技术革命

1982—1983年,短短2年时间内标准普尔500指数上涨了50%。其中计算机板块表现最为突出,各家计算机公司股价上涨普遍翻了一番,成为推动第一波牛市的最强动力。

20世纪70年代末至80年代初，计算机领域掀起了新一轮的技术革命，成为本轮牛市的起点。与五六十年代主要由IBM公司引领的大型计算机革命不同，这一次计算机革命的最明显特征是各家第四代大规模集成电路计算机、也就是小型个人计算机的惊艳亮相。在大型计算机的时代，一台机器体积占据数个房间，价格动辄上百万美元，通常只有大型企业才会采购，并构成自动化生产线的中枢。

直到1971年，英特尔公司（Intel）研发了第一款商业微处理器Intel 4004，才让小型计算机设备的出现成为可能。1977年，苹果公司（Apple）推出了划时代的产品——苹果Ⅱ型个人计算机，这台计算机在微型处理器的基础上，配备键盘、显示器、声卡，极大优化了人机交互体验，其价格也十分亲民。苹果Ⅱ型个人计算机一经推出就引燃了市场热情，计算机从此进入大众的视野，而不仅仅是制造工厂、院校实验室的专属。

与大型计算机不同，小型个人计算机适用于个性化的工作场景，更能提升服务型企业员工的工作效率。如小型计算机很早就应用在美国的电影工业中。1977年，第一部大规模应用计算机特效的电影《星球大战》（Star Wars）横空出世，其导演和制作人乔治·卢卡斯在电影制作方面花费1100万美元，前后使用400台小型计算机制作特效，第一次为观众勾勒出一幅庞大且科幻的太空场景，震撼了全世界的电影观众。《星球大战》最终取得巨大成功，它在上映期间狂揽7700万美元票房，最终位列世界电影史票房收入的第4位。

《星球大战》标志着美国电影行业的分水岭，从此好莱坞电影进入科幻和特效时代。观众对特效电影的热情，让计算机迅速在电影、特效公司中普及，20世纪80年代诸如《E·T》这样的科幻大片喷涌而出。而好莱坞凭借着特效制作上的先发优势，奠定了其在世界电影行业的龙头地位。

不只是电影行业，个人计算机提升服务业效率的例子还有很多。80年代初，部分先知先觉的金融机构也探查到计算机技术将带给行业的革命性变化。例如，

第二章
资本绽放

加州的富国银行（Wells Fargo）就开始花重金改造信息系统，采购计算机设备并配备至服务柜台上。客户的账户信息无纸化、数据化让前台员工从冗杂的案牍文件中脱身出来，用更多的时间展开营销工作。后台工作的效率和准确性也大大提高了，利用计算机和信息系统，以往耗时数周的支票核对工作只需几天就能完成。最终，富国银行用率先使用计算机的效率优势，在加州银行激烈的竞争中脱颖而出。

见证了个人计算机对工作的巨大帮助后，以往很难接触到计算机的中小企业在80年代初相继购入计算机设备，推动计算机市场规模在1980—1982年间迅速扩大，成为一个年销售额接近百亿美元、增长率高达30%以上的市场，可谓一片蓝海。为了分得行业增长的红利，惠普（HP）、戴尔（Dell）、IBM等计算机企业相继杀入个人计算机市场，推出明星产品。一时间，个人计算机市场产品百花齐放。仅在1982—1983年中的一年半时间，惠普股价上涨了130%，IBM股价上涨了140%。

过多的厂家进入，也让该市场很快变为一片红海。各家企业为了夺取更多市场份额，互相打起了价格战，计算机企业的利润率下滑明显。与此同时，1981年的里根税改加速了设备折旧速度，在财务上激励了企业投资、进行计算机设备的革新。到了1984年，政策的激励作用开始消退，商用计算机市场趋于饱和，市场规模的增长速度逐渐从两位数回落至一位数（见图2-4-3）。失去了高增长的业绩支撑后，各家计算机企业的股票价格开始下滑。1984年，惠普和英特尔的股票分别下跌了20%和30%，80年代美股的第一波牛市行情就这样湮没在时间里。

虽然牛市最终消退，20世纪80年代初的第一波计算机行情仍具有十分积极的意义。首先，个人计算机设备率先在美国普及，特别是广泛地应用于服务性行业，大大地提高了美国社会的生产效率，也是美国八九十年代经济繁荣的根源之一。个人计算机革命也拉响了接下来20年美国服务业崛起和牛市的前奏，更是90年代后期美国互联网经济繁荣的前提条件。

其次，随着英特尔（1971年上市）、苹果（1980年上市）等纳斯达克（NASDAQ）上市企业逐渐为人所熟知，许多投资者第一次注意到了这个1971

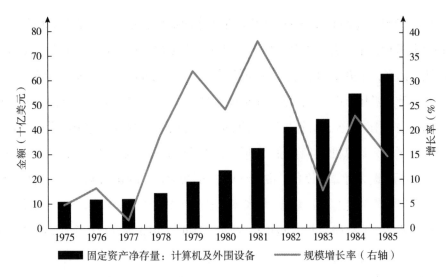

图 2-4-3 1975—1985 年美国计算机市场存量规模及增长率

(资料来源：国海证券研究所)

年成立的世界首个电子化股票交易平台。纳斯达克开始名声大噪，并吸引了更多科技企业和前来淘金的投资者，从此步入成长快车道。按市值排名，如今的纳斯达克仅仅用了 48 年，就已经成长为世界第二大证券交易所，是具有百年历史的纽交所最大的竞争对手。

3. 美国企业重返全球

1985 年年末，美国股市在经历了短暂沉寂和调整后，迎来了第二波牛市，到 1989 年，美股的股指再度翻一番。美国大型公司在 80 年代中后期成功实行了全球化战略，推动企业盈利找到新的增长点，是第二波牛市的最主要动力。

说到全球化，这其实并不是一个新鲜的词语。早在 19 世纪的殖民时代，以英国为代表的殖民大国从殖民统治地区进口原材料，再将本国工业品销往世界各地，就是全球化的一种表现。不过，20 世纪 80 年代的全球化自有其新的内涵。这一次全球化主要由跨国公司所推动，是销售上的全球化，更是生产上的全球化。

第二章
资本绽放

销售上的全球化，即美国企业将商品销售到其他国家。20 世纪初直到 60 年代末，美国一直是一个商品净出口国，销售全球化的现象持续存在。但在 80 年代，美国企业对外出口形式出现了明显变化，其开始更多出口无形商品——服务。自里根改革和个人计算机革命以来，美国诸如科研、娱乐产业等服务业进步巨大，在世界范围内确立领先优势，是美国服务业出口全球的前提。80 年代，好莱坞大片凭借计算机特效风靡全球，大举收获国外票房，就是一个成功的案例。美国娱乐行业的领军者迪士尼公司则于 1983 年建成了美国以外第一座主题公园——东京迪士尼乐园。开园仅一年时间，东京迪士尼乐园的访客量就达到 1000 万人，是加州迪士尼乐园开园首年人数的 3 倍，这反映出迪士尼文化在世界范围内的超强影响力。全球化战略被证明成功后，迪士尼的股价在 5 年内大涨了 7 倍，成为美国服务业出口的时代注脚。

生产上的全球化，则是指美国企业逐渐将制造环节外移至海外发展中地区。经历了 70 年代物价和工资的快速上涨之后，美国的人力成本已经过于高昂，不再适合劳动密集型企业生存。所以很多企业开始在海外建厂，或将生产环节外包给海外公司。例如，80 年代福特公司将装配流水线转移至墨西哥等低收入国家，再将整车售回美国。韩国则抓住了美国电子产业转移的契机，为美国半导体企业进行代工，实现了经济的腾飞。美国本土企业更多地负责研发、营销等高附加值服务性环节，而纯粹的加工、制造企业数量大为减少。在全球化的道路上，美国企业扬长避短，发挥了服务技术优势，规避了人力成本劣势，最终保持了盈利高增长。全球化因此成为美国经济动能由制造业向服务业切换的必经之路。

为何全球化集中出现在 20 世纪 80 年代中后期？这种现象有技术上的必然性，也有政治上的偶然性。

从管理的角度来讲，80 年代初的计算机和信息技术革命，极大地减少了跨国企业全球管理的成本。通过先进的个人计算机和远程通信技术，跨国企业总部可以及时地了解世界各地分公司的经营销售情况，并即时做出决策指挥。因此，信息技术进步是跨国企业形成的重要条件。

从产业分工的角度来看，80年代开始，美国服务行业的比较优势上升，因此全球化也几乎出现在同一时期。全球化符合美国企业扬长避短、将制造环节与服务环节地域脱钩的大趋势。

政治上的偶然性则体现在80年代世界政治风向突变，东西方冷战快速消融。中国、苏联等社会主义国家相继对外开放，数十亿人加入全球贸易体系，给了全球化更有分量的定义。就中国来说，在以邓小平为核心的第二代领导集体的指挥下，中国实行改革开放的基本国策。经济特区、沿海港口和经济开放区相继允许外资进入，这个具有数亿人口的国家向外国商品和服务打开了大门。

可口可乐公司（Coke Cola）就是中国对外开放后第一批涌入国门的先锋部队。1981年，可口可乐公司在北京建立了建国后的第一座饮料厂；1986年，可口可乐的广告第一次出现在中国的电视上，喝可口可乐汽水成为当时中国年轻人时髦的代名词。同一时间，苏联总书记戈尔巴乔夫也开始实行一定程度上的对外开放政策，可口可乐汽水开始在苏联以及东欧社会主义国家生产、销售。可口可乐公司成为80年代社会主义国家对外开放的"吃螃蟹者"，新的市场为其带来新的利润增长点，其股价也在本轮牛市中上涨了6倍。目睹可口可乐在全球化方面的成功后，肯德基、摩托罗拉等美国企业也相继涌入社会主义国家，"出海"成为美国商业界新风尚。

4. 卸去监管的枷锁

整个20世纪80年代，美国经济虽然在服务业的强劲增长下度过了数年繁荣，但是由于高端服务业吸纳的就业人数过少，美国的失业率始终没有回落到5%这一自然失业率之下，失业问题成为里根总统的心头之患。为了解决该问题，他决定进一步支持服务业，进一步去监管化。特别是金融行业在卸去监管的枷锁之后，有望成为美国经济又一支柱，最终能够帮助政府解决失业问题。

美国金融行业的系统性监管最早可以追溯到罗斯福新政，其中大部分政策

第二章
资本绽放

是罗斯福总统和他的执政团队在大萧条"血的教训"中总结出来的。半个世纪之后，里根总统认为这些监管政策过于老旧，已经严重制约了金融行业的发展，不利于整体经济的快速成长，因此开始着手金融自由化改革。时任美联储主席的沃尔克并不认同里根的去监管化观点，他反对里根的政策，认为金融监管政策对于防范金融风险来说是十分必要的。里根总统没有听进去沃尔克的话，反而在1987年将这个美国经济的"功臣"从美联储扫地出门，换上了支持金融自由化的艾伦·格林斯潘，为自己施政扫清了障碍。

这一时期，美国的金融自由化前后经历了三个阶段，分别是利率自由化、地域自由化和业务自由化。早在20世纪70年代滞胀时期，受通胀率大幅波动的影响，市场利率也经常随之波动，无法和政策利率相匹配，因此行业内有了利率自由化的呼声。改革前后经历了16年，到1986年3月，随着所有存款利率不再设限，美国的利率市场化已经全面实现。

利率自由化改革紧锣密鼓实行的同时，美国地方政府也在放松商业银行地域经营的限制。1982年，马萨诸塞州通过了新英格兰地区（美国东北部6个州）跨州经营的互惠性法律，拉开了各州立法解除银行业限制的序幕。到1990年，全美就仅剩4个州还没有对外地银行开放。1994年出台的《里格尔-尼尔州际银行和分行效率法》最终在联邦政府层面正式承认全国性商业银行的合法地位，美国银行业完成了地域自由化的目标。

随之被放松的是金融机构的经营业务限制。1999年出台的《金融服务现代化法案》标志着美国金融业分业经营体制的结束，为很多人所熟知，但其实早在该法案出台十余年之前，美国金融监管部门就已经部分放开金融机构经营业务限制。从1986年开始，美联储就已经先后允许商业银行部分涉足投资银行、保险销售、证券经纪业务。到90年代中期，大型商业银行基本上都完成了在新业务上的布局。

美国金融业的利率自由化、地域自由化和业务自由化极大地促进了机构间的竞争与整合。大型金融机构因为经营成本更低、服务地域更广泛、业务更全面，具有显著的规模效应，因此各家金融机构都在试图通过兼并收购的方法，迅速做大规模。如富国银行就在 80 年代末相继并购了克罗克银行（Crocker National Corporation）和巴克莱银行（Barclays Bank）加州分行，成为加州的第二大金融集团。

而股票市场中的上市金融机构，因为规模普遍较大，成为金融自由化战场上的赢家。它们之中的大多数，就像富国银行一样，在 80 年代末 90 年代初兼并收购了一系列小机构，充分扩大了自己的规模优势，并从小机构的手上抢到了更多客户，进一步扩充盈利。受金融自由化改革的利好影响，1991—1995 年美股的金融板块上涨超过 150%，在所有板块中表现最为突出（见图 2-4-4）。

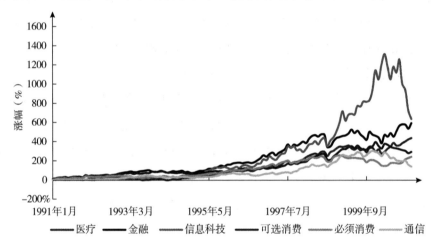

图 2-4-4　20 世纪 90 年代美股各版块涨幅（以 1990 年年末为基准）

（资料来源：国海证券研究所）

但竞争中没有输家就没有赢家，数个金融巨头股价大涨的背后，是更多失去了政策保护的小机构濒临破产倒闭。20 世纪 80 年代末，上百家小型储蓄与贷款机构倒闭，就是金融自由化的副产物。但因为这些小机构没有上市，股市投资者或许对它们的破产并不关心。

总的来说，金融自由化后行业内部竞争加剧，金融机构间优胜劣汰，是有利于提升金融行业整体的服务与产出效率的。今日美国拥有世界上最发达的金融市场、最有竞争力的金融企业，部分要拜金融自由化改革所赐。不过，过度的去监管化也为金融风险的集聚埋下了伏笔，十余年之后，这些风险将展现出惊人的破坏力。

5. 泡沫与巅峰

1993年9月15日，刚刚上任不到一年的美国总统比尔·克林顿在新一财政年度的国情咨文中宣布，美国政府将在未来数年内开展"信息高速公路建设计划"，将美国社会上下和全世界各国的目光，聚焦在了互联网这一新兴事物上。

"信息高速公路建设计划"这一名词，脱胎于20世纪50年代美国政府曾经实施过的"州际高速公路建设计划"，为了满足战后城市间日益频繁的人员、货物往来需求，当时的美国政府花费上百亿美元完善、拓展城市间的高速公路建设，助推了50年代美国经济的繁荣。这一次，美国政府希望借助新的"高速公路"计划，由政府牵头，全社会参与，建设数据通信基础设施，将网络连入每一家美国企业、机构和家庭，解决自20世纪80年代计算机普及以来，设备与设备间信息、数据往来的难题，再创美国经济的辉煌。

历史证明，美国政府的这一计划既是高瞻远瞩之举，也顺应了时代和科技发展的潮流。万维网（World Wide Web）诞生后，因其先进的协议架构，很快成为互联网中最主流的信息展示、数据交流通道。1995年，网景公司（Land Scape）在纳斯达克上市，该公司基于万维网架构制作的网页浏览器"网景导航者"（Netscape Navigator），是当时美国市场占有率最高的浏览器。上市之时尽管网景公司尚未盈利，但并不妨碍其股票价格在上市首日由发行价28美元直冲74美元，表现出投资者对互联网产业前景的极度乐观。网景公司上市时的一鸣惊人，拉开了接下来5年的互联网牛市序幕。

网景公司的确没有让投资者失望，在微软（Microsoft）公司推出浏览器Internet Explorer，对网景导航者构成强力竞争前，网景公司的收入一个季度翻一番。这种指数级的扩张，是当时互联网使用人数爆炸式增长的背景下，各家互联网企业经营状况的普遍写照。从 1994—2000 年，美国互联网用户从占总人口比例的不到 5% 上升至超过 40%（见图 2-4-5），同一时期信息技术板块指数增长超过 7 倍，和互联网的普及速度一致，并将其他产业远远地甩在了身后。

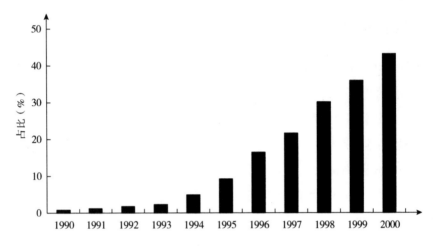

图 2-4-5　1990—2000 年美国互联网用户占总人口比例

（资料来源：国海证券研究所）

互联网公司估值成倍增长的同时，它们的年轻创始人也因为股权增值，相继步入了美国顶级富豪的行列，其中属微软公司和它的创始人最具话题性。90 年代初，微软公司先后推出了具有跨时代意义的办公软件包 Microsoft Office 和操作系统 Windows 95，一举打开了早期软件市场，并在之后踏上了行业成长的高速列车。在互联网繁荣的 5 年时间里，微软公司的股价上涨了 14 倍，市值超过 6000 亿美元，成为美国信息产业的代名词，并为全世界所熟知。

根据 1999 年《福布斯》杂志公布的世界亿万富豪排行榜，世界前 10 大富豪中美国人有 7 位，出身于信息技术行业的富豪有 4 位。其中仅微软一家公司就贡献了 3 位富豪——比尔·盖茨、保罗·艾伦和史蒂芬·鲍尔默。在他们摘得世界财富桂冠的时候，3 人的平均年龄仅有 44 岁。而排行榜上另一位美国富豪，有"奥马哈先知"之称的沃伦·巴菲特此时已经接近 70 岁了。

微软公司创始人正值壮年就早早名利双收，激励了一批又一批追求财富的

第二章
资本绽放

年轻人涌入互联网行业，发挥出了强大的示范效应。同时，风险投资机构也在这个生机勃勃的行业中追逐着前景光明的初创企业，给这些初创企业的股权开出"天价"，生怕错过下一个"微软"。

就这样，当风投机构、互联网企业和股票市场缔造了一个又一个的财富神话之后，股市中投机情绪蔓延，泡沫开始在这个市场中积聚。在互联网牛市的后期，一个和互联网毫无关联的企业，只要在名字后面加上". com" ". net"式的后缀，便能引发投资者的疯狂追捧，这个市场的狂热和非理性可见一斑。不过理性终将回归，盛宴也会终结。90年代末股市中的互联网泡沫，注定有破灭的一天，历史已经告诉了我们，这一天并不遥远。

当我们以一个更宏观的视角对互联网行业进行观察，就能发现90年代末期的美国金融环境也十分有利于股市泡沫的聚集。这一时期，美国经济虽然因为互联网产业的繁荣而保持着景气，但是世界其他国家的经济状况却并不容乐观。1991年日本经济泡沫破灭、1994年墨西哥债务危机、1997年东南亚金融危机、1998年俄罗斯债务危机，外部危机频繁发生而美国"风景独好"，让寻求避险的世界资本涌入美国资本市场，助推了美国股市的走高。

在此基础上，自从"鹰派"美联储主席沃尔克被里根赶下台，换上格林斯潘之后，美联储的货币政策方向也在90年代渐渐地发生了逆转。在经济尚且繁荣的情况下，为了预防外部危机对美国经济可能造成的损害，美联储于1994年和1998年实行了两次降息。在经济繁荣时期进行预防性降息，更加刺激了货币供给，让更多的资金流入股市，并最终垒出了巨大的互联网泡沫。

总的来看，20世纪八九十年代年代美国股市虽然同样表现为牛市，但是市场主题已经与20世纪五六十年代截然不同。这20年是美国服务业的高光时代，以里根经济改革为契机，以计算机革命为起点，以全球化为道路，以去监管化为推力，以互联网革命为高潮，美国经济完成了由制造业驱动向服务业驱动的模式转换。股市作为宏观经济的缩影，也原原本本地展现出80年代以来美国服务业崛起的路径。

关于美国经济走何种道路的问题，虽然已经在 20 世纪末得到了较好解决，但是新的经济增长模式必然会带来新的问题。这些问题将在 21 世纪初开始困扰美国经济，同时也会给股市带来重重难题。

第二章
资本绽放

第五节 2000—2019 年：新世纪的曲折与摸索

导读：2000 年后，美国新经济增长模式遭遇了许多挫折，美国股市也在曲折与摸索中前进。由于互联网行业进入成长周期下半程，增长速度放缓，2000 年，美国互联网泡沫破灭。美国政府通过刺激房地产市场，带动美股于 2003—2006 年间反弹。然而，房地产泡沫和过度的金融自由化酿成了金融危机的灾难，美股再一次崩盘。金融危机后，美国科技行业自互联网泡沫破灭后重新起步，美股稳步上涨。但美国去工业化、全球化、强调高端服务业的经济发展模式，造成了贫富分化加剧等社会问题，这些问题在 2018 年之后开始扰动美国股市（见图 2-5-1）。

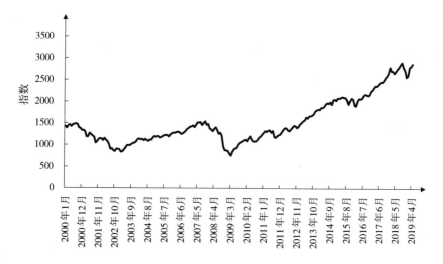

图 2-5-1 2000—2019 年美股指数走势（标准普尔综合指数）

（资料来源：国海证券研究所）

当人类历史走进新的千年,世纪之交的钟声敲响时,美国正处于自二战结束以来的又一巅峰状态。此刻环顾全球,美国的地位无可撼动。在政治上,1991年苏联解体使美国成为唯一的超级大国,"民主的灯塔"更加耀眼,绝大多数国家,包括美国的老对手俄罗斯的政治经济改革都在向美国看齐。在经济上,自20世纪90年代初日本经济泡沫破灭之后,暂时没有另一个国家能向美国发起经济挑战,美国GDP第一的优势地位看起来无法逾越。

与此同时,美国的股市也如同美国的国运一样,正在享受互联网革命带来的最后的繁荣。1999年年末,标准普尔500指数一举突破1400点,自1995年互联网革命以来上涨了214%。若将时间周期拉长,美股指数自80年代里根经济改革以来更是上涨了970%,平均每年的回报率超过13%。每一个投资股市的美国家庭,都充分享受到国家繁荣昌盛带给他们的实实在在的好处。牛市的肥沃土壤也孕育出了诸如沃伦·巴菲特这样的投资大师,他在80年代投资可口可乐、90年代投资富国银行的财富故事为人津津乐道。

20世纪八九十年代,美股的投资者结构也延续了70年代的演变方向,机构投资者逐渐居于主要地位。战后"婴儿潮"一代开始参加工作,养老金缴纳人数增多,美国的养老金规模从1980年的1.7万亿膨胀至1999年的9.3万亿,占美国GDP的比重超过80%。美国政府通过完善法律法规和运用税收优惠政策,鼓励普通人购买投资方向更加多元化的私人养老金产品,如雇主和雇员共同缴纳的401(K)计划、具有税收递延功能的个人退休账户(Individual Retirement Account)等,为养老金入市创造了条件。

私人养老金体系普及之后,资金流入稳定、长线持有股票的养老金不出意外地成为美国股市中的"定海神针"。有了养老金作为基本盘,美股的波动性大大降低,进一步吸引了其他追求长期回报和可控风险的资金,从而形成良性循环,间接助长了20年牛市的产生。

在这20年中,不但标准普尔500成分股总市值从9300亿美元上涨至11万亿美元,其背后的行业格局也发生了翻天覆地的变化(见图2-5-2)。如前文提

第二章
资本绽放

到的,这20年是美国服务业崛起的20年,信息科技、金融等高附加值服务业在股市中扮演主角,而传统的制造企业则逐渐退出了这个舞台。在互联网泡沫破灭的前一年,标准普尔500指数中信息技术公司的市值占到整个指数的近24%,金融机构市值占比从80年代初的6%翻了一番。而工业、采掘、能源等传统行业在指数中的市值占比已经从50%压缩到了15%左右。在70年代,股市投资者的目光聚集在波音(Boeing)、卡特彼勒(Caterpillar)和杜邦(DuPont)等公司的股票上,而到了90年代他们更喜欢讨论微软、英特尔和思科(Cisco)。

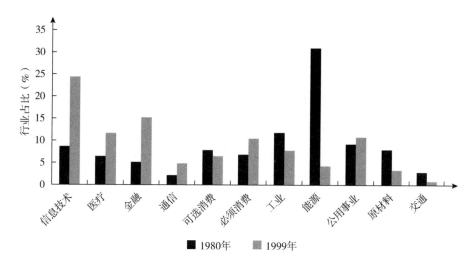

图2-5-2 1980年、1999年标准普尔500指数的行业结构

(资料来源:国海证券研究所)

从股市的角度观察,美国的经济结构这时已经焕然一新,完全摆脱了70年代制造业动荡所带来的增长阴影。信息技术为经济增长注入的"燃料"似乎源源不断、永不枯竭,发展服务业也不会带来环境污染这样的负面问题。但是物极必反,经济周期告诉我们繁荣之后必然跟随着衰退,美国的新经济模式也会遭遇新的问题。20世纪八九十年代,美国为突破经济发展的桎梏所采取的技术创新、全球化、金融自由化策略,会在新世纪后相继遭遇挫折。这些新问题导

致接下来 20 年美股和美国社会的转折与调整,其影响至今依然深刻。

1. 风口过后的寒冬

2000 年 3 月 10 日,代表新兴行业股票市场的纳斯达克指数达到了它在互联网泡沫中的最高峰——5 048.62 点,之后开始了为期 3 周的震荡调整。在这 3 周内,一连串看似不相关的事件在消磨着股市投资人的耐心,一种焦虑的情绪逐渐笼罩在美国股市上空。

3 月 13 日,大洋彼岸的日本传来消息,新公布的经济数据表现不佳,率先开盘的日本股市大跌。出于对全球经济衰退的担忧,美国投资者的投资策略转向保守,卖出科技股并买入传统行业蓝筹股。当天纳斯达克指数大跌,但代表传统工业股的道琼斯指数却以收涨而告终。在这种投资风向的转变下,随后 3 个交易日道琼斯指数大涨了 7%。

3 月 20 日,《巴伦周刊》(Barron's) 刊登了一篇名为《燃烧殆尽警告:互联网公司将很快耗尽现金》(Burning Up Warning: Internet companies are running out of cash—fast) 的文章。该文章尖锐地指出,按照现在的速度,至少 51 家互联网上市公司将在未来 12 个月内花光他们的现金。这篇文章引发了股市投资者对互联网公司财务状况的普遍担忧。

4 月 3 日,华盛顿哥伦比亚特区法官裁定,微软公司在计算机软件行业享有垄断地位,违反了《谢尔曼反托拉斯法》,同时,公司强行将 IE 浏览器和 Windows 操作系统捆绑销售是不正当行为。根据法官判决,微软公司应该一分为二,其操作系统部门和应用软件部门应当被拆分为相互独立的公司。这个对微软公司十分不利的裁决下达后,微软公司的股价当天大跌了 15%,并带动整个纳斯达克指数下跌 8%。

一系列负面事件和股价的暴跌,最终引发投资者对互联网行业的重新审视。冷静下来的投资者发现,互联网行业的前景或许并没有想象中的那么美好,就当下的基本面和财务数据来看,互联网公司股票估值的确过高了。投资者的美

第二章
资本绽放

梦和互联网泡沫一同破灭，一场针对互联网股票的大逃亡开始了。

在微软得到判决后的一年时间里，纳斯达克指数一泻千里，最低下探至1700点。纳斯达克股票市场的总市值则从巅峰时期的6万亿美元缩水了一半。在这场互联网危机中，许多本来大有前途的互联网企业被冻死在了寒风之中。例如，凭借大力度补贴和广告投放而名噪一时的网上宠物食品零售商店Pet.com，上市仅9个月便因为资金链断裂而宣布破产。许许多多处于成长期的互联网公司就像Pet.com一样，在最需要资金的时期遇上了行业寒冬，难以再从风投机构和股市中融资，因而无法维持资金链而破产。

即使那些已经发展壮大的互联网公司，尽管不至于破产，也只是勉力维持生计。2001年1月，在有"美国春晚"之称的超级碗（Super Bowl）赛场上，经赞助后得到广告展位的公司共有36家，其中仅有3家互联网公司。要知道在1年前，能在超级碗展示自家广告的互联网公司多达17家。从17到3，这组数字意味着互联网公司烧钱的时代已经过去了，各家公司都在战略收缩，等待着熬过这个冬天。

在互联网泡沫破灭的1年之后，除互联网股票大跌以外，传统公司的股票表现还是非常坚挺的。道琼斯工业指数虽有震荡调整，但总体上并没有下跌，这给投资者增添了些许信心。可是在所有人认为互联网危机即将过去的时候，"屋漏偏逢连夜雨"，震惊世界的"9·11事件"发生了。3架被恐怖分子劫持的民航客机先后撞上世贸大厦双子楼和五角大楼，另有1架被劫持客机坠毁。内有大量金融机构办公的世贸大厦倒塌，近3000人遇难，纽约这一金融中心也几近瘫痪。"9·11事件"发生后，美国股票市场又迎来了一波恐慌性抛售，这一次所有的股票都在下跌，互联网公司也不能例外。"9·11事件"使美股熊市又延续了1年，直到2002年10月才彻底结束。

表面上看，当互联网股票行情达到顶峰的时候，一连串看似不相干的偶然事件打击投资者对互联网公司的信心，并引发了股票崩盘。但熊市背后有更深层的、必然性的经济逻辑。

行业生命周期理论决定了互联网行业不可能永远维持高增长和高估值。互联网企业的指数式扩张，依靠的是 90 年代末计算机硬件（计算设备）和软件（互联网）快速普及所带来的行业红利。然而到了 2000 年，已经有近一半的美国人接触到互联网，并成为互联网企业的客户。同样是增长 1 倍，互联网普及率从 5% 提升至 10% 很容易，但从 50% 提升至 100% 却很难。当互联网普及进入到下半程，市场规模和企业营收的增长速度会逐渐放缓，直至停滞。此时，投资者再按照过去的增长速度继续给予互联网企业高估值是不合理的，股票价格必然会面临回调。

除了行业增长速度放缓以外，越来越多的参与者进入市场，加剧了企业间竞争，也是影响财务表现和股票价格的重要因素。如刚开始顺风顺水的网景公司，半路被微软公司推出的网页浏览器截杀，市场占有率下滑，最终不得不卖身于他人㊀。即使强大如拥有垄断地位的微软公司，也没能逃脱监管的重锤，被迫引入竞争者。今天越来越多的人使用 Chrome、Fire Fox 等第三方浏览器而抛弃 IE，就是监管引入竞争者的结果。随着互联网中的各个子行业相继被商家挖掘、填满，互联网再也不是 90 年代末那个拥有未知天地的"蓝海"了。

美联储的货币政策大幅收紧，成了压垮互联网泡沫的"最后一根稻草"。早在 1996 年，美联储主席格林斯潘就评价当时股市中初露苗头的资产价格泡沫为"非理性繁荣"。但崇尚自由市场、去监管的格林斯潘并没有立即通过货币手段管控股市泡沫。直到 3 年后，长期的经济繁荣和互联网投资高速增长，给美国带来了些许通胀压力——当时美国的 CPI 指数有突破"3"的迹象，格林斯潘领导下的美联储这才开始于 1999 年夏天缓慢加息。到 2000 年年初，美联储的政策利率已经被提高了 75 个基点。2000 年 2 月，在看到政府及企业较为妥善地解决了"千年虫"问题之后，美联储重回加息轨道，短短 3 个月内大幅加息 100 个基点。

对于股票市场来说，大幅加息的结果是灾难性的，投资股市的资金成本显

㊀ 1998 年，网景公司以 42 亿美元价格被美国在线服务公司（American Online）收购。

第二章
资本绽放

著提高，股市的回报相对下降。因此，部分投资者更倾向于从股市中撤出资金，购买高利率的固定收益产品。对于处在扩张时期、仍在"烧钱"的互联网企业来说，加息恶化了本就存在的资金链问题，钱变得"不便宜"，企业只能以更高的成本从股票市场、风投机构和银行手中借钱，进一步放大了亏损。两个角度相结合，最终加速了互联网股票泡沫的破灭。

历史不会重演，但总会惊人相似。互联网泡沫带给人们的教训值得铭记，但在具有百年历史的美国股票市场，这种新兴行业泡沫已经不是第一次出现了。早在19世纪，美股就经历了一次铁路行业泡沫，之后又有20世纪20年代的汽车行业泡沫。回顾每一次新兴行业风口兴起、泡沫破灭，其实都可以归因于行业周期和金融体系的共同作用。历史就是这样，每一次用不同的包装和外表，来为我们展示出相同的内核。

2. 又一个泡沫悄然兴起

2001年9月11日晚，即"9·11事件"发生大约12个小时后，美国总统乔治·布什发表了电视讲话。他向美国民众承诺："恐怖袭击可以动摇大厦的根基，但却动摇不了美国的根基。这些行为可以摧毁钢铁，但却摧毁不了美国人民钢铁般的意志……美国的金融机构依然强大，我们的经济还会照常运转。"

虽然布什总统话语坚定，但是现实却并不尽如人意。互联网泡沫破灭后，驱动美国经济多年高速增长的火车头——互联网产业——几乎完全停止运行。恐怖袭击又进一步给经济信心蒙上了一层阴影，导致美国在2001年第三季度的GDP增长仅有0.5%，第四季度又进一步下滑到0.15%。经济表现乏力，刚刚经历恐怖袭击、心有余悸的美国人这时亟需一个支撑点，来重启对国家和经济的信心。

美联储率先开始动作。为了刺激经济，2001年，美联储一口气将政策利率从6%调降至2%以下，这是二战以来少有的极低利率水平。低利率环境显然对商业投资的恢复起到了帮助作用，但是新兴互联网产业刚刚经历了股票崩盘的打击，企业信心远不能说是恢复正常，美国投资者仍需要一个新的突破口，即新的产业增长点。然而在其他主要产业中，美国传统制造业大势已去，成了"扶不起的阿斗"，此时人力成本低廉、刚刚加入世贸组织的中国才是制造业投资的首选地。

这时，另一国民经济支柱部门——房地产行业进入了公众的视野。在当时房地产投资占到了美国总体私人投资的三成（见图2-5-3），行业产出占美国总产出的12%左右，可谓举足轻重。不仅如此，若房地产业向好，还可以同时促进上下游的材料、建筑、公共事业、金融、家具家电等行业的发展。90年代初，因为政府降低了移民门槛，赴美移民人数大增，同时经济繁荣提升了民众收入水平，美国的房地产需求一直非常旺盛。即使在互联网股票崩盘期间，房地产价格也没有出现大的回调，这让投资者对这个行业的基本面充满了信心（见图2-5-4）。

美国政府也认为这个行业具有广阔的发展空间。2000年年底，美国国会通过了《住房所有权和经济机会法》（American Homeownership and Economic Opportunity Act of 2000），旨在降低购房门槛和贷款申请要求，为教师、警察、原

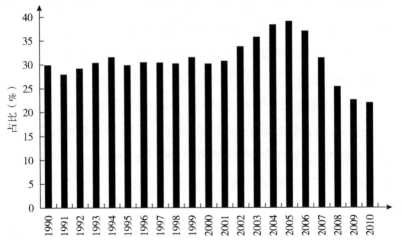

图2-5-3　1990—2010年房地产和租赁投资业在全行业中的占比

（资料来源：国海证券研究所）

第二章
资本绽放

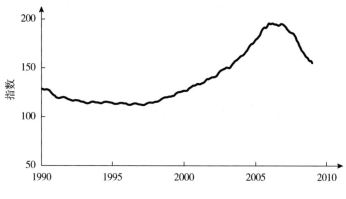

图 2-5-4 1990—2008 年美国实际住宅价格指数

（资料来源：国海证券研究所）

住民、残疾人等特殊人群提供低首付、政府保障、利率优惠的房屋贷款。2003年底国会又通过了《美国梦首付法》（American Dream Downpayment Initiative），为每个初次购房的低收入家庭最多补贴 1 万美元或房屋价值的 6%，这就使得很多中低收入家庭购房时甚至可以做到零首付。

这些法案不但旨在解决房地产市场上种族差距问题，扩大住房自有率，促进社会平等，更可以刺激房屋建设和销售，引导经济重归繁荣。在政府推动下，美国少数族裔、低收入群体贷款（即次级贷款）门槛大幅降低，美国住房自有率顺利上升至历史最高水平。配合低利率环境和充足的货币供给，美国经济在 2004 年强劲复苏，GDP 增速再次超过 4%。

不断高涨的房屋价格，带来了 2004—2005 年的房地产建设热潮，同时也让美国股市从互联网泡沫破灭和"9·11 事件"后的低谷开始回升。虽然由于历史和法律等原因，美股中缺乏大型房地产公司股票，不能直接体现出这个市场的大繁荣。但地产上下游行业股价的强劲上涨，依然能让我们感受到那个时期美国房地产市场的大繁荣。受建筑开工需求推动，2003—2006 年美股回升期间，与地产相关的能源、公用事业、原材料板块涨幅居前，特别是能源行业还额外受到了伊拉克战争、国际石油价格大涨的利好影响，上涨接近 150%。

任何行业都有周期，新兴的互联网行业如此，历史悠久的房地产行业周期性更为明显。在联邦政府财政补贴和宽松货币政策的刺激下，美国房地产市场过度繁荣，以至于积累了泡沫。当地产泡沫破灭之时，美国经济将不可避免地迎来另一次衰退，这已经是老生常谈的经济周期话题了。只不过这次不一样的是，美国政府在十几年前为了刺激经济而做的另一政策举措，会成为继地产衰退之后的又一颗重磅炸弹，撼动着美国乃至世界经济。

3. 震动美国的世纪危机

2007年夏天，一连串危机的警报在美股股市中此起彼伏，发出震耳欲聋的声响。7月10日，评级公司标准普尔（Standard & Poor's）下调了美国次级抵押贷款债券评级，引发了债券抛售和全球金融市场动荡。一周后，美国第五大投资银行贝尔斯登（Bear Stearns Cos.）旗下投资基金因为重仓次级贷款产品，面临巨额亏损，濒临瓦解。8月，美国第10大零售贷款供应商——美国住房贷款投资公司（American Home Mortgage Investment Corporation）因为次级贷款违约而破产。

很快，诸如法国巴黎银行等外国银行和沃尔玛、家得宝等实体企业，因为购买了美国次级贷款证券而预警亏损，"次级贷款危机"（Subprime mortgage crisis）这一名词开始为世人所知。2007年年底，次贷危机全面发酵，美国、欧洲、日本等购买了次级贷款资产的主要商业银行因为债务违约、资产价格下降而导致普遍亏损或现金流枯竭，各国中央银行开始出手向银行系统注资，次贷危机此时已经演变为金融系统危机。因为银行的资金紧张，实体企业信贷供给中断，也受到了相当严重的负面影响。经济活动日渐萧条，失业率上升，又进一步导致房地产市场的衰退和债务违约。股票市场也感受到经济的寒意，调头向下，拉开了接下来16个月熊市的序幕。

2008年，金融系统和实体经济的螺旋式衰退已经无法抵挡，一连串著名的金融、实体企业成为金融危机的牺牲者。9月，金融危机达到最高潮，当月美

第二章
资本绽放

国房地产抵押贷款二级市场的主要参与者房地美（Freddie Mac）和房利美（Fannie Mae）因为严重亏损资不抵债，被美国政府接管；美国第四大投资银行雷曼兄弟（Lehman Brothers）因无法获得政府救助宣布破产；美国第三大投资银行美林证券（Merrill Lynch）被卖给了美国银行（Bank of America）；美国最大保险公司——美国国际集团（American International Group）被美联储接管；美国最大的存款与贷款机构、第六大银行——华盛顿互惠银行（Washington Mutual）倒闭，并成为美国金融史上最大的银行倒闭案。实体企业中，美国三大汽车公司中的两家——通用和克莱斯勒也于2009年1月申请破产保护。

至此，由次贷危机演变而来的金融危机，已经成为自大萧条以来美国经历的最严重的经济危机，美国股市在危机期间下跌了58%，2009年实际GDP缩水3%，且失业率飙升至10%。为何这次次贷危机对美国经济的损害如此严重？原因还是要从房地产市场和金融市场两方面去寻找。

从根源上来说，房地产周期性衰退是引发金融危机的导火索。2004年开始的房地产建设浪潮，增加了商品需求，为美国带来一定的物价上涨压力。美联储因此进入加息通道，以遏制通货膨胀问题。到了2006年年中，美联储在2年内总共加息了400个基点，通过大幅提高借贷利率的手段，房地产投资势头终于得到了控制，物价上涨速度也有所缓和。

作为国民经济的命脉部门，房地产行业的每一次周期性下行，都会引发经济衰退。但这一次房地产行业衰退的幅度较往常的更深，危害更大，很大程度上需要归咎于美国政府推出的房地产刺激政策所产生的房市泡沫。在政府补贴政策的推动下，许多本来无力购房的民众也能够以较低首付、甚至是零首付获得房屋贷款（见图2-5-5）。但是，一旦经济环境发生变化，他们的收入能力下降，便会导致贷款违约，这便是"次级贷款"的由来。因为住宅自有率（见图2-5-6），或者说可以买得起房子的人群比例存在天然上限，过去政府越鼓励次级贷款，提高住宅自有率，那么未来违约的人数就会越多，所产生的系统性风险就越大。

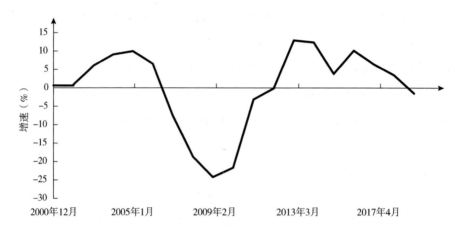

图 2-5-5　2000—2018 年美国私人住宅投资增速

（资料来源：国海证券研究所）

图 2-5-6　1995—2019 年美国住宅自有率变化

（资料来源：国海证券研究所）

除了房地产衰退以外，美国于上世纪 90 年代实行金融自由化战略，最终培养出了缺少监管的金融体系，是帮助危机扩散至整个美国实体经济乃至世界经济的"元凶"。1999 年，美国国会高票通过《金融服务法现代化法案》（Finan-

第二章
资本绽放

cial Services Modernization Act of 1999），该法案消除了银行、证券、保险机构在业务范围上的边界，美国金融机构得到大松绑。各大商业银行很快就组建了投资银行部门，开始进行金融创新，以图获取更多利润。其中最重要的创新就是资产证券化，由各投资银行和房利美、房地美将金融资产中非常重要的一个门类——房屋贷款从各个商业银行手中购买过来，重新打包、分层，组成抵押贷款支持证券（mortgage-backed security），再出售给具有不同信用风险偏好的投资人，如国外商业银行、共同基金等。

在此基础上，为了进一步缓释房贷违约所产生的偿付风险，投资银行还创造了信用违约掉期（credit default swap）等复杂的金融工具。这些工具相当于一种保险，让持有抵押贷款支持证券的机构在房贷违约时获得赔偿。这些新兴的金融衍生产品除了具有对冲风险的功能，也可以成为投机工具，各大投资银行在2004—2005年的房地产上行周期中，大量持有该种金融衍生品，并获得了不菲的利润。然而在房地产衰退周期中，大量次级贷款违约，这些金融衍生品进一步放大了亏损，让投资银行和保险机构"输光了家底"。

眼花缭乱的衍生产品使信用评级机构无法摸清底层资产的真实情况。这些房贷资产在经过包装后，信用良好到甚至可以匹配国债。世界各地的金融机构在看到高评级后，"放心"地购买美国的次级贷款证券，却没想到其中隐藏了巨大的风险。

金融危机不但证明了美国政府在房地产政策上的失败，也证明了20世纪90年代美国金融自由化改革的失败。资本天生倾向于追逐当期利润，而忽视长期风险，因此一定程度上的监管是有必要的。金融自由化改革之后，美国金融监管当局没及时发现金融衍生品中所包含的巨大风险，这种风险还通过10年前被合法化的混业经营模式，由投资银行传导至商业银行，进而影响到了实体经济。

因此，不但金融危机的"罪魁祸首"——华尔街受到美国民众的广泛抗议，"占领华尔街"运动一时甚嚣尘上，连一手推动金融自由化改革的美联储前主席格林斯潘也声誉受损，受到学术界的广泛批评。奥巴马上台之后，重新启用过去因坚持监管而被里根总统赶下台的美联储前主席沃尔克,制定了自"大萧条"以来最全面、最严厉的金融改革法案《多德-弗兰克法案》(Dodd-Frank Wall Street Reform and Consumer Protection Act),严格限制银行业自营、衍生品交易,并赋予美联储更多的监管责任。而沃尔克、格林斯潘两人传奇职业生涯的起起落落,则成为美国金融监管改革道路的历史缩影。

4. 再一次改变世界

2010年6月7日,在苹果公司全球开发者大会上,史蒂夫·乔布斯(Steven Jobs)登台向在场观众,以及全世界介绍了苹果公司最新研发的智能手机"iPhone 4"。他背后的屏幕打出了这款iPhone的广告语"再一次改变世界"(This change everyting. Again)。这句话当然是乔布斯对iPhone 4这款产品的期许,或许更是美国信息技术业界千万同仁的心声,他们希望能像推出互联网一样,再一次做出改变世界的成绩。

仿佛历史的巧合,乔布斯个人的职业生涯是和美国信息技术产业一同沉浮的。20世纪70年代末,他创立了苹果公司并发明苹果Ⅱ型个人计算机,80年代初,这款产品声名鹊起。这是美国个人计算机产业百花齐放的时期,乔布斯迎来职业生涯的第一个巅峰,股市中的计算机公司股价也是节节攀升。然而,在1985年,乔布斯因为受到苹果公司董事会的排挤,被迫离开了他一手创办的企业,职业生涯陷入低谷。凑巧的是,这时的美国计算机行业也因为竞争激烈、利润下滑而偃旗息鼓。

离开苹果后,乔布斯创办了皮克斯(Pixar)动画工作室,并于1995年制作了第一部计算机动画电影长片《玩具总动员》。《玩具总动员》在商业上大获成功,获得三项奥斯卡奖提名,并被影评人广泛认为是有史以来最出色的动画电影之一。乔布斯的工作又有了起色,而这一年正是美国互联网产业风起的第1年。

随着2000年美国互联网泡沫破灭,乔布斯临危受命,又回到了濒临破产的苹果公司担任CEO,挽大厦之将倾。直到金融危机前的这一段时间,苹果公司

第二章
资本绽放

表现平平，新款音乐播放器 iPod 虽然销路不错，但并不能说是革命性的产品。美国的信息技术产业也和苹果公司一样，沉寂了相当长的一段时间。

直到金融危机之后，苹果公司和美国产业界凭借智能手机和移动互联网，再一次改变了世界，也改变了美国股市的样貌。作为划时代的智能手机产品，iPhone 4 第一次让全世界了解到手机不但是打电话、发短信的通信工具，更是集照相、游戏、社交、工作功能于一身的微型移动计算机。iPhone 4 仅发布 24 小时就获得了 60 多万台的订单，上市 3 周销量更是达到 300 万台，迄今总销量达 5000 万台。几乎同一时期，谷歌公司开发出智能手机操作系统"安卓"（Android），并开放给其他手机制造商。苹果与谷歌两大阵营联手，将智能手机推向了全世界，他们自己也获得了巨大的利润回报。从 2009 年至今，标准普尔 500 指数上涨大约 260%，谷歌和苹果公司股价却分别上涨了 6 倍和 20 倍，苹果公司由此成为万亿美元市值公司。

但实际上，美国科技行业中成长最快的并不是苹果、谷歌这种硬件设备的设计、制造者，而是基于智能手机设备的应用软件服务商。它们的成长速度如同上世纪 90 年代的互联网公司一样令人惊讶。如电子商务巨头亚马逊（Amazon）、社交巨头脸书（Facebook）、视频娱乐巨头奈飞（Netflix）。从 2009 年至 2019 年，亚马逊和奈飞公司市值分别增长了 29 倍和 51 倍。而脸书则在其上市仅 6 年之后，就创造了突破 6000 亿美元的市值增长最快纪录。如今这些公司被美股投资者总结成一个新单词"FAANG"⊖，并当作美国科技行业股票的代名词。

当然，金融危机之后美股大盘总体上涨超过 2 倍，也不能全部归功于这些科技明星的带动作用。美联储的超宽松货币政策，也是推动股市上涨的关键因素。金融危机爆发后，为了促进美国经济的复苏，美联储不但将政策利率一降到底，接近于 0，更是先后实行了 3 轮量化宽松措施，主动向市场投放了 3.6 万亿美元基础货币。这些巨量资金，除了被美国企业用于投资建设以外，很大一

⊖ Facebook、Apple、Amazon、Netflix、Google 的首字母组成的缩写。

部分流入了股市，推高了美股的整体估值水平。今天美股大盘的长期市盈率超过30倍，在美股的百年历史中仅低于互联网泡沫时期，这只能说是美联储宽松政策的"功劳"。

5. 美国经济的"面子"和"里子"

很多投资者认为"投资股市即是投资国运"，这句话放到美国身上是正确的。自建国以来，美国股市伴随着美国经济一同成长。经历了两次世界大战、大萧条、石油危机、金融危机，美国成为世界第一的经济强国，道琼斯指数也从最初的40点上涨至27 000点。连巴菲特都认为，他的成功很大程度上要归功于他是一个美国人，并且发出了"永远不要做空美国"（It's never paid to bet against America）的感慨。

从这个角度讲，一个国家的股市就是这个国家经济的"面子"，外部投资者可以通过股市最直观地了解到该国的经济发展历史和现状，这也是本书写作的目的之一。美国股市不但较好地完成了资本市场的使命，为企业提供股权融资的通道，进而刺激经济成长，更用金融危机以来2倍以上的大盘上涨回馈投资者，从而形成了良性循环。毫无疑问，美国经济的这个"面子"光鲜亮丽，至今仍是各国资本市场管理者学习和效仿的对象。

在当前标准普尔500指数成分股中，代表新兴科技的信息技术、医疗产业市值排名分列一、二，在总市值中占比超过1/3，给了美股大盘源源不断的上涨动力，和本书第一部分中英国股市"没落贵族"式的陈旧行业结构形成鲜明对比。其他行业中，金融、电信、工业、耐用消费品板块市值占比在9%～14%之间，行业分布均匀合理，整体来看美股行业结构非常健康（见图2-5-7）。

一个强大且健康的资本市场，可以成为经济增长的重要动力。这也就是为什么美国人均GDP高达62 000美元，2018年排名世界第8位，其经济表现在主要发达国家中非常亮眼的原因之一。不过股市虽然能反映经济的一面，但却不是经济社会的全部。在股市这个"面子"之外，美国经济还有一张"里子"，

第二章
资本绽放

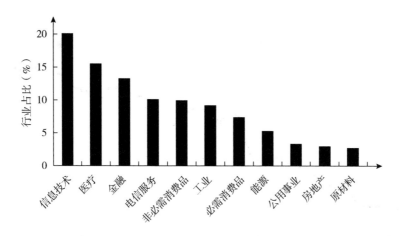

图 2-5-7　2018 年年末标准普尔 500 指数的行业分布

(资料来源：国海证券研究所)

一个相对更加阴暗、失败的"里子"。

这个"里子"代表着被资本市场抛弃的美国广大中低收入阶层。尽管美国养老金可以入市，股市的财富增长看似由全民共享，但是实际上近一半的美国家庭没有充足的养老金或者股票资产，无法分享美国经济增长的红利。过去因为制造业发达，这部分人通过在工厂工作可以过上较为舒适的生活。但自从80年代美国开启"去工业化"进程之后，制造业岗位外流，财富分配倾向于少数高端服务业岗位，社会的贫富分化不断加大（见图 2-5-8）。最终导致美国经济的"面子"和"里子"对立，这是有产者和无产者的对立；"华尔街"和"主街"⊖的对立；从事高端产业人群和从事低端服务业、制造业人群的对立。

虽然经济上处于弱势地位，但由于人数众多，中低收入阶层对于经济发展模式的不满，逐渐影响到美国整体经济增长，进而传导到资本市场。如旧金山居民对于大型互联网公司的抗议、"锈带"⊜民众对全球化的反对。美国总统唐纳德·特朗普顺应这些人的民意上台，则代表着美国当前经济运行模式的反对力量已经达到巅峰。意味着自 20 世纪 80 年代里根改革以来，美国历届政府探

⊖　英语 Main Street，原指小城镇中心的商业街，泛指广大中小城市、乡村居民。

⊜　铁锈地带（Rust Belt）最初指的是美国东北部–五大湖附近，传统工业衰退的地区。

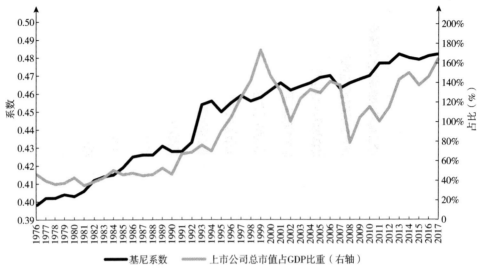

图 2-5-8 1976—2017 年美国基尼系数与股票市场占 GDP 比重正相关

(资料来源：国海证券研究所)

索出的抛弃制造业、拥抱全球化的经济发展道路可能已经走到了尽头。特朗普上台后，向各个主要贸易国家发起贸易争端，掀起逆全球化风潮，最终造成了 2018 年之后美股的持续震荡和国际经济环境恶化。美国经济的"里子"，终于开始反噬到股市这个"面子"。

2000 年之后的美国股市，虽然横向比较其大盘表现在世界范围内并不算差。但是纵向看来，这 20 年中股市大盘仅上涨 1 倍，已经远远不及前 20 年（1980—1999 年）接近 10 倍的涨幅，也不及战后 20 年（1946—1965 年）超过 6 倍的上涨。除了经济增长速度会随着人均 GDP 的上升自然降低的原因以外，更重要的是美国在八九十年代摸索出的以服务业为经济增长核心，以去工业化、全球化、金融自由化、鼓励房地产市场和科技研发为手段的经济政策，在新形势下相继遭遇挫折，如同 70 年代美国制造业困境的历史在重演。或许今日的美国就像 80 年代初那样，又到了调整经济发展模式、弥合贫富收入差距的关键时刻。其成功与否，将决定未来 20 年，乃至整个 21 世纪美国股票市场的表现和国运的兴衰。

第三章
灵光初现

日本的盛世与悲歌

20世纪毫无疑问是美国的世纪，但却有一个国家却对美国发起了两次挑战，一次是军事意义上的、一次是经济意义上的，它就是我们一衣带水的邻邦——日本。日本是20世纪世界产业变迁史中承前启后、不可或缺的一环，通过资本市场的演绎，我们将更加贴近地观察这段历史。

从黑船来航、明治维新开始，日本便乘上了工业革命的列车，不仅摆脱了落后农业国的帽子，更是跻身于世界列强。当时，尚处于萌芽阶段的日本股票市场则成为日本军事行动的镜子，在甲午战争、日俄战争、第一次世界大战的胜利中，日本股市进入巅峰，又随着战争的结束而退潮。享受着军事胜利带来的利益，日本的国家实力蒸蒸日上。因此，"战争"成为日本的"鸦片"，使之欲罢不能，最终让其走上了错误的军国主义道路。

二战战败后的日本，政治上接受了美国的民主化改造，但经济的改造只能靠日本人自己完成。凭借着"朝鲜特需"这一契机，日本工业从战争的废墟中重建。在短短40年时间里，日本人沿着轻工业、重工业、先进制造业的转型道路，完成了从第一次到第三次科技革命的跨越。日本股市则用上百倍的上涨，见证了日本产业转型升级的成功。到了80年代，日本已经在诸多先进产业领域领先美国，且大有总体经济地位超越美国之势。

1985年《广场协议》签订之后，日本再次选择了错误的道路，用房地产和股市支撑因出口受阻、面临下行压力的经济，结果带来了数年的泡沫繁荣。股市中财富的成倍增长，给了自负的日本人"说不"的底气，同时也奏响了日本经济崩溃的前奏。泡沫破灭后，日本经历了"失去的三十年"，经济增长停滞伴随着通货紧缩困境，其产业结构老化、人口老龄化等问题至今仍在不断困扰着日本经济，日本股市也再没能回到泡沫时代的高峰。

以泡沫经济为界，二战后40年中，日本所走过的产业转型道路，值得我们借鉴学习。同时日本在泡沫经济中的虚假繁荣，以及之后"失去的三十年"所带来的痛苦，更需要我们警惕和铭记！

第三章
灵光初现

第一节　1853—1920 年：日本经济的曙光

1853 年之前，日本还是一个与世隔绝的岛国。然而，在这一年之后，日本向世界打开了大门。

1. 黑船来航

1853 年 7 月 8 日，美国海军准将马修·佩里率领 4 艘军舰抵达日本江户浦贺湾⊖海面，4 艘军舰上载着 36 门大炮。这是日本人第一次见到近代军舰，人们形象地将这些涂着黑色柏油、冒着滚滚浓烟、不时发出轰鸣声的军舰称为"黑船"。

在英美等国率先完成工业革命后，日本还实行着封建等级制度。从中央来看，名义上的领导者是天皇，但是德川幕府控制着实际的权力；从地方来看，各藩的领主被称为大名，掌握地方控制权，并一直与幕府统治相抗衡。在对外贸易上，幕府实行闭关锁国政策，只允许荷兰和中国在长崎进行贸易，并且不允许日本人出海。这虽然保证了日本的安定，但也使得日本经济严重落后于西方国家。

佩里此行的目的只有一个，就是让日本打开国门。他向幕府将军递交由美国总统米勒德·菲尔莫尔的亲笔信，意图促使日本开国与美建交。信中不仅展示了美国工业的发达，还表达了想要与日本友好通商的愿望。此外，信中还提到，因美国为了从鲸鱼油中提取照明用油，需要在日本沿海附近捕鲸，如果有意

⊖ 江户浦贺湾，日本东京湾口的门户，属神奈川县横须贺市。选择在这里登陆，是因为江户是幕府将军所在地，是日本的政治中心。

外发生，要求日本予以援助。其中最关键的一句是：美国海军使用蒸汽动力船，从美国到日本仅需要 18 天。所以，这封"友好的"建交信其实是一封威胁信。言下之意，不开国便开炮。幕府既不敢接受开国要求，也不敢拒绝开国要求，声称需要考虑，便约定第二年的春天给予答复。

这并不是美国第一次进入日本，也不是日本第一次受到西方列强的入侵。早在 1792 年，俄国人就曾进入日本北海道，要求与幕府进行通商，被幕府拒绝。1808 年，英国战舰"菲顿号"追逐荷兰商船，进入日本的长崎港。与此同时，大量美国捕鲸船也出现在日本沿海。1818 年，英国战舰进入江户浦贺湾，要求与日本通商，同样被幕府拒绝。这次之后，幕府对这群不速之客烦不胜烦，于是发布了《异国船打拂令》，除中国与荷兰的船只，其他进入日本海域的外国船只，一律用武力驱逐。依据这项法案，1838 年，美国第一次探索日本，便遭到了炮轰。

而 1842 年，清政府在对英国的鸦片战争中战败在日本各界引起了恐慌。随后，幕府对《异国船打拂令》有所放松，开始对遇难的外国船只提供救援，但仍旧没有放开通商。1844 年，日本从荷兰国王威廉二世的书信中，知道了美国将会来到日本要求开放通商口岸。信中，威廉二世表述了西方列强的通商活动已遍布全球，面对这样的世界形势，日本不应该再闭关锁国，而是需要参与进去，成为世界贸易的一环。书信中，再次提到清政府鸦片战争战败。为此，第二年，幕府在江户建立海防，并且允许大名发展军备，用以应对虎视眈眈的西方列强。

面对佩里此行的目的，幕府陷入两难的境地：开战，自己的海军远远不敌美国军舰；开国，又显得有些懦弱。为此，幕府向各大名征求应付美国人的方法。先是允许大名发展军备，又是向各大名询问治国意见，这一举措使得此时幕府的统治威信已然不比从前，这也为日后的倒幕运动⊖埋下伏笔。

1854 年的 2 月 13 日，佩里再次抵达日本，这一次，他率领 9 条战舰直入江

⊖ 江户幕府后期，为了打倒幕府而进行的政治运动。倒幕派借由大政奉还的口号，剥夺江户幕府的实权，推举明治天皇领导日本，实行君主立宪制。

第三章
灵光初现

户湾内,到达横滨。此时的幕府以军备建设尚需时日应避免战争为由,答应了美国的开国要求。同年3月31日,两国签订《神奈川条约》。条约规定,日本允许美国船只停靠在下田和箱管两个港口,同意美国在下田设置领事馆,并向美国遇难船只提供援助。这一条约同时适用于英国、俄国等。

但是,此时幕府并没有真正同意开放港口进行通商。随后,各国列强陆续前来恐吓幕府,终于在1858年,美日签订《日美友好通商条约》(又称《哈里斯条约》)。条约内容主要包括:开放8个通商口岸(下田、箱管、神奈川、长崎、新潟、兵库、江户、大阪);日本签订关税协议,放弃关税自主权;协定货币兑换比率;美国获得领事裁判权;美国享有片面最惠国待遇;宗教自由。

此后,英国、俄国、法国和荷兰纷纷效仿,与日本签订条约,向日本提出"通商"要求。这5个条约统称为"五国通商条约"(又被称为"安政条约")。自此,日本被迫结束了长达两百多年的闭关锁国时代。这次事件,也被称为"黑船事件"。

2. 开港后经济恶化

门户开放后,外国商人进入日本,一方面带来了低廉的商品,尤其是英国的棉纺织品,冲击着日本本国的纺织业相关企业;另一方面,由于外需增加,日本的生丝、茶叶价格高涨,但无论是对内销售还是对外销售,价格一样,这导致国内物价压力上升。

此外,当时世界金银兑换比率是1:15,而日本仅为1:3,外国商人开始拿银圆换取黄金,卖到其他国家获利。黄金外流,导致日本财政紧缺。为了稳定货币,幕府采取的措施是回收铸币,重新铸造,改变铸币中的金银含量,金含量从13.1克下降到3.3克。这种令货币贬值的方式,导致国内货币供应量增加,物价上涨,通货膨胀加剧。

通胀严重,农民、下层武士的生活恶化,民意愤恨,农民起义的次数剧增。1866年,日本由于自然灾害农业歉收,米价高涨(见图3-1-1),爆发了要求降低米价的"捣毁运动"。捣毁运动愈发严峻,由日本的中下级武士、高利贷商人、资本家、新兴地主和四大强藩⊖的大名组成军事联盟(倒幕派),开始用武力推翻幕府统治的行动。他们提出"大政奉还"的政治诉求,主张日本应该由明治天皇统治。1868 年,倒幕派终于成功推翻德川幕府,结束了长达六百多年的武士封建制度。这场战争也被称为"戊辰战争"。倒幕派建立了资产阶级和新地主联合专政的统一新政权,日本也由此进入了明治时代。

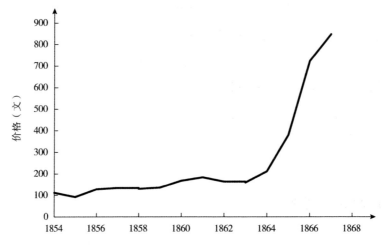

图 3-1-1　日本"开国"后日本白米价格

注:1 文 ≈ 0.0016 美元。

(资料来源:国海证券研究所)

3. 明治维新,金融觉醒

明治天皇继位后,为了追上西方强国的发展速度,逐渐抛弃了"中国导师",转向全盘西化的改革,提出"富国强兵"的口号,被称为"明治维新"。但以小农经济为主导的日本想要追上欧美国家,必须完成工业革命,进行

⊖ 长州藩,位于日本本州岛西部;萨摩藩,位于九州岛西南部;肥前藩,位于九州岛西北部;土佐藩,位于四国岛南部高知县。

第三章
灵光初现

产业改革。于是明治政府开始实施"殖产兴业"㊀政策，模仿欧美工厂模式，在各地兴办大型"模范工厂"，包括：造船、煤矿、军火、棉纺织、啤酒等，这也是日本兴办的第一批近代企业。为了扶持企业发展，日本的第一家现代银行也在此时应运而生。1873 年，涩泽荣一创办了第一国立银行，虽称"国立"，但实质是一家民营银行。银行成立后，主要有两个职责：一个是执行货币政策；另一个是从事民间储蓄贷款，主要扶持对国计民生有重要意义的产业，如纺织业。由于开放港口后日本的主导产业棉纺织业受到的冲击最大，通过重点扶持，纺织业率先采用机械化生产，完成工业革命，大规模纺织企业纷纷设立。19 世纪 80 年代中期，日本出现了改革之后的第一次以实现资本主义工业化为目标的产业革命浪潮。

当时的内陆交通主要依靠马车，但马车不仅速度慢，而且承载量低，早已无法满足当时日本产业发展的需求。为了降低生产成本，提高运输效率，日本政府在 1872 年修建了第一条铁路，连接东京和横滨。铁路先行，一直都是工业化的重要基础。工业品运输，尤其是煤炭、原材料及产品的运输，都依赖于铁路。当时政府不仅积极发展铁路建设，同时也鼓励私人投资修建铁路。私营公司的数量迅猛增加，很多有实力的贵族也将钱投资于私营公司参与铁路修建，掀起了一股铁路投资浪潮（见图 3-1-2）。随着铁路网的铺展成熟，铁路沿线的城市也随之发展起来，商业氛围被带动起来。

在政府和企业对铁路的投资热情高涨的同时，这种投资热情也逐渐衍生到了包括纺织业、银行业等行业。在此基础上，日本早期的股票市场开始萌芽。

鉴于股票市场在日本国内的影响越来越大，明治政府又引入了欧美的有价证券交易制度，并逐步建立起了适应资本主义经济发展需要的资本市场，来配合"殖产兴业"政策的推行。1878 年，明治政府制定并颁布了《股票交易条例》，并以此为基础成立了东京股票交易所、大阪股票交易所两大证券交易所，其中东京股票交易所正是东京证券交易所的前身。以此为标志，日本开始了全

㊀ 运用国家政权及国库资金，以政策为杠杆，加速资本原始积累，并以国营军工企业为主导，以西方国家推动近代化进程为模板，大力扶植日本资本主义成长。

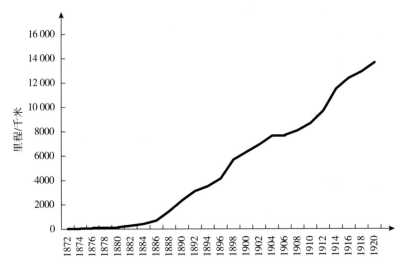

图 3-1-2　19 世纪末至 20 世纪初日本营业铁路里程

（资料来源：国海证券研究所）

面资本主义经济时代。

  股票市场需要完善的金融制度，而此时日本的货币却迟迟无法统一，这一直困扰着明治政府。同期，伪造货币的现象频发，货币制度相当混乱，这对商业发展形成了极大的阻碍。于是，在 1882 年，明治政府模仿欧洲中央银行模式，创建了中央银行，即日本银行，统一了全国货币。货币发行得到控制后，此前财政收支由于"殖产兴业"造成的恶性循环，也很快被修正，进入了良性循环，日本的资本主义发展也渐渐进入正轨。

  在这一期间，还有一个日本特色不得不提，那就是财阀的兴起。19 世纪 70 年代末，由于政府斥巨资兴办的官营事业经营效益并不乐观，产生了大量政府债务，明治政府不得不进行产业政策调整。1880 年，明治政府开始大力扶持民营企业，鼓励有实力的民营企业收购官营工厂。这些有实力的民营企业本身也是家族，基于这一政策，大力收购官营工厂后，资本迅速扩张，从而逐步演变为日后的财阀，如三井财阀、三菱财阀和住友财阀，这三大财阀也被称为日本的"御三家"，业务领域覆盖日本制造业、矿业和贸易业（见表 3-1-1）。直到今天，它们都对日本经济有着深远的影响。

表 3-1-1　三大财阀拥有的核心子公司

三井财阀	三菱财阀	住友财阀
三井物产、丰田汽车、富士胶卷、东芝、三井商船、札幌啤酒	三菱商事、麒麟控股、三菱重工、日本邮船、三菱汽车、尼康、本田、明治安田生命保险	住友商事、松下电器、马自达、日本电器、住友化学、朝日啤酒、住友生命保险

注：资料来源于国海固收研究所。

但由于日本各个财阀旗下企业的资金需求一般由财阀内部的银行来设法解决，因此，当时日本的主要支柱产业（特别是重工业）均不以直接金融方式来融通资金。这样，证券市场发展的空间并不大，在证券交易所上市的公司大部分是以铁道和轻工业为主，市场上的投机色彩十分浓厚。

4. 推行"大陆政策"，开拓亚洲贸易市场

19 世纪末，完成工业革命的日本在不到 30 年的时间里，就发展成为亚洲经济的火车头。日益增长的经济实力使日本在西方国家面前获得了更多的话语权，并逐渐修改、废除与之签订的不平等条约，转而开始与英美等国缔结联盟，并着手打造自己的日本帝国。

日本作为一个岛国，国内市场小，日渐壮大的资本主义力量使它迫切地想要扩张自己的领地。于是，日本推出"大陆政策"，一是想要获取更多的自然资源；二是想借此将自己的商品倾销出去。自此，日本的触角向南伸向了琉球群岛，向北则伸向了朝鲜。

位于日本南面的琉球群岛介于中国台湾和日本之间，是日本和周围国家进行贸易的重要通道，日本一直想要将其据为己有。终于在 1874 年，日本以"洋船漂台事件"为由，向中国台湾出兵。随后在英国的介入下，双方签订了《北京专条》，条约说明清政府需向日本赔偿白银 50 万两。最重要的是，条约中清

政府默认了琉球国属于日本。同时，也让日本政府看到了清政府的实力。

1894年，朝鲜国内发动起义，清政府出兵镇压。日本也随之出兵，并攻击清政府军队，借此发动"甲午战争"。第二年，清政府战败，双方签订《马关条约》，一是承认朝鲜独立；二是清政府向日本赔偿白银共计2.597亿两。甲午战争的巨额赔款也为日本转向建立"金本位制"提供了契机。但日本并没有完全占领朝鲜，因为俄国人也借此机会进入朝鲜，由于日本的实力还不敌俄国，所以双方最终共同占领朝鲜。直到10年后，在1904年爆发的日俄战争中，日本终于打败俄国，实现了对朝鲜的全面殖民。

甲午战争后，巨额战争赔款以及金本位制的建立，给了日本实行大规模财政扩张政策的基础。这一时期，日本国内的铁路事业仍在如火如荼发展中，同时，几次对外战争的胜利，使得日本的海外市场逐渐扩大，而为了对外扩张贸易、提升运输能力，海上航运业也发展壮大起来。日本的产业结构也由此前以纺织业为主的轻工业，开始向以造船业为基础的重工业和制造业转变。

此外，由于战争所需军费数目庞大，为了筹借军费，日本银行通过下调利率，扩大了货币供给量。而利率降低后，企业融资成本降低，民间掀起了第二轮产业浪潮。从明治维新到一战爆发前，日本的企业数量增长了整整3倍（见图3-1-3）。企业的股票价格也随之上升，随之而来的投资热情也高涨起来。

5. 第一次世界大战带来"大战景气"

对于日本来说，甲午战争和10年以后的日俄战争，意味着开启了日本的现代化战争。随着经济实力的增强，日本的野心也越来越大。在1914—1918年的第一次世界大战中，日本宣布对德国作战，并借此机会夺下德国在亚洲的属地和中国的辽东半岛等地区。这是日本企图成为亚洲地区殖民主义帝国的集中表现。

20世纪10年代至20年代，欧美贸易被第一次世界大战打断，远离欧洲主战场的日本承接了大量来自欧美国家以及周边国家的军用物资订单，日本进出口额增长近4倍（见图3-1-4）。

第三章
灵光初现

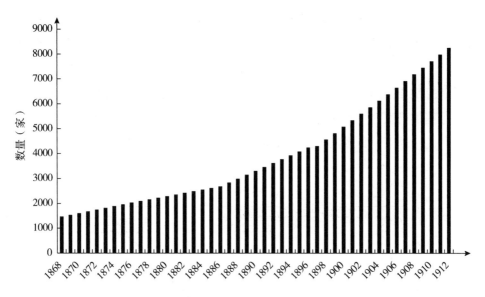

图 3-1-3　19 世纪末、20 世纪初日本的企业数量

（资料来源：国海证券研究所）

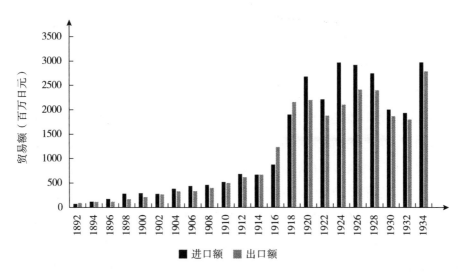

图 3-1-4　第一次世界大战后日本的贸易额

（资料来源：国海证券研究所）

因贸易的繁荣而最受益的便是国内的企业，运输、机器制造等工业部门的投资总额迅速上升，带动了日本产业结构的变化。战后，日本彻底从农业国转变为工业国。趁着列强陷入战争漩涡时，日本加速崛起，并逐渐发展为能够比肩英美等工业大国的列强。此外，日本通过资本输出，在欧洲发行公债，为其他国家提供借款，逐渐转变为债权国，为国内经济发展提供了资金支持，在战争景气的推动下，日本国内再一次掀起了投资热潮（见图3-1-5）。

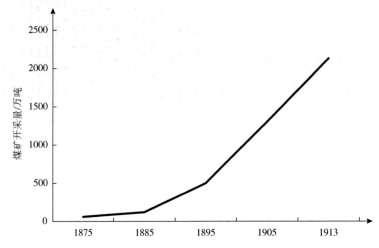

图3-1-5　19世纪末至20世纪初日本的工业化发展速度迅猛

（资料来源：国海证券研究所）

由于战争景气推动，国内投资浪潮的高涨，与前两次对外扩张战争一样，日本股市进入第三轮高涨期（见图3-1-6）。从这一时期东京股票交易所的股价走势不难看出，每次战争前后，日本股市都会经历一次大起大落。

但是，依靠战争带来的股市繁荣并不能够长久循环，也不足以支撑经济的长足发展。同时，依托战争带来的活跃的股票市场，使越来越多人开始利用股市和商品市场价格上涨来套利，投机性交易增加，泡沫逐步显现。之后泡沫被戳破，日本股市回落。由于战争中日本的一些举措使其逐渐失去英美的支持，双方关系渐渐由合作转向竞争，国内经济在这内外夹击中不断受到冲击，也由此开启了日本近乎20年的低迷期。

第三章
灵光初现

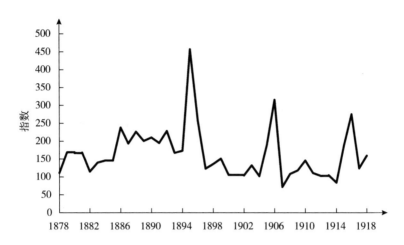

图 3-1-6　1878—1920 年日本东京股票交易所大盘走势

（资料来源：国海证券研究所）

第二节　1921—1945 年：两次世界大战期间的慢性萧条

第一次世界大战结束后的日本，可谓是天灾人祸齐齐发生，动荡不安。金融危机、大地震、内阁遇刺、军事扩张等变故接连冲击着日本，日本的政治与经济结构在这一时期也发生了变化。

1. 大战泡沫崩溃

自明治维新之后，日本忙于推行工业革命，工厂企业的快速发展使得大量农民进入工厂成为工人。而日本的农业生产却依旧维持小农经济的模式，低效率的农业生产模式面临农民大量流失以及人口增长的压力，粮食产量与需求无法平衡，最终导致米价大涨。而 1918 年，日本为谋取特殊利益而参与协约国对俄国革命的武装干涉，出兵西伯利亚和中国东北。军队囤积大量军粮，市面上粮食进一步减少，造成米价扶摇直上，这对于日本国内贫穷的农民和工人来说，无疑是雪上加霜。

由于米价的暴涨一直没有得到有效的控制，民众对政府的不满情绪日益高涨。直到 1918 年 8 月 3 日，日本富山县下新川郡鱼津町⊖的妇女们为了反抗大米外运而发生骚动。骚动的消息迅速传播出去，如同燎原之火，神户、大阪、名古屋等地开始响应反抗，相继发起骚动。一时间，反抗浪潮席卷整个日本，并且愈演愈烈。8 月 17 日，福冈的煤矿工人们率先开始罢工，以反抗低廉的工资和高昂的米价。但罢工运动逐渐失去控制，演变为对抗煤矿主和军队的一系

⊖　现鱼津市，位于富山县东部，临海。

第三章
灵光初现

列暴力斗争。随后,这一运动扩展到了其他工厂,几乎涉及日本所有的产业部门。直到9月中旬,这场全国性的"米骚动"在政府的武力镇压下才得以平息。

"米骚动"平息后,如何解决国内粮食不足的现状成为日本政府亟须解决的问题。日本开始在朝鲜和中国台湾推行"产米增殖"运动,意图通过增加殖民统治地区大米的产量来弥补国内的粮食缺口。这个方法取得了一定效果,日本国内粮食紧缺的状况得以缓解,米价逐渐恢复到正常水平。

虽然米价得到了控制,但伴随日军出兵西伯利亚,军备需求增加拉动国内商品价格大幅上涨,物价指数在这一时期被推到高点,经济出现通货膨胀,甚至出现了恶性通胀。这导致20世纪10年代末日本经济非常脆弱。此外,由于一战期间日本的景气主要通过出口来维持,战争结束后,欧洲各国陆续恢复生产,逐渐恢复了正常的对外贸易,并重新夺回了亚洲市场。对于日本来说,一方面,来自国外的需求减少了;另一方面,由于这一时期国内较高的物价水平,使得日本的出口商品在国际市场中逐渐失去了竞争力。两方面原因导致日本出口减少,贸易收支开始出现恶化。而贸易收支恶化对国内依赖进出口贸易的企业,造成了巨大的负面影响,国内越来越多的企业出现经营困难的问题。1920年,投机泡沫破裂,股市、商品价格暴跌(见图3-2-1、图3-2-2)。这一点也可以从一战结束后的日本股价走势图看出,东京股票市场的股价从1919年的324.62点降至88.89点。企业和银行资金断裂,大量实体企业和银行倒闭,日本经济陷入黑暗之中,大战泡沫彻底破灭。

2. 昭和金融恐慌

屋漏偏逢连夜雨,日本尚未从股市暴跌的困境中走出来,1923年的关东大地震使日本经济雪上加霜。1923年9月1日,日本关东地区发生里氏8.1级地震,灾区包括东京、神奈川、静冈等地,造成15万人丧生,300多万人无家可归。地震导致大量工厂倒塌,企业票据无法结算,经济随之瘫痪。为避免发生金融危机,9月7日,政府发布延期支付令,允许受灾地区的债务结算期限延

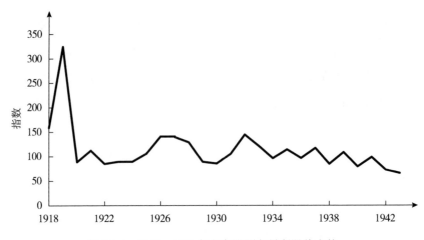

图 3-2-1　1918—1943 年东京股票交易所股价走势

（资料来源：国海证券研究所）

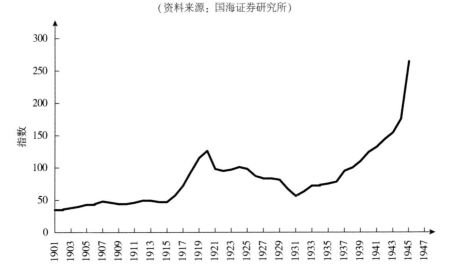

图 3-2-2　一战结束后日本批发物价指数高涨

注：批发物价指数以 1938 年为基期（100）。

（资料来源：国海证券研究所）

长 30 天。27 日，政府又发布《震灾票据贴现损失补偿令》，规定银行持有的与受灾地区有关的票据由日本银行进行二次贴现，而日本银行如果不能收回融资，政府将补偿最高 1 亿日元。这样一来，银行和政府积累的巨额债务，给财政带

第三章
灵光初现

来巨大压力。

由于救灾及时,虽然地震导致了经济瘫痪,但没有带来金融危机。然而,政府采取的救灾措施却为日后的金融危机埋下了伏笔。

在日本银行二次贴现的票据中,不仅包括震灾票据,还包括大量与震灾无关的不良债权。这些不良债权大多数是由于企业在战争时期不加限制的融资,而战后却无法偿还所致。

同时,从制度层面来讲,一战爆发前,政府为鼓励民间成立银行,取消银行资本金限制。没有资本金限制后,资本家纷纷用多余的资金成立银行,吸收存款向特定企业发放贷款。在这样的背景下,银行发展的根基并不稳固。截止到1924年3月,日本银行二次贴现的票据达到4.3亿日元。其中,到宽限期结束还没有结算的不良票据达2亿日元。

1927年1月,为了防止大规模的金融崩溃发生,日本政府开始清理震灾票据的工作,但这使持有不良债权的银行出现了信用危机。戏剧性的一幕是,时任大藏大臣[①]的片冈直温在议会上误说东京渡边银行面临破产,立刻引起东京等地出现银行挤兑现象,金融恐慌情绪不断高涨。

恐慌爆发的导火索是在1927年3月27日这一天,由于台湾银行终止了对铃木商店的投资,导致铃木商店破产。这一事件引发了恐慌的一系列连锁反应,人们开始对台湾银行的信用产生怀疑。之后以三井银行为代表,多家大型银行纷纷从台湾银行撤资,因同业资金周转困难,台湾银行面临破产危机。日本政府试图拯救台湾银行,但遭到反对,导致这家银行最终停业。这更加剧了国民对金融体系的不信任。4月中旬,银行挤兑现象蔓延至全国,多家银行宣布破产。4月20日,高桥是清出任财政部部长,由政府担保,对台湾银行进行2亿日元的特别融资,避免了台湾银行的破产。同时对其他银行进行共计18.68亿日元的特殊融资,这场恐慌到5月才得以平息。由于恐慌发生在昭和年间,这场金融恐慌也被称为"昭和恐慌",日本东京股票交易所的股价从139.71点下跌到了89.72点。

[①] 大藏大臣是日本大藏省的主要负责人。2001年之前,日本大藏省是主管日本财政、金融、税收的最高行政机关。2001年1月6日,大藏省改制为财务省和金融厅。

3. 世界经济危机与高桥财政

一战爆发后，各国禁止黄金出口，国际金本位制暂时停止。战后，各国陆续恢复金本位制，但是日本的金本位制度恢复却异常困难。

这是因为实施金解禁政策以及维持金本位制度，需要国际收支长期处于顺差状态，而战后日本的贸易一直处于逆差状态。为了缓解这一局面，1929 年 6 月，滨口雄幸内阁上台后，提出削减财政支出和节约消费的政策，目的是要抑制国内需求，减少进口。同时，推行产业合理化政策⊖，降低物价水平，提升出口产品的国际竞争力，增加出口。但由于各贸易国普遍恢复金本位制，导致物价整体偏低，所以实际上并没有起到改善贸易情况的目的，反而使日本国内经济陷入通货紧缩，国内经济走向萧条。1929 年，美国经济危机的爆发，将本就处于萧条期的日本经济推向深渊。

一战结束后，美国经济的繁荣从战后一直持续到 20 世纪 20 年代，长期过热的经济催生了投机泡沫，股指高涨。美国联邦储备体系为抑制投机性交易，于 1928 年采取金融紧缩政策，这直接导致了 1929 年 10 月 24 日股市的崩盘。由于世界大部分国家都与美国保持着密切的贸易往来，使得这场股市冲击由美国辐射至世界各国，多个国家因此遭受巨大损失。日本也不例外。日本投资者的信心遭到重创，导致东京和大阪两大股票交易所的股价再次暴跌。最终，两大交易所陷入混乱并停业。

美国的经济危机之所以能够迅速传播到其他国家，与各国恢复金本位制有一定的联系。首先，由于各国做法与日本相似，也是以国内经济的紧缩为代价，来换取对外贸易的顺差，这就导致在全球范围内出现通货紧缩的现象，经济增长动力不足。其次，在金本位制恢复之后，美国成为最大的黄金流入国，为维持金本位制的平衡，美国主要通过对其他国家进行资本投资，来支撑世界经济

⊖ 实质是通过设备更新和技术改进来促进基础工业成本降低的政策。其政策手段以间接控制为主，主要有租税特别措施、财政投资贷款、海运利息补贴、外汇配额等，其中租税特别措施包括重要机械和合理化机械的特别折旧、重要产品免税和重要机械进口免征关税等。

第三章
灵光初现

的发展。而危机爆发后，美国需求锐减，对外投资减少，其他国家为了维持金本位制，只能继续采取国内通货紧缩的政策，使国家陷入了经济低迷的恶性循环。最终，为打破这种恶性循环，多数国家开始选择脱离金本位制。1931 年 9 月，英国率先脱离了金本位制，之后各个国家紧随其后相继脱离，国际金本位制分崩离析。

在危机刚刚传播至日本国内时，内阁仍希望能维持住金本位制度，因此并没有采取有效的措施来应对经济危机，导致国内经济持续疲软（见图 3-2-3），矛盾日益加剧，国内军国主义情绪高涨。并且在经济危机爆发后，国内军国主义情绪逐渐到达顶峰，日本军部⊖也在此期间实现了法西斯化。

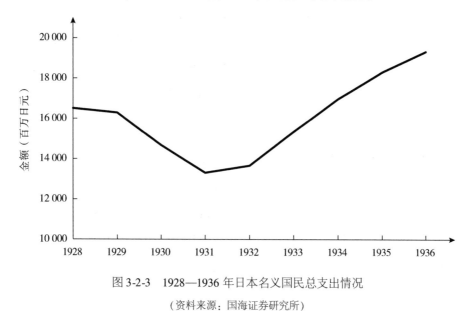

图 3-2-3　1928—1936 年日本名义国民总支出情况

（资料来源：国海证券研究所）

随着国内法西斯势力日益壮大，日本军部开始向政党发起进攻，试图推翻内阁，阻止金本位制的恢复。为摆脱国内经济危机的困境，20 世纪 30 年代初，日本军部提出出兵中国东北的议案。但这一主张在当时并未得到内阁的支持，

⊖ 明治政府上台后，日本军部成为日本的武装力量。日本军部是近代天皇制的核心，是近代军国主义的集中体现。

这引起军部的不满。在 1930 年 11 月，滨口首相参加陆军演习时，在东京车站遇刺，次年去世。滨口首相遇刺后，若槻礼次郎继任首相，日本的权力中心逐渐向军部转移，军部无所忌惮地准备对中国东北发动战争。在战争取得初步胜利后，军部法西斯势力借势在国内策划了一系列政变，意图夺取政权。最终，1932 年，若槻内阁被迫辞职，军部提出"废除政党政治"的要求，日本历史上的政党内阁时代结束。

若槻内阁辞职后，犬养毅内阁上台，任命高桥是清进行经济改革，这一时期的经济政策也被称为"高桥财政"。高桥是清为缓解日本的经济危机采取了以下三种措施：一、禁止黄金出口，日本脱离金本位制，取消黄金准备对货币发行的限制；二、实行积极的财政政策，缓解通货紧缩；三、日本银行认购国债发行，扩大货币供应量，降低资本利息。20 世纪 30 年代初的高桥财政时期，概括来说就是货币政策与财政政策的双扩张时期。双扩张政策使得日本公债发行额大量增加，巨额公债的消化需求以及企业的直接融资需求，促进了 20 世纪 30 年代初股市发展。

4. 战时的经济统制政策⊖

在"高桥财政"过度宽松的货币政策下，通货膨胀悄然抬头，到后期甚至演变为恶行通胀。为了控制物价，高桥于 1934 年开始实行财政紧缩政策。对于需要扩大军费的军部来说，高桥所采取的财政抑制方针，极大地引发了陆军的不满情绪，这种不满最终于 1936 年彻底爆发，陆军发动政变并成功刺杀高桥是清。之后，日本进入战时经济统制时期。

高桥遇刺后，冈田内阁全部辞职，广田弘毅出任内阁，任命马场锳一制定经济政策。马场为迎合陆军军备扩充要求，大幅增加军费预算（见图 3-2-4）。这些划拨的军费大多支付给了日本民营的军工企业，大大提振了军工企业的发展。20 世纪 30 年代至 40 年代，为了应对战争需要，日本开始大力发展以军工

⊖ 日本战时统制经济，也称为 1940 体制。主要是指 1937—1945 年，日本发动侵华战争和太平洋战争期间，以天皇制法西斯军部为核心推行的带有强制性干预经济的体制。

企业为中心的重化工业（见图 3-2-5），使得原本赖以立国的纺织业受到限制，不断萎缩，日本的产业结构发生了重大变化。

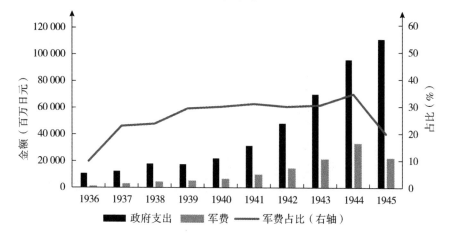

图 3-2-4　战时经济统制时期日本的军费迅速扩张

（资料来源：国海证券研究所）

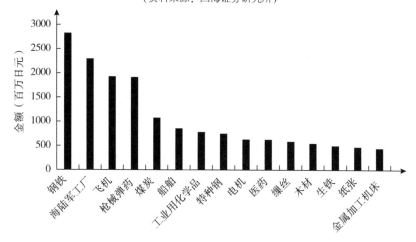

图 3-2-5　1942 年日本产业结构明显倾向于重工业及军需行业

（资料来源：国海证券研究所）

为了适应这种战时经济统制政策的需要，实行"军财团结"，太平洋战争爆发后，日本议会通过了新的《日本证券交易法》，改革战时日本的交易所制度，新的交易所制度要求所有营业的证券交易所合并成为一家，即成立日本证券交易所，受政府监督，目的是集中资金，提高股价，活跃交易，为战争筹集军费（见图 3-2-6）。

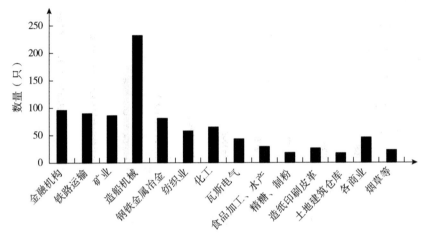

图 3-2-6　1945 年日本证券交易所各个行业股票数量

（资料来源：国海证券研究所）

二战前期，日本军国主义高涨，战争准备充足，在多数战场取得了阶段性的胜利。1939—1940 年大部分时间里，股价一路攀升。1941 年，股市受到禁运事件影响，短暂低迷，但在珍珠港事件以及日本征服东南亚期间，股市再次大涨。

日本作为岛国，资源匮乏，绵长的战线很快将国力消耗殆尽。战争后期，随着战争的天平向反法西斯同盟倾斜，日本国内出现了物资短缺情况。钢铁、军火等工业品产量急剧下降，大米等生活资料供应严重不足，国内物价飞涨，通货膨胀的恶化程度远远超过了第一次世界大战时期。日本的经济和股市彻底崩溃，股市从 1932 年的 144.72 点降至 1943 年的 65.79 点。1945 年 8 月 10 日，日本长崎遭到美国原子弹轰炸，15 日，日本宣布战败。1947 年，仅存在了 4 年的日本证券交易所解体。从此之后一直到 1949 年东京交易所重启的这段时间，被称为"交易所空白时期"。

第三章
灵光初现

第三节 1946—1955 年：废墟中崛起

战败的日本面临着严峻的经济问题。由于日本的粮食供应严重依赖于中国台湾和朝鲜，战争结束后，日本对外贸易受到严重打击，同时殖民统治地区也不复存在，海外的粮食供应几乎被完全切断。1945 年 8 月日本投降时的夏收时节，日本本土的粮食产量也仅剩战前的 60%，导致日本出现粮食危机。并且受国内经济形势的影响，战争期间一直持续的通货膨胀也不断走高。除了粮食不足和严重的通货膨胀外，失业问题也是一大危机。这是因为日本国内的产业大多是军需相关产业，战争结束后，这些军需企业裁员高达 400 万人。再加上战后约有 720 万军人及 150 万移民由海外回到日本，这些如潮水般涌进国内的人群，使当时的失业人数暴增至 1 千万人左右。

此外，由于战争轰炸，日本船舶业遭受了重创，航运能力几乎被摧毁。在长期的战争消耗和贸易封锁下，日本政府的外汇储备也严重不足。外汇储备不足和海运能力尽失，导致日本对外贸易较战前大幅缩水。日本的战后经济重建便在这种满目疮痍、步步危机的情况下起步。

1. 财阀解体与证券民主化运动

1945 年 9 月，美国联合英国、法国、俄国成立驻日盟军总司令部，由最高司令官道格拉斯·麦克阿瑟指挥，对日本开展了长达 7 年的盟军占领。虽然司令部由四国组成，但实质上是由美国完全主导，本质上是美国对日本实行的单独军事占领。美国占领日本的名义目的是摧毁旧日本的经济基础，改造经济结构，防止军国主义再次复活。然而，真实目的却是确保日本成为美国资本和商品的出口市场，同时利用日本力量推行亚洲"远东工厂"政策。

想要达到这样的目的，美国首先要解决的就是日本的财阀问题，这要从20世纪30年代说起。当时为了缓解国内的经济危机，日本军国主义推行对外侵略扩张的政策，不断地发动战争。同时，1931年大萧条期间日本开始实行黄金禁运政策，以三井集团为首的大财阀开始抢购美元，大发国难财。为此，社会对财阀的不信任感倍增，民众不满情绪高涨。1932年3月，以三井财阀最高领导人团琢磨被枪杀的恐怖袭击事件为导火索，政府开始对财阀进行改革。首先改革的就是家族支配权力和封闭的控股制，引入外部资本，并且公开进行财阀企业的股票交易，扩大了财阀企业的资本来源结构。

但这次改革非但没有削弱财阀的势力，反而使其借由庞大的资本力量，对经济的支配从传统领域，如金融、商业贸易和轻工业部门，逐渐扩展至所有领域，尤其是与军需有关的重化工业和交通运输业。对经济有了绝对的支配权之后，财阀在政治领域的发言权也增强了。30年代后期的战时经济统制政策，就是在少数大财阀的影响下制定和实施的。财阀在日本的经济和政治领域具有绝对的影响力，使得财阀集团成为日本军队对外侵略扩张的后备力量，日本经济因而抹上了军国主义色彩。

战争结束后，美国占领军在实行对日占领政策时，为了防止军国主义复活，开始着手解散财阀。在"解散财阀"的过程中，美国人不仅拆解现有的财阀控制体系，还颁布了《关于禁止私人垄断和确保公正交易的法律》和《经济力过度集中排除法》，禁止行业垄断，防范财阀复活。

此外，战前实行的临时资金调整法，增加了银行等金融机构的融资渠道，财阀企业逐渐从直接融资转为间接融资。占领军虽然解散了财阀，但是由于对金融机构的改革甚少，再加上《禁止垄断法》将控股公司合法化，导致后来日本的财阀通过交叉持股的形式，成为以主办银行为中心的财团企业。

日本在解散财阀之际，设置了"证券处理调整协议会"，对财阀家族持有

第三章
灵光初现

的股票以及国有股票等进行强制性清理卖出,彻底打破了财阀家族对股票的垄断性占有,民众的持股比率大幅度提高,这被称为战后的"证券民主化运动"。1948 年,日本政府颁布了《证券交易法》,确立了战后日本股票市场运行的法律基础。

经过证券民主化和法律制度方面的改革之后,1949 年,日本开始重建股票市场。同年 5 月设立了东京、大阪、名古屋证券交易所,7 月又在京都、神户(1967 年解散)、广岛、福冈、新潟设立证券交易所,次年 5 月又在札幌开设证券交易所。至此,由 9 个证券交易所组成的股票市场体系正式确立。截止到 1949 年年末,日本共成立了 119 家证券公司。随后这些证券公司之间通过兼并,基本形成了以四大证券商——即野村、日兴、大和、山一为主导的证券行业结构。与这些大公司相比,一些中小证券公司在经济不景气的时期更为缺乏应变能力,因而与这些大公司的差距越来越大,这就造成了日本证券中介业务高度集中的现状。

股票交易所恢复建立后,1949 年 5 月 16 日,日本经济新闻社设立了反映东京证交所股价动向的"日经平均价格"指标,当天的股价指数为 176.21。

2. 倾斜式生产方式

二战后,日本原料进口中断,为了维持国民最基本的生活,以及阻止通货膨胀的进一步恶化,日本政府不得不将国内的原料悉数投入消费品生产部门。结果到了 1946 年秋,政府与民间持有的原料存量逐渐减少,形成原料存量枯竭、生产量减少、通货膨胀的恶性循环,日本经济到了崩溃的边缘。为了应对可能出现的经济崩溃,1946 年,日本开始实施"倾斜式生产方式",即在资源严重不足的情况下,优先发展煤炭、钢铁和海路运输业等重工业,来带动经济发展。

当时,日本的主要能源为煤炭与水力发电,由于水力发电量无法在短期内增加,唯一的希望便落在煤炭增产上。战争曾拉动了煤炭开采量的增加,但由于战后生产资源紧缺，煤炭开采量甚至不足战前半数。如果煤炭的产量无法增加，很多工厂就会因为缺乏燃料而被迫处于半停工状态。煤炭是日本唯一不需进口而又有可能增产的资源，因此，只有增加煤炭的产量，才能带动其他基础性生产部门。此时提出的"倾斜式生产"便是指将日本有限的资源尽量投入煤炭的生产中去。

只发展煤炭产业是远远不够的。煤炭是整个工业不可缺少的燃料，而钢铁是基础材料。两者必须同时增加，否则工业部门的生产活动无法正常进行。于是，日本政府决定将煤炭产业与钢铁产业同时列为倾斜生产的扶持对象，倾斜式生产方式从此展开。

鉴于当时高昂的物价水平，日本政府对重点发展的产业部门提供价格补贴。即压低煤炭价格，让钢铁企业低价购买；同时限制钢铁价格，以便制造业发展；然后再由政府对上游煤炭、钢铁企业进行补贴。此外，为了配合倾斜式生产方式的实施，1947 年 1 月，日本政府出资 40 亿日元设立复兴金融公库，为煤炭、电力、钢铁等重点行业发放贷款。

在价格补贴与倾斜贷款的扶助下，1947 年，日本的煤炭生产量达到 2723 万吨，钢铁、化学肥料等也有明显的增产（见图 3-3-1），矿工业生产指数则比前一年度增加了 20% 以上。由于及时采取正确的倾斜生产政策，日本避免了经济的崩溃。

这种生产方式的副作用也是显而易见的。复兴金融公库为企业提供的巨额贷款以及价格补贴，刺激了投资和原材料需求。但是由于重工业部门的经营特点是投资多、见效慢，在企业产量尚未提升和产生经济效益的时候，产品供给并不能满足需求增长，这势必会带来需求拉动型的通货膨胀（见图 3-3-2）。

为了抑制物价上涨，日本政府在 1946 年 3 月实施金融紧急措施。具体操作是，国民在用旧日元兑换新日元时，必须将旧日元存放在银行中，并且限制新日元的提取金额，从而达到封锁存款、降低货币流通速度的目的。金融紧急措施一直持续了两年多的时间，直到 1948 年 7 月日本经济出现复苏迹象后才被取消。

第三章
灵光初现

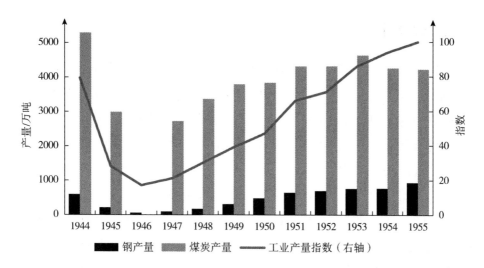

图 3-3-1　1944—1955 年倾斜生产方式下，日本煤炭、钢铁产量迅速增加

注：工业产量指数以 1913 年为基期（100）。

（资料来源：国海证券研究所）

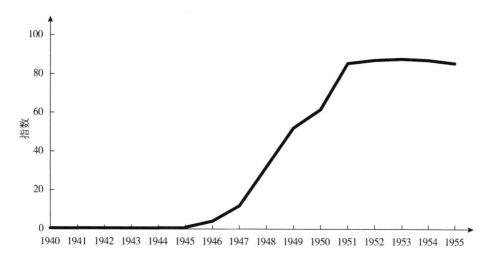

图 3-3-2　二战后日本的批发物价指数高涨

注：批发物价指数以 1970 年为基期（100）。

（资料来源：国海证券研究所）

3. 道奇方针

随着美苏冷战的加剧，日本对于美国的战略重要性大大提升。因为日本是苏联通往太平洋的重要门户，美国控制了日本，也就阻断了苏联从亚洲大陆传递出来的地缘影响。为了牵制苏联，美国开始转变对日本的占领政策方向，由惩罚和改革转为扶持。1948 年，美国政府指示占领军实行《稳定日本经济九原则》㊀，其目的是使日本实现如下三个转变：通胀经济向稳定经济的转变；统制经济向市场经济的转变；封闭经济向开放经济的转变。

美国委派底特律银行总裁约瑟夫·道奇来制定对日本的具体扶持计划，帮助日本达成以上转型。道奇认为，日本目前的发展模式更多地是依靠美国援助和政府支持，经济内生性不足。所以，道奇对日本当时的经济体制进行了大刀阔斧的改革，试图提高日本经济的独立性。道奇提议通过提高税收来平衡日本的财政，并停止了复兴金融公库的贷款，令其限期收回贷款。但是这一操作却收紧了日本社会的资金供给，遏制了投资增长。企业开始出现资金周转困难的问题，大量中小企业倒闭，失业率回升。日本经济又陷入通货紧缩的状态，整个社会笼罩在危机的阴影之下。

此外，为了使日本加入西方贸易阵营，道奇对日本的汇率制度进行了改革。1950 年，美元兑日元的汇率被设定为单一汇率，即固定汇率制，这意味着日本加入了布雷顿森林体系，为日本重新回归西方贸易体系，推行"贸易立国"政策奠定了基础。

4. 朝鲜战争带来"特需景气"

1950 年 6 月，发生在朝鲜半岛的战争驱散了道奇方针下的危机阴影，成为日本战后全面经济复兴的转折点。在朝鲜战争中，日本成为美军的军备基地，当地企业向美军提供大量军需用品，这给日本经济带来了需求动力。整个朝鲜战

㊀ 1）必须实现预算平衡；2）加强税收；3）控制金融贷款；4）稳定工资；5）加强物价统制；6）加强外贸外汇管理；7）改善配给制度；8）增加生产；9）提高粮食配给效率。

争时期，日本为美国提供军需品所获得的收入达到 24.7 亿美元，占日本出口额的 50%。之前由于经济不景气所积压的库存消耗一空，日本经济出现了新繁荣。

特需不仅给日本带来繁荣，还同时带来大量外汇收入，弥补了贸易差额。日本的外汇储备在 1949 年年末仅有 2 亿美元，到了 1952 年年末就已增加到了 11.4 亿美元。外汇收入增加后，日本开始进口原材料，并进行生产扩张。再加上美苏冷战期间，欧美各国担心接下来可能还会爆发新的战争，因此竞相扩充军备，进口物资，日本的出口额继续增长。

外贸环境改善后，日本国内企业的利润也水涨船高。资本的积累速度提升，有利于企业用充足的资金引进更先进的技术设备，来扩大再生产，提高劳动生产效率，增强国际贸易竞争力。日本经济因为朝鲜战争带来的"特需景气"而起死回生，并全面恢复到了战前水平（见图 3-3-3）。

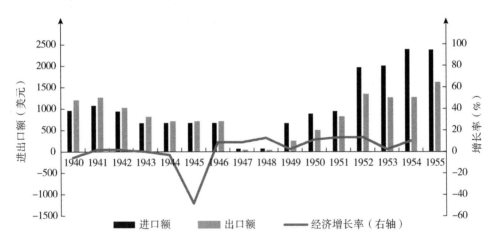

图 3-3-3　20 世纪中叶日本进出口额与经济增长情况

（资料来源：国海证券研究所）

20 世纪 50 年代初，日本的产业结构发生了改变。基于资源禀赋、比较优势及需求状况，日本重点发展了劳动密集型的轻工业和轻型机械工业。如将纺织工业作为战后恢复的重点产业加以扶持，当时纺织业占整个制造业的比重达到 23.9%。轻纺产品的大量出口，为重化工业引进技术、更新设备，以及购买原材料提供了大量的外汇。通过战时军需，日本迅速赚到了经济发展的第一桶金，迎来了消费景气和投资景气的"双景气"现象。

在经济恢复发展的同时，日本民众的收入随着经济的增长而增加，人们对于证券投资的热情开始高涨起来，许多民众积极投身股市。特别是1951年先后实行的信用交易制度和投资信托制度，允许证券公司兼营投资信托业务，吸引了大量社会零散资金进入股市，强有力地促进了股市的繁荣。日本股市因此迎来了二战后的第一个牛市，日经指数于1953年2月创出474点的高点，较1年前增长了169%（见图3-3-4）。

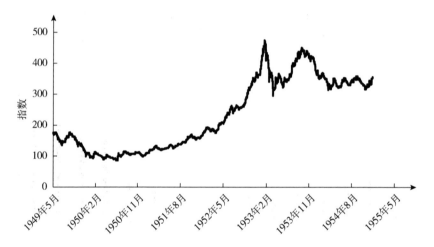

图 3-3-4　1949—1955 年日经 225 走势

（资料来源：国海证券研究所）

然而，当 1953 年的春季尚未到来时，斯大林病危的消息传到日本，市场预测朝鲜战争即将结束，朝鲜特需或将终结，这一度引起日本股市的下跌。两个月内，日本股市便从 1953 年 2 月的 471.74 点下降到 4 月的 295.18 点。但这次股市下跌也仅持续了两个月，随后股市再次强劲反弹。

同年 7 月，朝鲜战争双方签订《朝鲜停战协定》，美军停止在日本的大规模军事订货和劳务购买。战争带来的消费需求消失后，与"特需"相关的企业，如重工业和军事工业企业，由于需求不足发生了经营危机，无法支撑利润增长，

第三章
灵光初现

再加上以美国为首的海外资本的撤资，日本股市也随之进入熊市阶段。

朝鲜战争不仅带来军需品订单，还大大刺激了日本汽车产业的发展（见图3-3-5）。以丰田公司为例，在二战结束时，作为军火商的丰田公司由于军备订单骤减和工厂被摧毁，原本濒临破产。直到朝鲜战争爆发后，来自美国的军用卡车订单增加，丰田公司才凭借着卡车生产让经营状况逐渐好转起来。

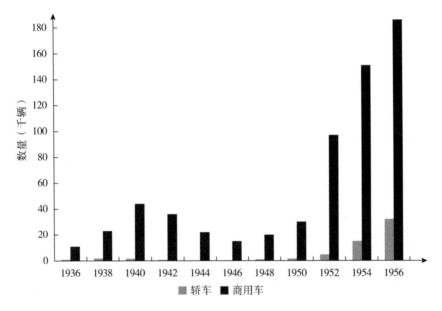

图 3-3-5　1936—1956 年日本汽车产量

注：1944 年、1946 年无轿车产量数据。

（资料来源：国海证券研究所）

战时日本的工业基础虽然被完全摧毁，但正好也给这个国家重建工业体系的机会。在一系列重建政策的支持下，日本改革了其工业发展的基础。1955年，日本的生产水平已经高于战前，这标志着战后经济重建工作已经基本完成。日本终于摆脱了战败的阴影，重新回到了资本主义强国之列，随后开启了长达20年的经济高速增长时期。

第四节 1956—1990 年：经济高速成长时期

20 世纪 50 年代至 90 年代，日本大体上可以被划分为三个时期：高速增长时期、稳定增长时期和泡沫经济时期。20 世纪 50 年代重建的工业体系，为日本之后 20 年的发展奠定了良好的基础。日本经济不再需要依靠战争带来需求，而是能够依靠投资和消费拉动经济增长。同时，60 年代推行的"国民收入倍增计划"㊀淘汰了大量落后产能，日本的产业结构得到升级，逐渐形成以钢铁、汽车、船舶和家电为支柱的产业结构。自此，日本经济打开了高速增长的阀门，使得日本在 70 年代初一跃成为世界第二大经济体，国内投资热情日渐高涨。之后因受到 70 年代全球石油危机的影响，日本再次调整产业结构以应对危机，从资源密集型产业逐渐转为技术密集型产业。

这一时期的日本，积极地把握住了每一次危机与机遇，适时地对本国的产业结构进行不断的升级，为日本经济增长提供了源源不断的动力，使得日本经济实现了持续 30 年的高增长。1955—1990 年，日本股价涨了 106 倍。在 1989 年 12 月顶峰时期，日本股票市值总计 611 万亿日元，是美国股票总市值的 1.5 倍，这可谓是创造了"经济神话"。

但是在 1985 年广场协议签订后，随着日元大幅升值，出口贸易下降，日本中央银行（以下简称"日本央行"）被迫降低利率来应对贸易环境恶化。日元升值吸引了大量资金流入日本国内，导致国内泡沫也愈来愈大。泡沫最终由于

㊀ 计划主要包括 1) 大力兴建水利、铁路、公路、港口等基础设施。2) 鼓励重化工业发展，促进劳动力向高效部门转移。3) 促进国际贸易和出口，发挥日本重工业优势。4) 兴办教育，提升科学研究水平。5) 推进社会福利建设，缩小巨型企业与中小企业间的差距。

第三章
灵光初现

无法得到实体经济的支撑而破裂,日本经济从此陷入长达 30 年的衰退期。

1. 经济神话自此奠定基础

20 世纪 50 年代后期,日本的对外贸易尚未得到有效恢复,出口还无法拉动经济增长。此时经济增长的动力主要来自于国内需求。

从投资上来看,日本民众依然保持了较高的储蓄率,并且储蓄额自 1950 年后开始了快速的增长,这部分储蓄成为投资的资金来源。20 世纪 50 年代后期,日本国内出现了以投资拉动投资的经济增长模式。朝鲜特需过后,日本国内的企业开始积极地进行设备投资,以钢铁、机械和化工为重心的重化工业部门的投资增长最为明显。设备投资不但会带来本产业投资的增长,更能带动整条产业链的投资增长。

举例来说,汽车产业的设备投资增长后,工厂的产能提高,上游原材料的需求也会随之增加,那么汽车的主要原料——钢铁产业的投资也会随之增长。同时,这些产业的增长会提高对电力供应的要求,促进相应的电力产业投资。于是,关于汽车行业的上下游产业链投资均会同步增长。

就是这样以投资拉动投资的经济增长模式,使日本摆脱了依靠战争军需的旧模式,工业产出和人均收入随着储蓄率和投资率的上升而增长。

从国民消费的角度来看,随着人均收入的增加(见图 3-4-1),日本国内的消费需求也开始强劲起来。洗衣机、电冰箱和黑白电视等耐用消费品迅速普及,日本开启了一轮耐用品消费浪潮。同一时期,日本的人口开始快速增长(见图 3-4-2),人口红利进一步刺激国内消费需求,提振内需,也为日本经济注入了动力。在这些因素的共同作用下,1954 年 12 月,日本经济迎来朝鲜战争后的第一个发展高峰——"神武景气"㊀。在"神武景气"期间,日本 GDP 年均增长率高达 12%。

然而,随着工业产值一同增加的还有日本电力的供给压力。对于仍旧以煤

㊀ 神武景气:1954 年 12 月—1957 年 6 月,是日本战后经济的第一个经济发展高潮。

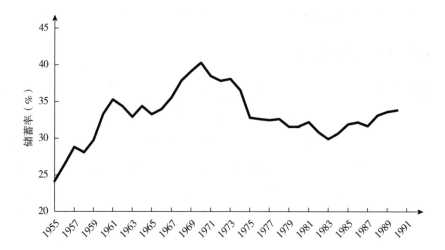

图 3-4-1　20 世纪 50 年代后期开始，日本储蓄率维持在平均 35% 的水平

（资料来源：国海证券研究所）

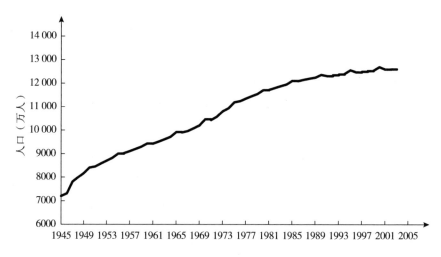

图 3-4-2　20 世纪 80 年代前日本人口呈现快速增长状态

（资料来源：国海证券研究所）

炭作为主要发电能源的日本来说，国内煤炭生产已经无法满足日益增长的用电需求。1956 年，日本政府制定了"电力五年计划"，开始改造电力工业，试图以石油取代煤炭发电，解决日本工业用电能源短缺的问题。但这一计划也直接

第三章
灵光初现

导致了煤炭行业的衰落。

为了进一步发展经济,日本政府开始实行外向型的经济政策,采取加工贸易型战略。同时,在 1959 年召开的国际货币基金组织及关贸总协定的会议上,日本被要求恢复货币自由兑换,开放国内市场。贸易开放后的日本,经济迅速发展。20 世纪 50 年代末,日本又迎来了"岩武景气"[一],为日本经济继续创造神话。这一时期的日本出口强劲,资本推动出口型工业发展,尤其以钢铁、化工等行业为甚。

20 世纪 50 年代,两轮经济繁荣见证了日本国内企业利润的突破。国内投资热情高涨和需求动力强劲,给日本经济带来景气的同时,也为日本股市创造了持续的牛市,1960 年,日本的股票市值已经较 1955 年翻了两番。

2. 国民收入倍增计划

日本经济虽然经历了战后复苏和摆脱战争特需两次转型,但仍旧面临着许多深层次的矛盾。如过度依赖投资拉动经济增长、人均收入水平不高等诸多问题。为了应对这些问题,池田内阁于 1960 年提出"国民收入倍增计划",目的是将人均收入在未来 10 年的时间里提升一倍,国民生活水平看齐西欧先进国家,以解决上述矛盾。

这一计划的实施效果非常成功。1967 年,日本提前完成国民收入翻一番的目标。国民收入增加后,消费浪潮兴起,这股浪潮也给日本经济带来一股新生力量。

日本的汽车产业在朝鲜战争中复苏,而真正崛起是从 60 年代之后开始的。1965 年,日本第一条高速公路"名古屋-神户"高速公路全线通车,标志着日本步入交通高速发展时期。从此,汽车开始向百姓普及。大量的市场需求刺激了日本汽车工业的发展,汽车工业和汽车产业链逐渐成为日本的支柱产业之一。

[一] 岩武景气:1958—1961 年,意味着日本经济高速增长的开始。

人均收入的增加，也促进了家电产业的发展。这一时期，热门的家庭耐用消费品从 20 世纪 50 年代的电冰箱、黑白电视机、洗衣机，升级为彩色家电和空调，"消费革命"和"大众消费社会"成为 60 年代的特征。消费股也成为热门股，带动股市上扬。基于"国民收入倍增"计划，日本在 20 世纪 60 年代末成为资本主义世界仅次于美国的第二大经济强国。日本经济实现了又一次产业结构的升级，钢铁、汽车、造船和家电成为日本的四大支柱产业（见图 3-4-3、图 3-4-4）。

经济的发展会反映到股市当中。这一时期，汽车、电机、消费等行业的股价大幅飙升。股市的繁荣加速了企业的设备投资活动，造成经济过热现象的出现。与此同时，日本金融市场开始对外开放，外资持股比例增加，为股市带来新鲜血液。

然而，日本股市的繁荣并没能持续下去，由于政府已经意识到经济的过热倾向，并采取提高利率的方法来抑制经济过热。受高利率影响，资金逐渐撤离股市，股票市场的热度也逐渐降了下来。1961 年 7 月，日经 225 指数达到顶峰，

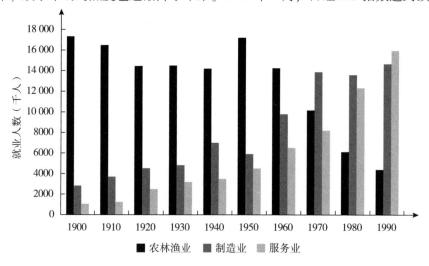

图 3-4-3　1900—1990 年日本三大产业就业人数变化

（资料来源：国海证券研究所）

第三章
灵光初现

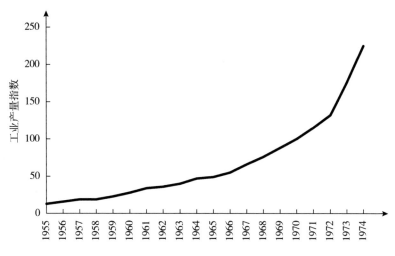

图 3-4-4　20 世纪 70 年代日本工业产量迅猛增加

注：工业产量指数以 1970 年为基期（100）。

（资料来源：国海证券研究所）

并在随后半年内从 1 829.74 点跌至 1258 点，跌幅将近 30%。日本投资者将这一年称为"证券恐慌"。日本政府为应对此次危机做出很大的努力，如重新修订了《证券交易法》，以许可证制度代替原来的注册制度，完善了交易规则。但是衰退时期仍旧有大批企业破产，证券业"四大"之一的山一证券也因巨额亏损被日本兴业银行出身的高管接管，接受兴业银行的资金支援。

随股票市场冷静下来的还有日本的经济增速。不过，正当日本经济面临增长信心不足的困境时，1964 年 10 月，在日本的举办东京奥运会为这场大萧条铺上了缓冲垫。日本为准备奥运会而大力进行基础设施建设，日本的高速公路网、铁路网、水利设施、城市生活设施从无到有、从小到大，在很大程度上拉动了投资。民众为了迎接奥运会，纷纷购入大件商品，增加旅游活动。受到投资和消费的拉动，日本经济增速有了小幅回升。因此，1963—1965 年的繁荣被称为"奥运景气"。

然而，奥运会带来的经济繁荣不可持续。奥运会结束后，日本的基础设施建设开始停滞，大量与基建相关的企业出现生产过剩的问题，经营业绩迅速恶化。此外，为观看奥运比赛而购置电视机等耐用品的需求也接近饱和，消费开始下降。

当没有了需求刺激，经济进入下行区间，众多企业面临破产。1966年，日本政府决定打破以往的财政平衡惯例，发行6750亿日元"建设国债"来托底经济。发行的国债大幅提高了政府预算空间，在政府需求的支持下，经济得以顺利复苏。到60年代末，日本生产的汽车、家用电器、电子消费品开始行销全球，日本经济重新进入高增长区间，股市也回归牛市（见图3-4-5）。1970年，在日本大阪举办的世博会再一次刺激了日本经济，推动日本股市达到顶点。60年代末的经济繁荣，被称为"伊奘诺景气"。

图 3-4-5　20 世纪 60 年代日经 225 走势

（资料来源：国海证券研究所）

3. 石油危机促使经济转型

正当日本经济以两位数的增长速度傲视全球时，1973 年 10 月，第四次中东战争的爆发打破了持续高增长的计划。战争爆发后，所属于石油输出国组织的阿拉伯成员国开始限制石油出口，联手提高原油价格，全球油价在短短数周内暴涨两倍之多。这直接导致全球主要国家陷入二战后最严重的经济危机当中。其中，严重依赖石油进口的日本受到非常大的影响，工业生产品价格暴涨，工

第三章
灵光初现

业生产总值下降了20%。第二年，日本出现了战后第一次GDP负增长，并伴随着严重的通货膨胀和国际收支赤字。

当时，全球各经济体为了应对石油价格高涨带来的通货膨胀，纷纷采取紧缩型的金融政策，日本也不例外。日本政府提高了贷款利率，紧缩信贷。受此影响，日本股市进入长达3年的萧条期。

当全球主要工业国家还没有从第一次石油危机的阴影中走出来时，1978年年底，两伊战争再次冲击了全球的石油产量，原油价格从13美元/桶上涨到了34美元/桶。西方国家的衰退全面加深，而以石油为主要工业能源的日本受害更为严重。

在经历了石油危机等诸多坎坷之后，日本国内的能源价格高涨，拉动日本经济的主导产业（钢铁、石油化工等）由于成本增加而失去竞争力。日本政府意识到，日本制造业对于进口石油的依赖或将限制自身发展，于是开始调整产业结构，在发展核能发电和水力发电的同时，促进产业结构从资本、能源密集型向耗能少的技术密集型转型，以期提升制造业的竞争力。

针对石油危机导致的全球汽油价格暴涨，日本的汽车制造商，如丰田汽车，开始生产小型节能汽车。这些小型节能汽车造价远低于同期美国制造的汽车，并且耗油量少，因此在全球市场中大受欢迎。从美日汽车产量对比数据中可以看出，正是凭借着石油危机这一契机，日本的汽车产销量超过美国（见图3-4-6）。

同时，由于石油能源紧缺，发展节能和高效能产业成为这一时期日本最重要的课题。半导体和集成电路产业因原料成本低、效益高的特点而受到重视。为了鼓励发展高端制造业，1978年，日本政府制定了《特定机械信息产业振兴临时措施法》，提出要发展电子计算机、高精度装备制造和其他知识型产业。该政策为奠定日本电子产业的基础及扩展国际市场份额做出了很大的贡献。

从此，日本的制造业重心开始从重化工业向半导体等高端制造业转移。从世界半导体产业发展历程来看，二战后，该产业原本由美国独占鳌头，从20世

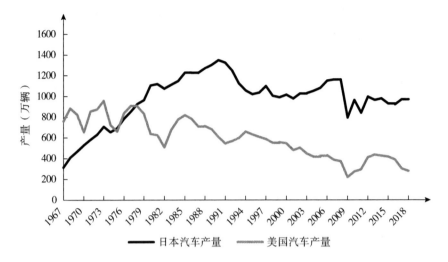

图 3-4-6　1967—2018 年，美、日汽车产量对比

(资料来源：国海证券研究所)

纪 70 年代后期开始，日本半导体的市场占有率迅速上升，并于 80 年代赶超美国，后来者居上，坐上了世界半导体产业的第一把交椅。

与欧美等国家将电子产业主要应用于军事、生产领域不同，日本的企业将电子领域的发明主要应用于民用终端设备。如电视机、音乐播放器等。以索尼音乐 Walkman、松下超画彩电为代表的日本电子产品畅销全球。1985 年，日本 NEC 甚至超越英特尔，成为全球半导体制造的龙头。

除制造业的转型升级外，服务业的重要性也日益增强。20 世纪 60 年代中期，日本面临着刘易斯拐点⊖的考验，人口红利逐渐消失，人口老龄化现象出现。东京奥运会后，很多耐用消费品的普及率接近上限，仅依靠耐用消费品需求拉动经济的方式走到了尽头。与之相反的，医疗服务、文化传媒等服务行业的需

⊖ 诺贝尔经济学奖获得者威廉·阿瑟·刘易斯（W. Arthur Lewis）在其题为《劳动无限供给条件下的经济发展》的论文中提出的观点。即随着工业化进程的发展，农村剩余劳动力追逐高收入，开始纷纷向工业部门转移，农村的剩余劳动力逐渐减少。而当农村剩余劳动力由剩余减少到短缺时，工业部门继续扩张，必须承受劳动成本不断上升的压力，这一时期被称为"刘易斯拐点"。

求开始增加,日本的消费重心在这一时期发生了转移。进入 80 年代后,日本服务业的就业人数占比已经超过劳动人口的一半,成为日本经济发展的新力量。

得益于 70 年代进行的产业转型升级,日本经济在 80 年代初继续飞速发展,日本商品大概可以用"称霸世界"来形容。巨大的顺差为日本积累了丰厚的外汇储备,日本于 1985 年成为全球最大的债权国,对外净资产达到 1300 亿美元。而这一时期,美国里根、英国撒切尔夫人成功地施行经济改革,全球经济呈现出向好的态势,进一步增强了日本商品的外部需求。毫无疑问,日本已经成为全球拥有最发达工业的国家之一。

4. 异常的金融宽松政策引发资产价格泡沫

进入 20 世纪 70 年代后,国际金融环境发生了巨大的变化。布雷顿森林体系崩溃,美元出现信用危机,使得日本兑美元从固定汇率制转向浮动汇率制,日元被迫升值(见图 3-4-7)。但是日本凭借产品竞争优势,对美国的出口持续扩大,巨额贸易顺差为之后美日贸易摩擦埋下伏笔。

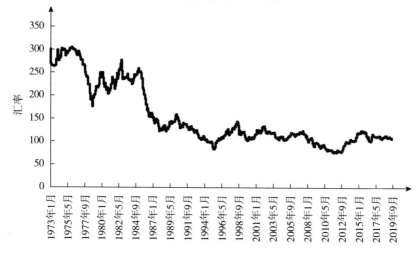

图 3-4-7　20 世纪 70 年代以后日元汇率不断下降(美元兑日元)

(资料来源:国海证券研究所)

面对美日贸易的失衡，美国相继针对日本六大产业（纺织品、钢铁、彩电、汽车、电信、半导体）发动贸易战。但这并没有削弱日本产品的竞争力，美日贸易逆差相当坚挺。美国认为美日贸易失衡的根源在于日本的利率、汇率管制和金融抑制导致日元被低估，而日元低估为日本的出口贸易带来价格优势，再加上日本的补贴政策，使得日本制造的商品在全球范围内低价倾销。

为解决这一问题，1985年9月22日，五国（美国、日本、英国、法国、德国）的中央银行行长在纽约广场饭店签订了著名的《广场协议》。对"出口导向型经济"的日本来说，日元按照协议要求大幅升值，将会打击其出口部门，带来经济增长放缓的负面影响。为了应对日元升值的消极影响，日本银行启动了货币宽松政策，在1986年这一年内连续4次下调利率。这标志着日本经济进入了泡沫增长期。

降息期间，虽然货币供应量增加，但由于日元升值，原油等商品进口价格下降，货币宽松并没有引起预期中的通胀问题，物价依然保持稳定。见此情景，日本央行决定继续实施零利率等扩张性货币政策。零利率政策为日本经济注入了大量的廉价资金。但是在此期间，由于出口部门受阻，实体经济缺乏有效的投资机会，市场上的投资人便通过各种渠道将过剩资金投入股票市场和房地产市场，最终造成股价和房价的大幅上涨。当投资人发现投资股市和楼市比投资实体经济能赚取更多利润时，会将更多的资金置于投机活动中，如此便催生了资产价格泡沫和"泡沫-投机"的恶性循环。

长期的牛市和低利率环境，也促使日本人不再满足于储蓄，而是更倾向将钱投入股市。日本家庭资产中对于股票的配置比例，从1980年的6.5%上升到1987年的10.7%。此外，进行股票投资的不仅仅是散户，还有大量企业。对于一般的出口型企业来说，日元的升值对于企业收益产生了不可忽视的负面影响。而在这样的大环境下，相较于实体经营，企业会更倾向于投资股票来维持业绩增长。因此，大量的上市公司也逐渐变成依靠股票市场业绩驱动的模式，金融市场脱实转虚的风气非常严重。

第三章
灵光初现

20世纪80年代，日本开始效仿美、英，推行金融自由化政策，银行间竞争加剧。各银行为扩大业务和市场占有率，不断发放贷款。过多的资金（见图3-4-8）进一步推动股票价格和房地产价格上涨到惊人的高度（见图3-4-9），这也为后来日本股市暴跌和不良债务问题埋下隐患。

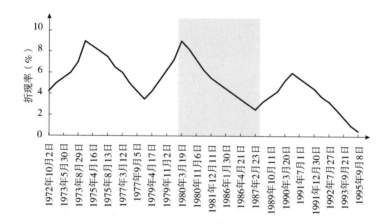

图3-4-8 1970—1992年日本银行官方折现率（Official Discount Rates）

（资料来源：国海证券研究所）

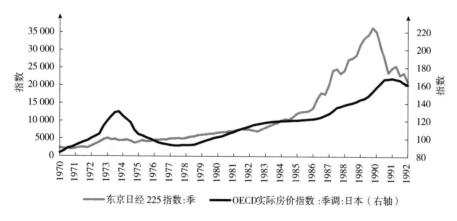

图3-4-9 1970—1992年日本房价优先于股市上扬

注：OECD实际房价指数以2015年为基期（100）。

（资料来源：国海证券研究所）

股市泡沫中,最具代表性的就是日本电信电报公司(NTT)的上市。NTT 在 1987 年 2 月 9 日上市,公司股票总市值在第一个交易日暴涨至 400 亿日元。随后在两个月的时间里,NTT 股票升值了 8 倍。这只大盘蓝筹股的暴涨,也间接推动了日经指数两个月内大涨 22.4%,到了 4 月,东京交易所的股票总市值已经超过纽约证券交易所(见图 3-4-10)。NTT 的总市值达到惊人的 3500 亿日元,超过当时的美孚石油成为全球市值最大的公司。

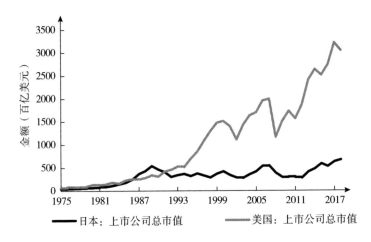

图 3-4-10　1975—2017 年美、日上市公司总市值对比

(资料来源:国海证券研究所)

5. 泡沫经济的崩溃

泡沫经济的繁荣被称为"平成景气",但是这种虚假的景气毕竟不可持续。当日本政府意识到资产价格过度膨胀后,1989 年 5 月—1990 年 8 月,为了调控市场,日本央行先后 5 次上调基准利率,从 2.5% 提高到 6.0%。1990 年海湾战争的爆发,给完全依赖石油进口的日本造成了巨大的恐慌,股市从此一路狂泻。

与股价相比,日本政府对于房地产价格的控制措施大约滞后了 1 年。1990 年 3 月 27 日,大藏省发布"金融机构房地产融资总量限制"的通知,开始对房地产融资进行限制,1 年之后,房地产的价格开始下跌。

第三章
灵光初现

表面上看，日本的泡沫经济是由于1985年《广场协议》引起的日元升值导致的。但真实原因并没有这么简单。

日本政府错误地选择了房地产业作为支撑经济的抓手，是资产价格泡沫生成的开端。日元升值后，作为经济支柱的出口企业受到货币升值的打击，经济衰退的风险上升。为了减轻日元升值带来的负面影响，日本政府制定了以国家投资、私人投资和个人消费支出扩张为引擎的内需型增长策略，但实际上是在日本国内开展大规模的基础设施建设和房地产建设。活跃的建设活动，也使企业和消费者对房地产业积极乐观了起来，投资信心愈发高涨。但日本匮乏的土地资源在这样的投资热情下显得供不应求，这直接导致了资产价格的攀升和投资泡沫的兴起。

此外，日本银行的宽松政策也为日本股市的火上浇了把油。日本央行以宽松应对经济下行的手段由来已久，20世纪70年代，日本为应对"尼克松冲击"而采取金融缓和政策，日本银行对国债实施的收购操作，导致这一时期日本出现了流动性过剩的问题。同时，商业银行通过日本银行再贷款等方式（超贷），为迅速扩大的出口产业的设备投资提供资金。这虽然助力了日本出口企业的发展，但同时也进一步加大了日本的货币供应量，导致物价高涨和通胀预期的形成。80年代后，随着利率自由化以及金融业务管制的放松，金融市场规模急剧膨胀。实体经济的融资模式开始由间接融资向直接融资过渡。过于宽松的货币政策，推动大量过剩的流动性直接进入土地、股票市场，这为日本股市泡沫埋下了重大隐患。

对日本经济影响巨大的财阀在这场泡沫中也起到了推波助澜的作用，这是一个不可忽视的原因。20世纪60年代中期，财团企业之间为了避免恶意收购兼并，特别是监管放松了外国持股比例后，为了防止外国企业对日本企业的恶意兼并，日本开始实施稳定股东计划，即财团企业之间开始交叉持股。企业与银行之间的持股模式形成主办银行制度；企业与企业之间的相互持股，使稳定股东的持股比例达到50%以上。日本财阀通过这种交叉持股的模式，增强了财团对企业的控制权，也导致股票供给出现短缺，与同时期高涨的投机热情一同造成了股票市场的供求不平衡，这也是催生股市泡沫的原因之一。而当泡沫破裂后，最先受到危机冲击的是外围的中小企业，其控股股东追溯起来都能找到财阀集团的影子。随着越来越多的中小企业受到冲击，甚至倒闭，危机逐渐传导至财阀中央企业，进而通过财阀企业扩散至整个日本。

第三章
灵光初现

第五节　1991—2019 年："失去的三十年"

1990 年的股市泡沫破裂成为日本经济发展的转折点。"泡沫经济"的崩溃不仅导致日本经济自 20 世纪 90 年代开始缺乏动力，更导致金融机构积累了大量的不良债权。日本用了很长时间来弥补泡沫破裂后的创伤，"失去的二十年"甚至"失去的三十年"成为日本之后经济发展的代名词。

1. 经济陷入停滞

20 世纪 80 年代末，日本政府抑制经济过热的举措，是造成日本股市硬着陆的直接导火索。在熊市期间，跌幅最明显的行业是金融业、房地产业、海上运输业、钢铁业。相比较而言，在日本股市惨烈下跌的环境中，汽车、电器、精密仪器等行业得益于强劲的国际竞争力，下跌幅度较小，表现较为坚挺。

"只有在潮水退去的时候，才知道谁在裸泳"。随着股市的崩盘和投资人亏损的出现，金融业的丑闻也相继被揭开，诸如"伊藤万事件"⊖ "兴业银行尾上缝事件"⊖ 等金融丑闻相继冲击着人们对股市的信心。日本股市在之后两年里延续下行态势，日经 225 指数从 37 951.46 点下跌至 14 309.41 点，下跌了 62.3%（见图 3-5-1）。

⊖ 1990 年 10 月，由住友银行派遣的伊藤万商社的社长通过买卖高尔夫球场和名画等方式与关西黑社会联系密切，并从中套利。

⊖ 1991 年 8 月，关东一家日本料理店老板尾上缝，利用伪造的银行存款单据向日本兴业银行借入 7400 亿日元，用于股票投机。尾上缝后因投机失败无法偿还而入狱。此事最终牵扯出东阳信用银行、富士银行以及东海银行的勾结行为。

图 3-5-1 1989—2013 年日经 225 指数走势

（资料来源：国海证券研究所）

1990—1992 年，持续了 31 个月的熊市给日本经济留下严重后遗症。

首先是金融系统遭受了难以愈合的创伤。在泡沫经济期间，银行以房屋为担保向外提供住房贷款，房地产价格暴跌后，贷款人违约，大量不动产贷款无法收回，成为坏账。日本银行业整体不良债务比例大幅上升，即使是十分重视金融稳定和银行救助的日本政府也无力回天。1997 年，共有 5 家银行由于坏账积累过多而倒闭。不良贷款增加造成商业银行可放贷资金减少，企业即使正常经营也难以获得贷款，从而进一步抑制了投资，经济形势进一步恶化。

其次是民众消费能力和消费欲望的下降。当股价暴跌后，个人资产缩水会产生负面的财富效应，消费者的消费需求严重下降，消费品生产企业业绩恶化。业绩恶化又进一步造成股价下跌，形成恶性循环。

在股价下跌和房地产不景气的双重打压下，日本经济失去了增长动力。屋漏偏逢连夜雨，本就不稳定的日本经济在 20 世纪 90 年代后期又迎来了外部的危机。

90 年代开始，美元走强，为盯住美元的新兴市场国家造成巨大的影响。这

第三章
灵光初现

些国家自身对于外债的依赖较强，美元走强加重了国家债务负担。再加上这一时期外国资本将触角伸向东南亚国家，陆续对这些国家进行外汇卖空套利，菲律宾、印尼、泰国、韩国等国由于资金外流，相继出现金融危机。而东南亚国家一直是日本的主要商品出口国，东南亚金融危机使得日本的出口贸易也受到致命打击。投资、消费、出口"三驾马车"几乎同时停止，再加上日本金融系统因不良债务问题而步履蹒跚，日本股市从此一蹶不振。

2. 东京金融大爆炸式的改革

由于日本政府长期以来对金融体系实行严格管控，过于倚重间接融资渠道，日本股票市场一直缺乏活力。到了20世纪90年代，长期熊市、金融腐败现象叠加1997年东南亚金融危机，使得日本金融体系的脆弱性暴露无遗。于是，1998年，桥本内阁开始着手进行金融改革，在参考了英国金融大爆炸经验的基础上，提出了自己的"金融大爆炸"式的金融自由化改革方案[○]，同时实行新的《中央银行法》，目的是通过放松金融管制，提高日本金融市场化程度，抬高日本股市的价值，并重建东京全球三大金融中心之一的地位。

但是"金融大爆炸"计划实行后，在短期内并没有取得预期的效果。这是因为泡沫破裂导致的银行不良债务问题并没有得到有效的化解，存量不良债务一直困扰着日本经济，企业经营情况也迟迟没有得到好转（见图3-5-2），在这种情况下，股市缺乏对投资人的吸引力。但从长期来看，金融自由化改革还是有利的，如提高了金融市场的运行效率。

日本自20世纪60年代开始推行的股票市场对外开放，则为日本股市带来了更多积极的影响。1979年修改的《外汇法》，基本上取消了对外资投资日本股市的限制，使得外资持股比例大幅提高。外资帮助完善了日本上市公司的治

○ 主要内容包括允许金融持股公司的存在、外汇交易自由化、打破金融业分业经营现状、手续费用自由化，并强化市场规则和监管体制。1998年，因东南亚金融危机，大量的金融机构面临破产的危险，"金融大爆炸"不得不紧急暂缓实施。

理标准，同时能够帮助提升股市的定价效率，一定程度上改善了日本股市的健康状况。

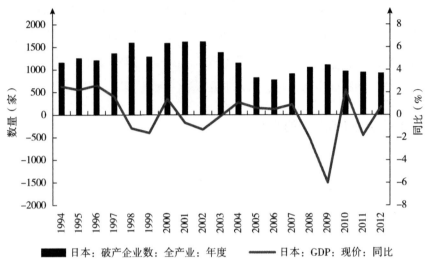

图 3-5-2　1994—2012 年日本破产企业数量及 GDP 对比

（资料来源：国海证券研究所）

3. 互联网危机与次贷危机的冲击

为了解决日本经济长期零增长所带来的通货紧缩的局面，1998 年 7 月，小渊惠三临危受命出任内阁总理，他主张实行宽松经济政策，意图为日本经济恢复繁荣。小渊内阁先是采取了扩张的财政政策，通过减税、提高财政支出来振兴经济。他所推行的宽松财政政策在一定程度上提振了需求，使得通货紧缩的现象有所缓解。之后，小渊内阁开始着手宽松的货币政策。日本央行于 1999 年 9 月实行零利率政策，这次零利率政策一直持续到 2000 年 8 月。在宽松货币政策的刺激下，消费需求和投资需求增加，助推了日本经济恢复和日本股市的上扬。

这轮牛市被 2000 年的互联网泡沫危机打断。与亚洲金融危机相似，来自美

第三章
灵光初现

国的互联网泡沫危机，经过股市传导至其他国家。叠加 2001 年发生的"9·11事件"，世界避险情绪高涨，海外消费需求的下降使日本的出口额再次下行。日本股市走向新一轮的熊市——日经 225 指数从 2000 年 3 月开始下跌，下跌行情一直持续到 2003 年 4 月，互联网危机带来的熊市行情才得以扭转。

互联网泡沫危机发生 1 年后，2001 年 4 月，小泉纯一郎上台，他领导实施了一系列刺激经济的举措。日本银行的不良债务问题终于在小泉内阁执政期间得以有效解决。同时，为了紧跟世界高新技术产业发展的趋势，小泉内阁着手进行产业改革，将产业发展重心转移至 IT 产业和高科技产业。

此外，2003 年 3 月，小泉内阁发布六项稳定股市的对策，其中包括放宽对回购公司股票的限制，限制"卖空"等行为，从而遏制住了恶意操纵行为导致的股价下跌。

截止 2006 年 12 月，日本经济出现了长达 59 个月的经济增长周期，超过了"伊奘诺景气"和"平成景气"的时长（尽管增长速度较低），这标志着日本经济在经历了 10 年的萧条后开始复苏。日本名义 GDP 增长率在 2002 年跌入低谷后开始逐渐回升，从 2002 年的 -1.3% 上升至 2006 年的 0.5%。出口贸易也实现了一定程度的增长，出口额增长率从 2001 年的 -5.81% 上升至 2006 年的 14.61%。日本股市终于结束了 13 年的连跌，大盘开始恢复增长。

然而，这轮牛市再一次被危机打破。2007—2009 年，美国次贷危机不断发酵，给全球股市带来了阴影，日本也未能幸免。经济形势和金融市场急剧恶化，大批企业破产，2009 年日本 GDP 增速一度降至 -6%。同年 2 月，日经 225 指数跌至 7 568.42 点，在两年的时间里下跌了 60%，并又跌回了 2003 年的低点。银行等金融机构和房地产行业受到了巨大的冲击，这次危机对日本的负面影响不亚于 90 年代初的泡沫危机。

为应对这轮严重的金融危机，日本央行分别于 2008 年 10 月和 12 月降息，日本重回"零利率"时代。并且日本央行通过公开市场操作大量投放基础货币，以稳定金融机构流动性。但这些措施并没能及时遏制股市暴跌。于是在

2009 年年初，日本央行对股市进行直接干预，采取"价格维持操作"，大量购买股票。这一干预措施效果显著，2009 年上半年，日经 225 重新恢复至 1 万点以上。

4. 制造业的没落

日本在战后共实行了三轮产业转移。20 世纪 60 年代，日本将劳动密集型的纺织工业转移到国外，本土重点发展资本密集型的重化工业。而后受石油危机的影响，20 世纪 70 年代后期，日本开始将资本密集型的重化工业向外转移，在本国重点发展电子、汽车和半导体等高端制造业。进入新千年后，日本开始将高端制造业逐渐外包给中国台湾、韩国等低成本地区。前两次产业转移带给日本的是产业结构的升级，"腾笼换鸟"为日本经济发展打下了坚实的基础。但是第三次产业转移，却导致日本产业空心化和服务化。

在金融危机之前，日本政府为刺激出口，对外汇市场进行了大量干预，导致日元不断贬值。国内制造企业经营情况随着贸易环境的改善而出现好转，之前因经营业绩不振而将工厂搬至海外的企业陆续将工厂回迁国内。然而金融危机后，避险情绪导致资金重新回流日本，日元再度升值，出口产业因此受到打击。叠加经济不景气的影响，日本的制造业企业，如丰田、三洋、东芝等企业纷纷陷入亏损状态。制造业板块的股价率先开始暴跌，丰田汽车的股价甚至多次出现垂直下跌的情况。

夏普的倒闭成为金融危机后日本制造业走向衰落的缩影。2018 年 12 月 21 日，这家位于栃木县矢板市的生产电视的工厂终止生产。在 20 世纪 80 年代日本制造业最为辉煌的时期，夏普曾被称为"液晶之父"，被冠以制造精细、严谨的美誉。全球第一台液晶电视、液晶显示计算机以及液晶摄录像机均出自夏普之手。然而，夏普身上也具有日本企业的通病，虽然精于技术，但决策体制僵化、转型困难。在面对韩国、中国同行的激烈竞争时，夏普难以适应市场环境的变化。

第三章
灵光初现

日本制造业的没落虽然是受国际金融环境和产业竞争的直接影响，但根本上是源于其相对落后的体制无法对市场的变化做出及时的应对。因为日本的产业政策基本由政府在主导，许多低效部门受到日本政府的保护未被淘汰，制约了产业革新。进入20世纪90年代后，面对全球以信息技术为主导的高新技术产业日益成为经济发展的引擎，日本并没能及时调整其产业结构以适应世界经济风向的变化，而是继续强调汽车、电子等传统优势产业，从而失去发展先机。所以当国际经济出现动荡的时候，传统制造业首当其冲受。特别是2008年全球金融危机以来，以智能设备为代表的国际市场环境日新月异，同时，中国制造实力突飞猛进，对日本传统产业发起挑战，导致日本部分企业受到冲击。

泡沫危机之后的日本度过了"失去的三十年"，这样的结局既有内部原因也有外部影响。从内部来看，日本的制造业发展未能跟上世界的变化，产业趋于空心化，经济从此失去了坚实的基本面和增长动力。从外部来看，中国、韩国等国家的崛起，为日本的出口产品带来了竞争压力。再叠加这一时期相继出现的东南亚金融危机、互联网泡沫危机和次贷危机，继1990年泡沫危机后，给羸弱的日本经济又一记重击。

5. 日本经济的困境与安倍经济学

2012年12月26日，安倍晋三重任日本首相，面对日本长达15年的通货紧缩困境，如何重振日本经济，摆脱零增长局面，是安倍内阁最重要的任务。2013年4月，安倍任命黑田东彦为日本央行行长，安倍与黑田两人合力采取刺激经济的一揽子金融和经济政策，被称为"安倍经济学"。

早期的安倍经济学主要包括货币宽松、扩大财政赤字、放松行业管制等促进经济的传统手段。2013年4月，日本央行宣布实行量化宽松政策（QE政策）。大规模的货币投放后，日元汇率开始加速贬值，日元兑美元连续3年走低，贬值幅度达到35%，有效地刺激了日本出口贸易的增长。同时，日本政府通过补充预算案，推出20.2兆日元的紧急经济对策，用政府开支拉动总体需求。

金融危机后，伴随国际环境的同步好转，安倍的经济政策取得了一定效果，日本 GDP 和物价都恢复了正增长。为了进一步稳定股票市场，日本央行从 2010 年开始在市场中购买交易型开放式指数基金（ETF），至今有近半数的 ETF 份额被日本央行购买。日本央行的托市举动对稳定股市起到了重要的作用，日经 225 指数也于 2013 年起大幅反弹。得益于日本央行的介入，日本股市成为全球股市中波动率最低的市场。

安倍经济学虽然在短期内取得了一定成果，但长期来看其对日本经济的帮助仍是未知数。在货币政策上，日本央行面临"流动性陷阱"的困扰。由于实体企业缺乏投资兴趣，即使日本央行向市场投放再多的资金，也无法转化为投资和实际经济产出。在财政政策上，日本政府的杠杆率达到 250%，冠绝全球。为了平衡财政，政府将消费税由 5% 提升至 10%，却反而打击了消费，CPI 增速再度下行，与政府的初衷背道而驰。

归根到底，早期的安倍经济学并没有解决日本经济的痼疾。日本经济面临着一座难以逾越的大山，这就是人口少子化和老龄化问题。在东亚文化圈中，人口老龄化这一问题普遍存在。然而，日本因为较早地完成了工业化和城镇化，叠加长期的经济衰退，导致民众生育意愿不高，缺少新生人口的问题特别突出（见图 3-5-3）。从人口结构上来看，2018 年，日本 0~14 岁人口占总人口的比重为 10% 左右，65 岁以上人口占总人口比重逐年增加，2019 年为 30% 左右。而劳动力人口（15~64 岁人口）占总人口的比重一直在下滑，2019 年仅为 60% 左右。

由于年轻人一直都是消费的主力军，人口老龄化则意味着消费需求缺乏根本的增长动力，从而导致日本落入长期的通货紧缩陷阱。同时，缺乏年轻人也意味着日本企业的生产能力将会受到有限劳动人口的制约，转型和革新更无从谈起。

在此之外，日本特殊的企业环境，如平均主义、年功序列、终身雇佣，虽然有助于增进社会公平，却也造成了阶层流动性下降和激励机制不足的问题，

第三章
灵光初现

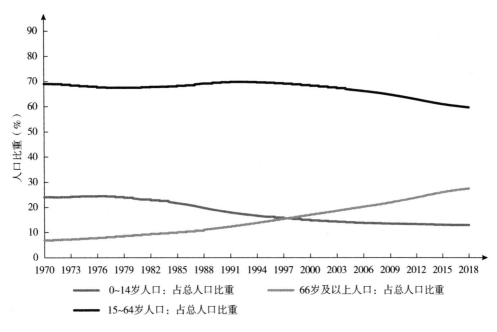

图 3-5-3 1970—2018 年日本人口年龄分布

（资料来源：国海证券研究所）

与大洋彼岸的"美国梦"形成鲜明反差。大量中老年人盘踞在企业中层，年轻人升迁无望，间接导致了低欲望社会的形成和消费动力的缺失。

日本政府也意识到这些问题，并采取了诸多手段。为了解决老龄化问题，增加社会消费欲望，日本政府致力于提高养育子女家庭的福利待遇；完善养老、护理产业，提高老年人消费需求；改革移民制度，向相近文化国家降低移民门槛。但日本经济长期存在的问题也需要长期地去解决。2018 年以来，随着国际经济的衰退，日本出口部门又面临新的考验，日经股指也停止增长并转入震荡区间。"安倍经济学"是否能带领日本经济度过又一个难关，其施政水平仍待检验。

东京证券交易所于 1949 年重新开业，在至今的 70 余年中，日本股市先扬后抑，于前 40 年一路高歌，而在后 30 年一蹶不振，恰好勾勒出了二战后现代日本经济的发展轨迹，成为一部鲜活的教科书。在这部书中，既有产业转型升级的成功案例，也有经济脱实向虚的反面教材。但即使以今天而非泡沫时期的股指计算，日经股指依然较战后上涨了 130 多倍，验证了日本从战争废墟进取成为世界一流国家的成绩。

　　因为地理、文化相近，近年来，我国对日本的研究热度完全不输于对超级大国——美国。的确，日本是二战后直到 20 世纪末，世界经济舞台上的主角之一，日本资本市场给我们一个极佳的视角来观察日本经济的脉络，乃至整个世界经济舞台。日本在世界产业历史中还具有承前启后的意义，它在二战后紧跟着美国的脚步，完成了第一次工业革命到第三次工业革命的跨越，并在一定程度上成为中国等其他东亚地区的技术启蒙来源地。因此，即使今日的日本已经失去了旧时的光环，了解、研究日本依然至关重要。

第四章
巨擘归来

中国股市的崛起之路

继日本崛起之后，世界产业结构再次出现重大变迁，全球制造中心开始从日本向亚洲其他国家转移，亚洲多个国家与地区的经济迎来高速发展时期。这其中，中国的发展之路是最令人惊叹的，也是全球产业变迁史上浓墨重彩的一笔。

自改革开放以来，中国经济发展取得令世界瞩目的成绩，中国逐步发展成为世界经济强国。短短几十年的时间里，中国创造了无数的发展奇迹，而中国资本市场见证了这些变化。当然，对于中国这个社会主义国家而言，国内资本市场的建设与发展过程并不是一帆风顺的。而了解这其中的曲折故事，可以帮助我们理解中国从计划经济到市场经济的转变，以及中国产业结构的变迁过程。

中国A股市场成立之初，恰逢东欧剧变和苏联解体，这给中国资本市场发展带来了思想上的困扰。直到1992年，邓小平同志的"南方谈话"为改革开放定调，中国股票市场才逐渐从争议中走出来，上市公司数量也逐渐多了起来。当时，中国内地凭借廉价的劳动力，已经逐步承接了中国香港的劳动密集型产业，轻工业获得蓬勃发展，很多家电上市企业在这一时期也走出了波澜壮阔的大行情。

2001年，中国成功加入WTO，中国外向型经济得到进一步的发展，"MADE IN CHINA"遍布全球，中国成为世界工厂。与此同时，中国的重工业产业开始二次崛起，国内粗钢、煤炭、汽车产量实现大幅的提升。而在出口和投资的拉动下，中国经济迎来黄金发展期。A股也在2006年股权分置改革完成后迎来一波史无前例的大牛市。

但是，随着2008年金融危机的爆发，中国外向型的经济增长模式受到冲击，外贸加工产业和重工业产业开始逐步衰退。同时，新兴产业开始萌芽，国内涌现出不少优秀的互联网公司。中国经济进入增速放缓、新旧动能转换的发展阶段，获取经济增长新动力，促进经济结构转型升级成为国内经济发展的主要任务。与此同时，中国多层次的资本市场体系开始形成，创业板和科创板相继推出，为国内新兴产业的发展创造了良好的融资环境。

以史为鉴，可以知兴替。梳理中国资本市场近30年的发展历史，洞悉中国产业结构的变迁过程，才能更清晰地判断我们当前所处的位置以及未来的发展方向。只有这样，我们才能在跌宕起伏的资本市场变化中立于不败之地。

第四章
巨擘归来

第一节　1990—1995 年：股市在争议中成长

1990 年 12 月，中国两大证券交易所——上海证券交易所（以下简称"上交所"）和深圳证券交易所（以下简称"深交所"）相继开业。不过，早在 1986 年，上海和深圳先后设立了场外股票交易柜台。但与其他国家不同，中国境内场外股票交易柜台和证券交易所的设立均是自上而下的产物。

这一时期，国际政治格局发生了重大变化，东欧剧变和苏联解体给当时的中国带来思想上的困扰。从股票交易萌芽到成立初期，有一些投资者对"社会主义国家的股票市场能否搞成功"存在担忧。邓小平同志"南方谈话"为改革开放和市场经济定调，人们对于股票交易的顾虑才逐渐解除，股票交易逐渐活跃起来。但紧接着面临的是经济增长过热与高通胀问题，所以，这一时期的股票市场虽经历了大涨大跌，波荡起伏，但并没有走出大行情。

不过，这 5 年多的时间却是中国证券市场不断探索与成长的 5 年。这一期间发生了很多事情，包括探索新股发行制度、设立证券监管机构、迎来首次"举牌"事件、试点国债期货等。虽然探索过程较为艰辛，也难免有些磕磕碰碰，但实践出真知，中国境内证券市场努力摸索出了一条具有中国特色的发展之路（见图 4-1-1）。

1. 深圳股市狂热

20 世纪 80 年代，改革开放刚刚起步，人们思想观念整体仍比较保守，但也不乏思想新颖、前卫的优秀青年。1984 年，中国人民银行（以下简称"央

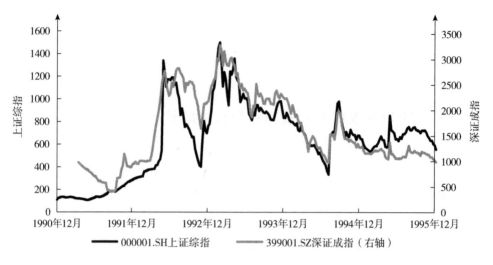

图 4-1-1 1990—1995 年上证综指与深证成指走势

(资料来源：国海证券研究所)

行")研究部的 20 个研究生撰写了《中国金融改革战略探讨》，文章中提到，在中国境内建设证券市场的构想，引起了社会的广泛关注，也引发了当时的股份制浪潮。

1984 年 7 月，上海颁布了《关于发行股票的暂行规定》(地方性法规)。飞乐音响便借助这次机会，公开发行了 1 万股股票，当时每股票面价格为 50 元，合计筹资 50 万元，成为"第一个吃螃蟹"的公司。负责代理发行的便是中国工商银行上海分行信托投资公司。次年，延中实业作为第二只股票公开发行。但是，很快问题就出现了，投资者发现这些股票不能流通，而每个人都是有资金周转需求的。在这样的背景下，1986 年 9 月，中国工商银行上海分行信托投资公司静安营业部开设了股票交易柜台，已发行的飞乐音响和延中实业的股票开始在此进行柜台交易，中国境内出现了真正意义上的股票交易，所以静安营业部也被称为中国的"梧桐树"。

在中国东南沿海的深圳，1987 年 5 月，深圳市发展银行也公开发行股票，而后万科、金田、蛇口安达、原野股份也纷纷发行股票，这五家公司的股票统

第四章
巨擘归来

称深圳"老五股"(见表 4-1-1)。1988 年,深圳"老五股"在深圳经济特区证券公司红荔路营业部进行柜台交易。但是,由于起初大家对股票市场并不熟悉,交易也不活跃。

表 4-1-1　深圳"老五股"明细

企业名称	股票代码	现股票简称	总股本(万股)
深圳发展银行股份有限公司	000001	平安银行	8 975.16
万科企业股份有限公司	000002	万科 A	9 236.46
深圳市金田实业股份有限公司	000003	PT 金田 A	4 271.63
深圳市蛇口安达实业股份有限公司	000004	国农科技	1 250.00
深圳原野股份有限公司	000005	世纪星源	9 000.00

注:总股本为 1992 年 12 月 31 日统计数据。资料来源于 Wind、国海证券研究所。

事实上,当时的股票回报率是非常丰厚的,深圳"老五股"的分红派息额都很高,以深圳发展银行股份有限公司(以下简称"深发展")为例,发行价格为 20 元/股,1987 年普通股每股派息 2 元;1988 年普通股每股派息 7 元;1989 年普通股每股派息 10 元。1987—1989 年,以 20 元发行价为计算基础,深发展股息率分别为 10%、35%、50%,远远高于当时银行存款利率。即使不考虑股价上涨带来的资本利得,这回报率也是十分诱人的。另外,由于当时没有涨跌幅限制,加上可操作标的有限,所以仅有的几只股票价格很容易在高涨的市场情绪带动下快速地上涨。

尽管当时各个地方国营企业已经纷纷进行股份制试点,全国迎来股份制与股票发行试点高潮,而且股票投资收益非常可观,但当时始终存在一些"股份制等同于私有制"的言论,人们对此深有顾虑,大家很担心股票有一天会被取缔,变成一张废纸,所以大多数人对股票仍持观望态度。直到 1990 年年初,国务院领导视察深圳特区释放了积极的信号,大家对于股票的疑虑有所降低,原来清淡的股票交易才逐渐活跃起来,股票价格也随之上涨。

股价的上涨吸引了更多的人来买卖股票。而由于当时股票是通过柜台交易的方式进行交易，柜台每天处理的报价单子有限，所以随着投资者参与的增多，柜台交易不得不靠发号进行，只有排队领到号的投资者才可以到场内报价参与配对成交。在排队拿号过程中，人们难免会出现一些小摩擦，所以，当时营业部门前时常有争吵发生，也会引来不少围观的人群。而营业部门前的人群吸引了更多人的参与，深圳炒股一片狂热。来自全国各地的人们来到深圳投身炒股热潮，营业部门前人山人海，甚至影响了交通，有时不得不出动警察维护秩序。而且当时股票买卖不分昼夜，深圳一时间变成了没日没夜的"金钱之都"。

眼看市场情绪有些疯狂，为了缓解股市狂热，深圳市政府和有关部门开始采取措施。例如，对股票交易实施10%的涨跌幅限制；后又将涨跌幅限制从10%缩小至5%；最后逐渐将涨幅降低至0.5%。在一系列政策出台下，股市狂热情绪开始逐渐降温，一路上涨的深市开始转向，迎来接下来长达9个月的下跌，股票价格也逐渐回归合理区间。

2. 1992年"南方谈话"定调

在股票柜台交易如火如荼进行的同时，上海市和深圳市也在积极筹备设立证券交易所。与其他证券市场不同，中国证券交易所是自上而下建立起来的。在市政府支持以及多方的努力下，1990年12月19日，上交所在浦江饭店举行开业典礼，当时的上海市市长朱镕基也出席了典礼。刚开始，上交所挂牌股票仅有8只，人称"老八股"（见表4-1-2）。与此同时，深交所也在1990年12月1日开始试营业。没过多久，深交所于1991年7月3日正式开业。沪深两大交易所的成立标志着中国证券市场的正式形成。

表4-1-2 上海"老八股"明细

企业名称	股票代码	现股票简称	总股本（万股）
上海延中实业股份有限公司	600601	方正科技	2000.00
上海真空电子器件股份有限公司	600602	云赛智联	30 000.00

第四章
巨擘归来

（续）

企业名称	股票代码	现股票简称	总股本（万股）
上海飞乐音响股份有限公司	600651	飞乐音响	500.00
上海爱使电子设备股份有限公司	600652	*ST游久	270.00
上海申华电工联合公司	600653	申华控股	1000.00
上海飞乐股份有限公司	600654	*ST中安	2101.00
上海豫园旅游商城股份有限公司	600655	豫园股份	11 290.43
浙江凤凰化工股份有限公司	600656	退市博元	2466.52

注：总股本为1992年12月31日统计数据。资料来源于Wind、国海证券研究所。

然而，当时的国际政治格局动荡变幻。东欧剧变持续演变，波兰总统被迫辞职，团结工会主席瓦文萨登台执政，罗马尼亚领导人齐奥塞斯库被枪杀，政府被推翻。此时，戈尔巴乔夫在政治领域进行的改革削弱了苏共的领导地位。最终，伴随"八一九事件"的发生，苏联于1991年12月解体。

东欧剧变和苏联解体让当时的中国陷入了一片迷茫当中，国内关于"中国将何去何从"的讨论越来越激烈，也出现了担心改革开放与市场经济体制改革的声音，刚刚成立的证券交易所更是在这场风雨中变得岌岌可危。

就在改革开放和市场经济体制面临质疑和否定之时，邓小平视察武昌、深圳、珠海、上海等地，并发表了一系列重要讲话。正如《春天的故事》所唱，"1992年又是一个春天，有一位老人在中国的南海边写下诗篇，天地间荡起滚滚春潮，征途上扬起浩浩风帆"，邓小平同志的"南方谈话"为国内的改革开放注入了一剂强心剂。

邓小平同志在"南方谈话"中还特别说到股市，"证券、股市，这些东西究竟好不好，有没有危险，是不是资本主义独有的东西，社会主义能不能搞？允许看，但要坚决地试。看好了，搞一两年对了，放开；错了，纠正，关了就是。关，可以快关，也可以慢关，也可以留一点尾巴。怕什么？坚持这种态度，就不要紧"。这给予当时证券交易所创办者以及市场参与者极大的信心，也为接下来股指的上涨扫清了思想上的障碍。

1992年5月21日，时任上海证券交易所总经理的尉文渊宣布，上海证券交易所全面放开股价（此前一直在执行涨跌停限制）。受此消息影响，上证综指当天从前日收盘价616点上涨至1420点，涨幅高达130%多。接下来两天，上证综指继续冲高，仅仅是21—23日这3天，就暴涨了570%。其中豫园商城（600655）股价更是飙升至10 009元/股，当时的上海证券交易所可谓人潮汹涌。5月26日，上证综指飙升至1429点，这也是沪市即上交所第一个大牛市的"顶峰"。

3. "8·10事件"爆发

1992年"南方谈话"后，深市即深交所也开始回暖，深圳开始筹划发行新股。新股上市方案在3月就开始酝酿，通过报纸征求意见，最终在7个备选方案中敲定了"面向全国发行，让普通百姓也受益"这一方案。

8月7日，《深圳商报》头版刊登了中国人民银行深圳分行、深圳市公安局、深圳市工商行政管理局、深圳市监察局联合发布的《1992年新股认购抽签表发售公告》，公告表示将发售新股认购表500万张，一次性抽取50万张有效中签表，中签率约为10%（实际中签率按回收的抽签表的总数计算）。每张中签表可以认购本次发行公司的股票1000股。另外，每一张身份证限购新股抽签表一张。每张抽签表收费100元。为减少排队人数，每一排队者最多可以持有10张身份证买表。

该消息在公布前一两个月已不胫而走。按照历史经验估算，新股上市后价格至少可以翻10倍，所以六七月份便出现了身份证租借大战和各地股民纷纷南下深圳两大现象。据估计，当时大约有300多万张居民身份证邮寄到深圳，有70多万名外地股民来到深圳。在抽签表发售前几天，深圳的酒店价格更是暴涨。

在巨大利益的诱惑下，来自全国各地的人们提前两三天便开始在全市300

第四章
巨擘归来

多个销售点排队。当时,排队人群前心贴后背地靠在一起,人们甚至不敢轻易离开位置去吃饭或休息。当时还下了一场大雨,但丝毫没有影响排队的人群。然而,8月9日19:35,深圳电视台却宣布,90%的网点抽签表已经售完,原定两天的销售期一天就售罄了,多数股民并没有拿到抽签表。

股民本身就抱着巨大的期望,经受着长时间的饥饿与暴晒,却没有等来意想的结果。加上当时有"黄牛"手握大量抽签表,这点燃了股民心中的怒火。躁动的人群开始聚集并有越来越多的股民加入,甚至有少数人开始使用暴力。好在当时市政府采取了紧急措施,把计划在1993年发行的500万额度提前到当时发行,消息公布后人群便纷纷散去,重新跑去销售点排队了。

"8·10事件"对于股民而言是不堪回首的回忆,该事件后,市场信心急剧下滑,沪深股市开始"走熊"。但事后来看,"8·10事件"的发生暴露了当时股市存在的问题,是中国资本市场建设在探索过程中的必经之路。该事件也进一步催生了证券监管机构的诞生。1992年10月,国务院宣布成立国务院证券委员会(以下简称"证券委")和中国证券监督管理委员会(以下简称"证监会"),而证券委和证监会的诞生标志着中国资本市场法制建设又向前推进了一步。

4. "宝延风波"

"8·10事件"后,股票市场一片沉寂。直到1993年的秋天,深圳宝安集团举牌上海延中实业,引起股市躁动。作为A股市场首次举牌事件,过程几经波折,在当时引起了媒体、专家学者等的广泛关注,后被称为"宝延风波"。

延中实业成立于1985年,最初业务主要是复印机、复印材料、文化用品的贸易等。截至1992年年底,公司注册资本2000万,其中法人股180万,占总股本9%;个人股1820万,占总股本91%。延中实业股权结构分散,且没有优势大股东,流通比例也高,这也是宝安集团选择延中实业的重要原因。

宝安集团则成立于1983年,1991年于深交所上市,主营房地产、工业制造和进出口贸易。1992年年末,宝安集团打算进入上海市场,当时公司计划通过二级市场收购上海本土企业，很快他们便瞄准了延中实业。

宝安集团通过旗下子公司宝安上海、宝安华东保健品公司和深圳龙岗宝灵电子灯饰公司在二级市场悄悄地收购延中实业的股票。对应到股票二级市场上，自 1993 年 9 月 14 日起，延中实业股票价格便走出 11 根阳线。截至 9 月 28 日，股价已上涨至 12.24 元，11 天累计涨幅超 36%。

9 月 29 日，上述 3 家公司已分别持有延中实业 4.56%、4.52% 和 1.66% 的股份，合计持有 10.6%，已超出 5%。9 月 30 日上午，宝安集团旗下子公司继续下单扫盘，持股比例快速达到 15.98%，此时延中实业股票价格已突破 15 元（见图 4-1-2）。上午 11:15，宝安公司公告"本公司于本日已拥有延中实业股份有限公司发行在外的普通股 5% 以上"，延中实业被停牌。

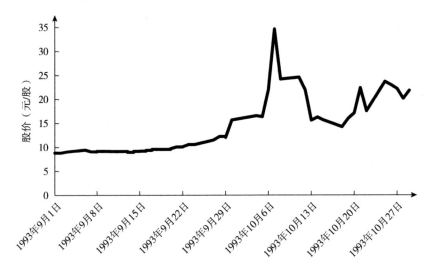

图 4-1-2　1993 年 9—10 月延中实业股票价格走势图（收盘价）

（资料来源：国海证券研究所）

此时，大家才幡然醒悟，原来看似平静的小阳线背后却暗藏杀机，而这一消息更是给延中实业总部当头棒喝。由于大家都没有经历过这类事情，时任延中实业总经理的秦国梁第一反应也是"搞这种东西干什么?"而此时，延中实业仅有国庆假期的 3 天时间来应对此次危机。延中实业找到施罗德集团香港宝

第四章
巨擘归来

源投资有限公司作顾问开展反收购。然而,反收购之路走得步履维艰,单单是收购资金这一点就是一个大问题。

无奈之下,延中实业只能将宝安集团在收购过程中的违规操作问题上报国务院证券委员会。按照规定,持有上市公司股权超过 5% 就需要公告,而宝安发布公告时已持有延中实业 16% 的股票。另外,宝安上海分公司注册资本只有 1000 万元,而在此次收购延中实业股票过程中,短短几天之内就用了 6000 多万。按照规定,信贷资金和违章拆借资金不能用来买卖股票,宝安属于严重违规。

10 月 22 日,证监会宣布:"经调查,宝安集团上海公司通过在股票市场买入延中股票所获得的股权是有效的,但宝安集团上海公司及其关联企业在买卖延中股票的过程中,存在着违规行为,为此,中国证监会对宝安公司进行了惩戒,罚款 100 万元上缴国库。"至此,"宝延风波"以宝安集团顺利进入延中实业的结局收尾,这开创了公司通过中国证券市场二级市场收购并控制上市公司的先河。

"宝延风波"也在当时掀起了 A 股市场的并购风潮。继宝安集团举牌延中实业后,又有深圳万科集团(以下简称"深万科")举牌申华实业和深圳天极光电(以下简称"深天极")举牌飞乐音响的例子。并购风潮曾引起当时股市的短暂躁动。然而,回归平静之后,大盘还是一路向下来到了前期低点。

5. "327 国债风波"

股市回归平静,然而,这一时期的国债期货市场却是异常狂热。自 1992 年 12 月 28 日,国债期货落户上交所,由于当时股票市场低迷,加上国债期货是保证金交易,具有杠杆效应,便吸引了一大批参与者。1994 年,为应对国内高通胀因素,央行提高了 3 年期以上储蓄存款利率,并恢复存款保值贴补⊖,对国库券利率同样保值贴补。而"保值贴补率"是不确定的,这为炒作国债期货提

⊖ 当存款期满时,银行除了按存款的既定利率付息之外,还要贴补给储户一部分钱,以保证储户所得利息不低于通货膨胀。

供了巨大空间。

对于 327 国债[1]而言，其按照 9.5% 的票面利率加"保值贴补率"计算，到期兑付价格为 132 元。但是当时有市场传言说财政部可能要提高 327 国债利率，到期时以 148 元兑付。而时任万国证券总经理的管金生却认为，当时的通胀率已经开始往下走，高层正狠抓宏观调控，因此，没有可能提高保值贴补率，而且财政部也没有必要再从国库里掏钱补贴。于是，管金生率领万国证券做空。当时空方阵营还有辽宁国发集团股份有限公司（以下简称"辽国发"）等。

而多方阵营则以中国经济开发信托投资公司（以下简称"中经开"）为首，当时"中经开"主操盘人则是"涌金系"掌门人魏东。多方的看法是通货膨胀在短期内是难以控制住的，保值贴补仍然会涨，那么 327 国债的兑付价也会跟着涨。

1995 年 2 月 23 日，传言得到证实，财政部公开公告表示要提高 327 国债利率，327 国债将按 148.50 元兑付。当天上午开盘，327 国债期货便一路上涨，原来空方阵营里的辽国发也反手做多。随着价格的上扬，空方军团纷纷倒戈。

此时，管金生已经被逼到绝路，他只能选择铤而走险。23 日 16:22，管金生砸出 1056 万口[2]卖单，将价位从 151.30 元打到 147.50 元。如若按照该收盘价计算，万国证券还可以赚 42 亿元，而多方则将血本无归。

而晚上 11 点，时任上交所总经理的尉文渊正式下令宣布 23 日最后 8 分钟的所有 327 品种的交易异常，是无效的，该部分不计入当日结算价、成交量和持仓量的范围，最终以 151.30 元收盘。这场"多空大战"使万国证券亏损 56 亿人民币，濒临破产。1996 年 7 月 16 日，申银与万国合并为申银万国证券公司。

另外，1995 年 5 月 17 日，证监会宣布暂停新生的国债期货，直到 2013 年，中止了 18 年的国债期货才得以重启。5 月 18 日，期货市场资金大量涌入股票市场，沪

---

[1] 327 是国债期货的代号，对应的是 1992 年发行，1995 年 6 月到期兑付的 3 年期国库券，票面利率为 9.5%。

[2] 一口等于面值 2 万元人民币的国债。

深两市放量暴涨。当日两市成交额达 83.60 亿元,是前一交易日的 50 多倍。

当然,根据当时上交所的规定,个人持仓不得超过 3 万口,机构持仓不得超过 5 万口,万国证券由于当时信誉好,仓位被放开到 40 万口。所以,无论是多方还是空方,都严重地违返了当时的规定。当然,站在现在的时点来看,是非过错早已是过往云烟,留给我们更多的是经验与教训。

6. 经济过热与调控

与股票市场低迷形成巨大反差的还有国内经济增长的异常火热。1992 年"南方谈话"之后,国内经济建设热情高涨,当年 GDP 增速为 14.6%(见图 4-1-3)。1993 年经济延续高增长态势,固定资产投资完成额同比增速高达 65.50%。CPI 同比变动更是一路飙升,到了 1994 年已经接近 30%(见图 4-1-4)。当时经济出现了"四热""四高""四紧""一乱"的现象:"四热",即开发区热、房地产热、股票热、集资热;"四高",即高投资规模、高信贷投放、高货币发行、高物价上涨;"四紧",即交通运输紧张、能源紧张、重要原材料紧张、资金紧张;"一乱",即经济秩序混乱,尤其是金融秩序混乱。

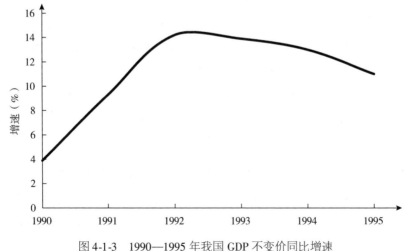

图 4-1-3 1990—1995 年我国 GDP 不变价同比增速

(资料来源:国海证券研究所)

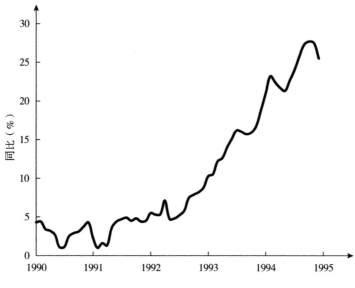

图 4-1-4　1990—1995 年我国 CPI 当月同比变化

（资料来源：国海证券研究所）

海南房地产泡沫便是这一时期的历史缩影。1992 年，国务院正式批准海南省吸引外资开发洋浦经济开发区，叠加中央提出要加快住房市场改革步伐，海南房地产市场火热发展。起初，海口、三亚等城市商品房价格基本在 1400 元/平方米左右，到 1992 年就涨到 5000 元/平方米，到 1993 年更是达到了 7500 元/平方米的高位。当时，在海南这个小岛上竟有 2 万多家房地产企业。"要挣钱，到海南；要发财，炒楼花"的口号传遍了全国，来自全国各地的人们来到海南炒房。

为解决上述问题，国家开始进行宏观调控。1993 年 5 月，央行开始提高人民币存贷款利率。同年 6 月，中共中央、国务院下发《关于当前经济情况和加强宏观调控的意见》，提出了严格控制货币发行，提高存贷利率和国债利率，稳定金融形势等 16 条相关措施。银根全面收缩，原本热火朝天的海南房地产市场一夜入冬。7 月，央行再次调高利率，一年期定期存款利率由 9.18% 上调到 10.98%。次年 3 月，央行还恢复了对 3 年期居民定期储蓄存款的保值补贴。当时，3 年期定期存款利率为 12% 左右，加上保值补贴利率，吸引了大批资金回

第四章
巨擘归来

流到银行体系。

另外，1993年后，股票市场还经历了大扩容。到1995年年底，上市公司数量已经从不到60家增长至300多家，在股票价格没有明显上涨的情况下，流通A股市值从200亿元左右增长至800亿元左右（见图4-1-5）。因此，对于当时的股票市场而言，资金供需结构严重失衡。加上当时GDP增速处于持续下滑趋势，企业盈利也不会出现边际好转。在基本面和资金面均没有改善的背景下，沪深两市历经起伏终究还是回到了起点。

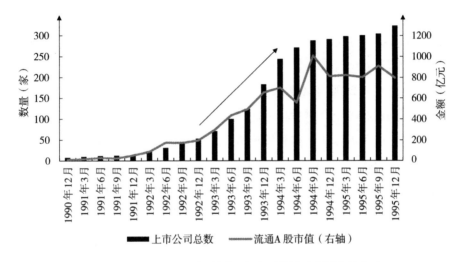

图4-1-5 1990—1995年我国上市公司数量及流通市值变动

（资料来源：国海证券研究所）

第二节 1996—2000年：经济与股市冰火两重天

经过了5年多的初步发展，中国股票市场已经基本摆脱了思想问题的干扰，人们也不会再担心"股票市场倒闭，股票最终成为一张废纸"了。1996年开始，国内经济开始从经济增长过热和高通胀的问题中走出来，但GDP增速仍然维持下滑状态直到2000年才触底回升。而且，当时经济存在前期增速过快带来的产能过剩问题和国企严重亏损问题，所以在此期间，货币政策一直保持相对宽松的态势，股票市场估值在利好政策和相对宽松的货币政策环境下也有所抬升。从1996—2000年年底，上证综指上涨了270%多，深证成指上涨了380%多，国内经济与股票市场可谓是冰火两重天（见图4-2-1、图4-2-2）。

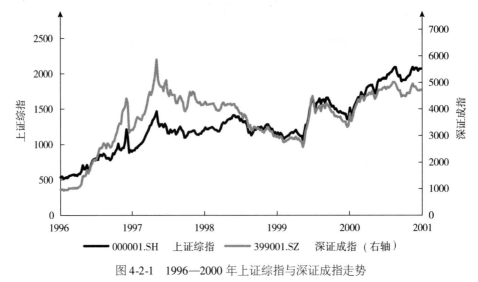

图4-2-1　1996—2000年上证综指与深证成指走势

（资料来源：国海证券研究所）

第四章
巨擘归来

图 4-2-2　1996—2000 年全部 A 股市盈率变化（历史 TTM_整体法）

（资料来源：国海证券研究所）

1. 沪深两市争雄

针对经济增长过热与高通货膨胀的问题，经过 3 年多的宏观调控，1996 年，中国经济已初步实现"软着陆"，通胀水平重新回到了 10% 以内，GDP 增速也保持在 10% 左右。当时，CPI 当月同比已经低于 1 年期定期存款利率（见图4-2-3），这为央行打开了货币政策实施空间。不过，由于国内经济刚刚走出通胀压力，为避免造成不利影响，央行先于 1996 年 5 月进行了试探性地降息，存款利率下调 0.98%，贷款利率下调 0.75%。后来，看到物价水平没有明显上升，央行才于 8 月份再次降息，存款利率下调 1.5%，贷款利率下调 1.2%。

伴随着这两轮降息，沪深股市迎来新一轮的上涨，并且上演了一场深强沪弱的戏码。从 1996 年 1 月开始，到 1997 年 5 月 12 日，上证综指站上 1500 点，上涨了 170% 多；深证成指站上 6000 点，上涨了 500% 多。

1996 年以来，虽然国内宏观经济形势不再恶化，但是也绝非明显改善。GDP 增速仍然在持续下滑，部分企业生产经营困难仍在加大，所以，企业的盈利状况并没有改善。但就是在这样的经济形势下，股市却走出了波澜壮阔的大

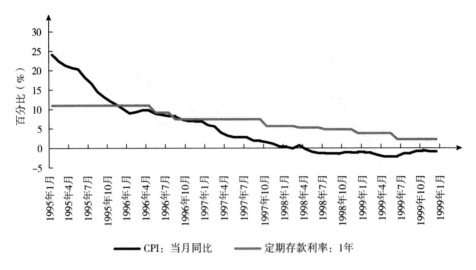

图 4-2-3 1995—1999 年 CPI 当月同比与 1 年期定期存款利率对比

（资料来源：国海证券研究所）

牛市，这背后的主要驱动力还是来自于市场估值的抬升。从 1996 年年初到 1997 年 5 月份，全部 A 股市盈率从 16 倍提高至 60 多倍。

市场估值抬升一方面受益于股市政策红利。自沪深交易所成立以来，上海和深圳就中国金融中心的地位展开了较量。由于当时交易所的管辖权还在地方政府手中，所以在沪深争雄的过程中，地方政府释放了一些政策红利。以上海为例，1996 年 9 月，上海推出了上交所百家上市公司优惠政策，包括将所有上市公司所得税从 33% 降至 15%，重点支持部分绩优公司在资本上的扩充，为上市公司的进一步发展提供贷款等。

另一方面则源于市场流动性出现了边际改善。虽然自 1996 年之后，基于对通胀水平的管控，央行坚持适度从紧的货币政策，但实际的流动性情况还是较之前出现了改善。就这样，在流动性改善叠加政策红利驱动的情形下，市场整体估值不断抬升，进而推动了股价的连连走高。

在此期间，为了防止股市过热，监管层出台了一系列措施，后来被称为"十二道金牌"，包括《关于规范上市公司行为若干问题的通知》《证券交易所

第四章
巨擘归来

管理办法》《关于坚决制止股票发行中透支行为的通知》等。当时还有《人民日报》发文称股市过度投机○。在多方冲击下股市出现过短暂的回调，但很快就又迎来了更高的反弹。直到 1997 年 5 月 21 日，国务院批转国务院证券委、中国人民银行、国家经贸委《关于严禁国有企业和上市公司炒作股票的规定》的通知，严禁三类企业○入市，沪深两市才开始降温，转头向下。

2. 家电行业纷争四起

沪深争雄期间广为流传的是"沪市看长虹，深市看发展"，四川长虹作为沪市当时的领头羊，走出了不断上涨的大行情，这与中国轻工业的崛起紧密相连。

早在新中国成立之初，为了快速提升工业水平，中国确立了优先发展重工业的发展战略。受益于此，新中国工业体系快速建立，但也因此形成了以重工业为主的产业结构。改革开放以来，随着产业结构"纠偏"的推进，国内轻工业发展步伐明显加快，不仅有乡镇和民营企业的崛起，而且有不少之前做军工和机械的企业也纷纷转型发展轻工产业，四川长虹的前身就是制造机载火控雷达的企业。当时，国内大轻工的产业布局在不断推进中，1980—1997 年，轻工业占工业总产值的比重整体上在 45% 以上，产业结构变得更加均衡（见图 4-2-4）。

家电行业是当时轻工业的典型代表。20 世纪 80 年代以来，国内涌现出一批优秀的家电企业，它们通过引进国外先进生产线的方式，快速掌握了自主生产技术。例如，青岛海尔引进德国利勃海尔电冰箱生产线，四川长虹引进松下彩电生产线等。同时，在国内市场需求的拉动下，国内家电公司不断发展壮大。到 90 年代中后期，国内家电业已经跨过从无到有的阶段，逐渐进入成熟期。像康佳、海尔、长虹、春兰等家电公司也相继在 A 股市场上市。

1996 年，对于彩电行业而言是充满厮杀的一年。当时的彩电行业中，国外

○ 1996 年 12 月 16 日，人民日报发表社论《正确认识当前股票市场》，称"股票交易过度投机明显"。

○ 三类企业主要指国有企业、国有控股企业和上市公司。

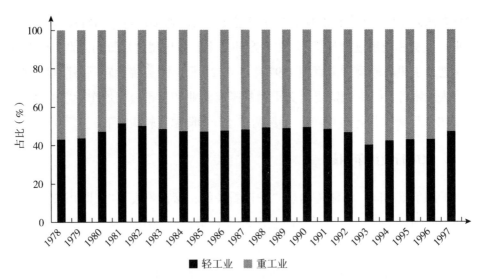

图 4-2-4　1978—1997 年中国轻工业与重工业工业总产值对比

（资料来源：国海证券研究所）

品牌市场份额占比较高，而且基本垄断高端市场。而国内彩电企业则占据低端市场，并且呈鱼龙混杂、高度分散的格局。另外，从这一年 4 月，进口关税开始下调，彩电的进口关税会从 35.9% 降低到 23%，这对于本来就处于劣势地位的本土彩电企业而言会是更大的冲击。

于是，3 月 16 日，四川长虹打着"产业报国"的旗帜，率先宣布在全国范围内降低长虹彩电的售价，降价幅度在 8%～18%。而后，TCL、康佳等彩电企业纷纷跟进，就这样，彩电行业价格大战在全国拉开了序幕。当然，这场价格战之后，本土彩电企业合计市场份额的确有所提升，但本土彩电企业竞争格局也发生了明显的变化。长虹无疑是本次价格战中最大的赢家，降价之后长虹市场份额提升至 1/3，成为彩电行业的老大哥。相应的，四川长虹在 1996 年和 1997 年的业绩也都表现不俗，这两年公司营业收入和净利润增速均在 45% 以上（见图4-2-5）。而后伴随着 1998 年亚洲金融危机的冲击有所回落。对应到 A 股市场，仅 1996 年一年，四川长虹股价涨幅接近 14 倍，而上证综指涨幅不到 1.2 倍，四川长虹股价走势均远远好于大盘（见图 4-2-6）。

第四章
巨擘归来

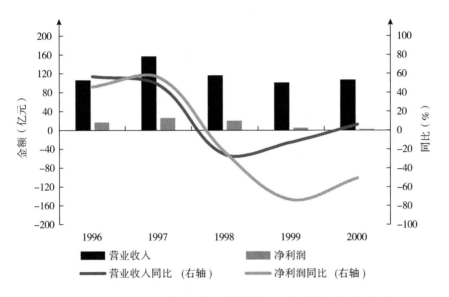

图 4-2-5　1996—2000 年四川长虹营业收入、净利润及其同比变动

（资料来源：国海证券研究所）

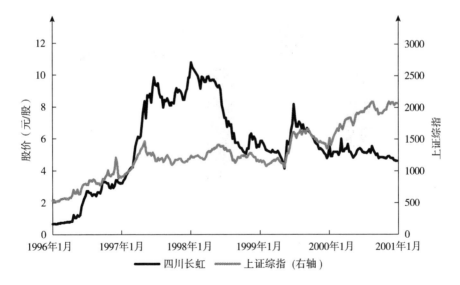

图 4-2-6　1996—2001 年四川长虹、上证综指走势对比图（前复权）

（资料来源：国海证券研究所）

然而，很多地方性国有企业在这一次价格战的冲击下变得不堪一击，所以彩电行业开始了并购潮。TCL 公司通过兼并收购成立了 TCL 王牌电子（深圳）有限公司和 TCL 电器（惠州）有限公司，还与河南新乡美乐进行了资产重组。康佳集团先后与黑龙江牡丹江电视机厂、陕西西安如意电视机厂、安徽滁州电视机厂联合，组建了康佳电子实业有限公司等。

3. "5·19 行情"中科技股爆发

1996 年，中国经济基本实现"软着陆"，但结构上仍存在不少问题，伴随经济下行，前期过快投资产生的产能过剩问题开始凸显。叠加受 1997 年亚洲金融危机影响，需求进一步减少，这进一步加大了中下游消费品的产能过剩问题，不少国有企业处于亏损状态。以江苏国有企业为例，1996—2000 年净资产利润率均非常低，其中 1996 年和 1998 年净资产利润率甚至为负值（见图 4-2-7）。

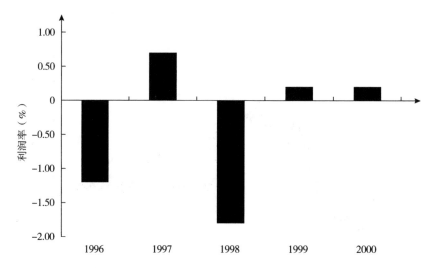

图 4-2-7　1996—2000 年江苏国有企业净资产利润率

（资料来源：国海证券研究所）

针对大量国企亏损、生产经营缺乏活力的问题，1997 年 9 月，党的十五大报告指出："力争到 20 世纪末大多数国有大中型骨干企业初步建立现代企业制

第四章
巨擘归来

度,经营状况明显改善,开创国有企业改革和发展的新局面"。于是,国企改革与重组便轰轰烈烈地开始了,大量的僵尸企业逐渐退出市场,国有企业数量出现断崖式地下降(见图4-2-8),与此同时还伴随着一轮大规模的员工"下岗潮"。在这样的情形下,国内经济难免要经历改革的阵痛期,GDP增速也开始下滑。

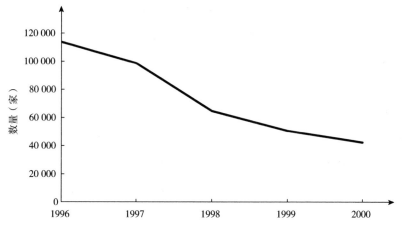

图4-2-8　1996—2000年登记注册的国有企业单位数量

(资料来源:国海证券研究所)

当时,在经济不景气的情况下,沪深两市的成交非常低迷,股价也基本上处于低位盘整的态势,完全没有上涨的动力。再加上1999年5月8日,中国驻南斯拉夫联盟大使馆被炸,3名中国记者当场牺牲,数十人受伤,大使馆建筑严重损毁。消息传来后,股市大跌,形成"导弹缺口",市场情绪更加悲观,股票市场融资功能也严重受到影响。而国企改革以及企业发展需要有活跃的股票市场做支撑,于是,搞活市场的6项政策应运而生。

1999年5月16日,国务院批准了这份包括改革股票发行体制、逐步解决证券公司合法融资渠道、允许部分具备条件的证券公司发行融资债券、扩大证券投资基金试点规模、搞活B股市场、允许部分B股和H股公司进行回购股票的试点等6条主要政策建议的文件。

而 6 项政策推出之后，其他利好政策也持续释放。5 月 24 日，证券公司增资扩股正式启动。6 月 10 日，央行宣布大幅全面降息；6 月 15 日，《人民日报》头版发表特约评论员文章《坚定信心，规范发展》，文章指出"调整两年之久的中国股市开始出现了较大的上升行情，反映了宏观经济发展的实际状况和市场运行的内在要求，是正常的恢复性上升。""证券市场的良好局面来之不易，各方面都要倍加珍惜。"沪深两市在这些利好政策下持续上涨，从 5 月 19 日到 6 月 30 日，上证综指从 1057.7 点上涨至 1756.2 点，涨幅高达 66%。这一轮行情在 A 股历史上留下了浓墨重彩的一笔，后被称为"5·19 行情"。

在这一轮行情中，科技板块无疑是主战场，这主要受美国互联网浪潮影响。20 世纪 90 年代，美国个人计算机的普及催生了对计算机软硬件以及网络的需求，美国互联网浪潮兴起，高科技公司估值持续攀升。1996 年，纳斯达克指数突破 1000 点。1999 年，纳斯达克指数上涨 90%。美国科技股的疯狂上涨恰巧给当时的 A 股市场树立了榜样，市场很快抓住了科技股这一主线。

事实上，当时国内并没有像美国一样有很多优秀的科技公司，国内的互联网发展水平与美国有很大的差距。中国网络基础设施仍然比较简陋，网民只能通过电话线上网。到了 2000 年，中国网民才突破 1000 万大关。虽然当时国内有中华网、新浪、搜狐、网易这几家真正意义的互联网公司，但均未在 A 股上市。所以，相关上市公司在如今看来只能算作是"触网概念股"。不过，在市场情绪的推波助澜下，A 股走出了像海虹控股、亿安科技、东方明珠、综艺股份等大牛股。

最让股民印象深刻的当属亿安科技。自 1999 年 10 月份开始，公司股票价格一路上扬，短短几十个交易日内，公司股票价格从 20 多元上涨到 100 多元，并成为自沪深股票实施"拆细"后首只市价超过百元的股票，引起市场的极大震动。

亿安科技的前身为深圳市锦兴实业股份有限公司（以下简称"深锦兴 A"），1992 年 5 月 7 日于深交所上市。1999 年 3 月 2 日，广东亿安科技发展控股有限公司与深圳市商贸投资控股公司签订股份转让合同，股权转让完成后该

第四章
巨擘归来

公司成为深锦兴 A 第一大股东。1999 年 8 月 18 日，公司全称由"深圳市锦兴实业股份有限公司"更名为"广东亿安科技股份有限公司"，简称变更为"亿安科技"。当时的亿安科技业务范围包括数码科技、电子通信、网络工程、生物工程、电动汽车、新能源和纳米技术等，可谓涵盖了所有高科技概念。

当然，亿安科技的连续上涨不仅仅是借助了当时的互联网浪潮，背后更多的是庄家的操纵（见图 4-2-9）。天网恢恢，疏而不漏。2001 年 1 月 10 日，鉴于亿安科技股票出现的种种异常行为，证监会宣布查处涉嫌操纵亿安科技股价案，对持有亿安科技股票的主要账户进行重点监控。

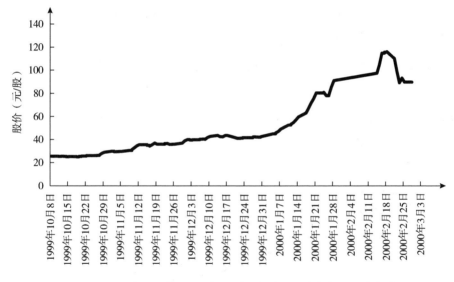

图 4-2-9　1999 年 10 月—2000 年 2 月亿安科技股价走势图（收盘价）

（资料来源：国海证券研究所）

4 月 23 日，证监会决定对联手违规操作亿安科技股票的广东欣盛投资顾问有限公司、广东中百投资顾问有限公司、广东百源投资顾问有限公司和广东金易投资顾问有限公司作出重罚。依据《证券法》的规定，证监会决定没收它们操纵股票违法所得的 4.49 亿元，并罚款 4.49 亿元。

火热的市场让上市公司和一些风险投资基金开始加快布局互联网产业，中国互联网也迎来了第一次发展浪潮，虽然这种投资热情很快就伴随美国互联网泡沫破裂而跌至冰点，但也为后续互联网产业的发展做出了些许贡献。在 1999 年这一年，有众多的互联网公司成立，包括天涯社区、中华网、携程网、易趣、阿里巴巴、当当网等，因此，1999 年也被认为是中国互联网的第一个春天。

4. 独树一帜的 A 股市场

2000 年一开年，股市便迎来了一系列新政策。时任证监会主席的周正庆在全国证券期货工作会议上表示"2000 年，要着重抓好 10 项工作"，其中包括建立高新技术板、推动技术进步和产业升级，这里所指的高新技术板就是后续经历一波三折后推出的创业板；提高直接融资比重；促进上市公司并购重组等。股市在利好政策下保持向上趋势。而后，国家统计局公布的季度经济数据进一步强化了 A 股的走势。2000 年全年 GDP 增速为 8.5%，这是自 1993 年以来 GDP 增速首次触底回升（见图 4-2-10）。此时货币政策也一直延续着 1996 年降息以来的宽松政策。

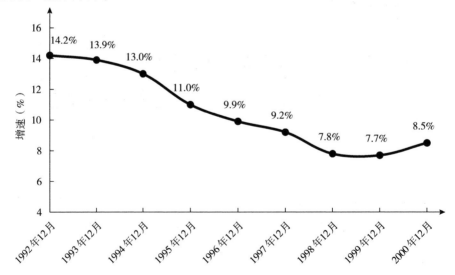

图 4-2-10　1992—2000 年中国 GDP 增速变化

（资料来源：国海证券研究所）

第四章
巨擘归来

事后来看，当时的 A 股市场处在一个政策利好、经济好转、货币宽松的环境中，所以在全球股票市场受互联网泡沫破碎冲击的背景下，A 股市场却一片欣欣向荣。在诞生 10 周年后走出了独立行情，上证综指上涨了 52%，深证成指上涨了 41%（见图 4-2-11）。当然，与 1999 年的科技股暴涨完全不同，这一年普涨行情下，建筑建材、采掘等周期行业表现得更加亮眼（见图 4-2-12），这主要还是跟当时经济边际好转有关。

而在 2000 年 9 月前后，A 股在上涨过程中出现一段明显回调，这主要与当时创业板的推出有关。事实上，早在 1998 年，成思危就提出了"创业板三步走"的发展思路，而后深交所开始积极筹建创业板，1999—2000 年期间也有消息放出表示创业板在有序推进。2000 年 4 月，时任证监会主席的周小川在"2000 年中国企业高峰会"上表示，证监会对设立二板市场（也就是创业板）已作了充足准备，一旦立法和技术条件成熟，将会尽快成立二板市场。直到 9 月，深交所开始停发新股，而且成立了创业板市场发展战略委员会、国际专家委员会两个专门委员会和发行上市部等 8 个职能部门，创业板呼之欲出。但随着互联网泡沫的彻底破灭，创业板计划就此被搁置，直到 2009 年才被顺利推出。

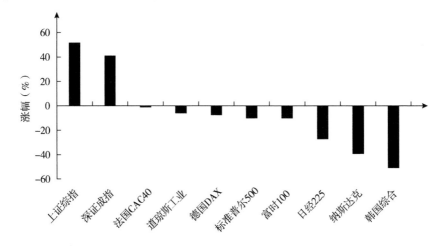

图 4-2-11　2000 年不同市场的涨跌幅情况

（资料来源：国海证券研究所）

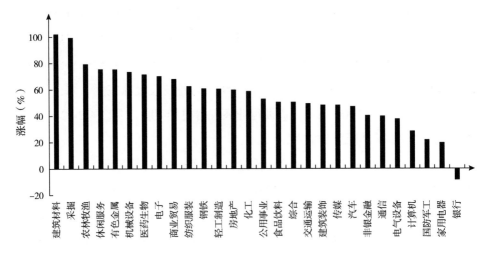

图4-2-12 2000年国内A股市场不同板块的涨跌幅

(资料来源：国海证券研究所)

第四章
巨擘归来

第三节 2001—2008年：经济增长迎来黄金期

2001年，对于中国而言是洋溢着喜悦的一年。这一年，中国申办2008年北京奥运会成功，举国欢庆。11月，中国又成功加入世界贸易组织（WTO）。申奥成功给中国带来了巨大的基础设施建设需求，而成功加入WTO则意味着中国对外开放进入了新阶段，中国外向发展迈入了一个新台阶。在投资和出口的拉动下，中国经济终于走出了1992年后持续下滑的泥潭，2001年以后，中国经济增长迎来了黄金期，GDP增速一直处于上行通道，直到2008年受金融危机的冲击才开始回落（见图4-3-1）。然而，就在这段经济增长的黄金期，股票市场却先经历了5年漫漫熊市之路，直到2006年股权分置改革完成后才迎来了一波史无前例的大牛市。

1. "银广夏事件"

2001年，对于A股投资者而言，更是充满变数的一年。6月，国务院正式发布了《减持国有股筹资社会保障资金管理暂行办法》，该办法的主要内容就是，凡国家拥有股份的股份有限公司首发或增发股票时，应按照融资额的10%出售国有股来补充社保基金。按道理来讲，该暂行办法有助于增厚并不富裕的社保基金，广大人民会受益。但由于当时上市公司中国有股占比基本上都在60%以上，所以国有股减持计划难免会引起投资者的恐慌。

当投资者还在国有股减持的消息中未缓过神来时，8月，《财经》杂志发表的封面文章《银广夏陷阱》揭开了"中国第一蓝筹股"的财务造假行为，这也

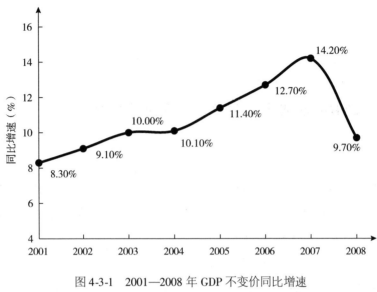

图 4-3-1 2001—2008 年 GDP 不变价同比增速

（资料来源：国海证券研究所）

是中国股市首个被披露的造假案例，引得市场一片哗然。

银广夏（000557.SZ），全称广夏（银川）实业股份有限公司，1994 年 6 月于深交所上市，也是宁夏回族自治区的首家上市公司。上市之初，公司主要从事软磁盘业务。但随着软磁盘行业竞争加剧导致大部分企业亏损，公司开始积极寻求转型发展。期间做过牙膏、海洋物产、牛黄、白酒、葡萄酒、麻黄草等，但业绩表现均较一般。

直到 1998 年，银广夏业绩发生转折，公司全年实现净利润 8915 万元，同比增长 80%。公司大部分利润来自于控股子公司天津广夏集团有限公司（以下简称"天津广夏"）。1998 年，银广夏表示天津广夏从德国引进了超临界二氧化碳萃取设备，生产用于食品医药领域的高纯度蛋黄卵磷脂、生姜精油、桂皮精油等。公司的传奇神话就此开始。10 月 19 日，公司进一步发布公告表示"公司控股公司天津广夏（公司占 75% 股份）与德国诚信贸易公司签订了产品出口供货的框架协议，公司每年向德国诚信贸易公司出口各种级别的蛋黄卵磷脂产

第四章
巨擘归来

品共计50吨，出口桂皮精油、桂皮含油树脂和生姜精油、生姜含油树脂产品共计80吨。"

随后，银广夏1999年、2000年年报中披露的净利润分别为1.28亿元、4.18亿元（见图4-3-2），其中75%以上来自于天津广夏，同比分别增长43%、227%。2000年，银广夏还表示为了进一步扩大农产品和中药材精深加工的产能，公司完成了两条1500立升×3超临界二氧化碳萃取生产线的建设。后续公司打算在2001年引进一条3500立升×3超临界二氧化碳萃取生产线，届时公司萃取能力将仅次于美国、德国，成为萃取业的世界第3、亚洲第1。在靓丽的业绩和极具想象空间的产能扩张下，银广夏受到了广大投资者的追捧，公司股价也连创新高，一度被称为"中国第一蓝筹股"（见图4-3-3）。

然而，纸终究包不住火，银广夏造假的事实也在2001年8月真相大白。8月3日，《银广夏陷阱》一文中提到"基金经理认为公司好虽好，但不符合常识""专家认为以天津广夏萃取设备的产能，即使通宵达旦运作也生产不出其所宣称的数量""萃取产品出口价格高到近乎荒谬"等多个问题。在文章发布

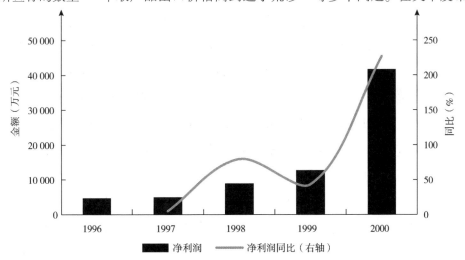

图4-3-2 1996—2000年银广夏年报披露的净利润及同比变化

（资料来源：国海证券研究所）

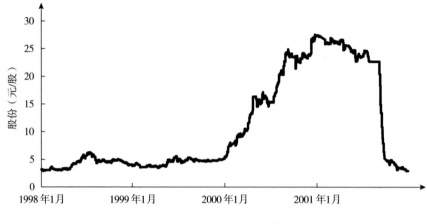

图 4-3-3　1998—2001 年银广夏股价走势变化

（资料来源：国海证券研究所）

当天，证监会便开始对银广夏立案稽查。8月8日，银广夏公告承认，"天津公司的确存在产品产量、出口数量、结汇金额及财务数据不实，问题严重，涉及面广，需要彻查"；同时宣布银广夏从8月9日停牌30天。

9月6日，中国证监会公布了稽查结果：已查明银广夏公司通过伪造购销合同、伪造出口报关单、虚开增值税专用发票、伪造免税文件和伪造金融票据等手段，虚构主营业务收入，虚构巨额利润7.45亿元，其中1999年1.78亿元，2000年5.67亿元；同时，还查明深圳中天勤会计师事务所及其签字注册会计师违反有关法律法规，为银广夏公司出具了严重失实的审计报告。随着9月10日股票复盘，公司股价迎来连续15天的跌停，有不少投资者折在了这只"业绩传奇股"中。

"银广夏事件"与同一年发生在美国的"安然事件"一样严重地冲击了当时投资者的信心，引发了一场前所未有的股票市场信用危机，给本来就信心不足的A股市场又蒙上了一层阴影。再加上国有股减持这把悬挂在股市头上的达摩克利斯之剑，沪深两市从2001年下半年到2002年年底始终震荡下行，上证综指和深证成指总跌幅均在40%左右（见图4-3-4）。直到2003年，股市才在重工业二次崛起的带动下走出了结构性行情。

图 4-3-4 2001—2002 年上证综指与深证成指走势

（资料来源：国海证券研究所）

2. 重工业二次崛起

自改革开放以来，为了纠正以重工业为主的产业结构问题以及满足人们不断增长的消费需求，以家电行业为代表的轻工业企业发展迅猛。在完成轻工业初步升级后，从 20 世纪末开始，我国工业中心重新回到重工业上来。尤其是 2002—2004 年重工业加速发展，仅 3 年，重工业占工业总产值的比重就提升了近 8 个百分点。到 2008 年，重工业占工业总产值的比重已经超过 70%（见图 4-3-5）。

这一时期，钢铁、采掘、电力、汽车等重工业行业发展迅速。1998 年，国内粗钢年产量为 1.14 亿吨，到 2008 年，粗钢年产量已经达 5 亿吨（见图 4-3-6），居世界首位，占全球产量的 38%，期间年复合增长率高达 16%。而伴随粗钢、钢材等的生产，原煤需求量和发电需求量也在不断提升。自 2000 年以来原煤产量和发电量同比增速也维持在较高水平，但仍然不及粗钢、钢材产量增速。所

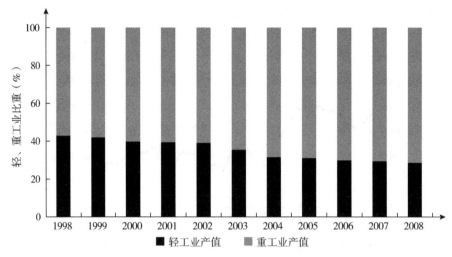

图 4-3-5　1998—2008 年中国轻工业与重工业工业总产值对比图

(资料来源：国海证券研究所)

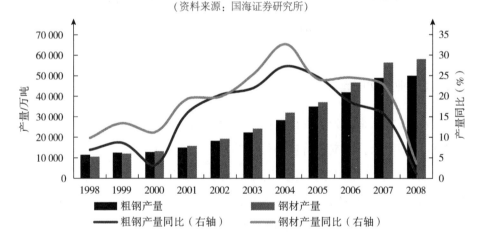

图 4-3-6　1998—2008 年粗钢、钢材产量及同比变化

(资料来源：国海证券研究所)

以，在当时经济增长过热的背景下出现了"电荒"的现象。2002 年全国就有 12 个省份迫不得已要拉闸限电，2003 年，这一现象进一步加剧。当时，上海所有的景观灯光在 22:00 之前被暂停开放，由此可见当时缺电的程度，而其他地区也多是有过之而无不及。

第四章
巨擘归来

除去经济增长过快,且钢铁、建材、冶金等重工业行业发展过快（这些行业均具有高耗电的特征）之外,当时出现"电荒"也与中国的供电结构有关。国内发电以火电为主,且火电产量占总发电量的比重始终在80%以上。而电煤占煤炭销量的60%以上,所以在中国煤和电是相互依存的关系（见图4-3-7）。

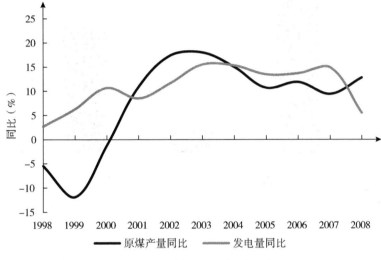

图 4-3-7　1998—2008 年原煤产量、发电量同比变化

（资料来源：国海证券研究所）

当时除了电煤价格之外的煤炭价格已经被完全放开。煤炭企业与电力公司每年会在全国煤炭订货会上签订一年的电煤购销合同,然后全年按照该价格执行。但随着煤和电需求量的提升,煤炭市场价格不断上涨,煤炭企业与电力公司关于电煤价格的争议不断。而双方在电煤价格问题上的互不相让导致当时很多煤电合同没有及时签订,所以"煤电之争"也是造成电力告急的一个重要原因。

针对煤电油运紧张的问题,2003年,中央经济工作会议上还特别指出"要努力缓解经济发展中的瓶颈制约。进一步安排好电源和电网建设,加强大型煤炭基地的建设,加快重要交通干线和枢纽的建设。"但不可否认的是,在经济快速增长、煤电紧张、原材料价格大幅上行的2003年,钢铁企业、煤炭企业和电力企业均赚得盆满钵满（见图4-3-8）。以上市公司为例,钢铁行业、采掘行业

（煤炭、石油）和公用事业行业（电力）所有上市公司2003年的净利润较2002年分别增长了85%、25%、42%。对应到A股市场上，这一年股市出现了结构性行情⊖，涨幅前三的便是钢铁、采掘和公用事业行业（见图4-3-9）。

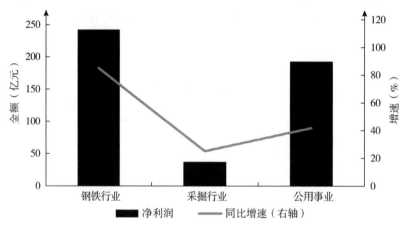

图4-3-8　2003年我国钢铁、采掘、公用事业行业净利润及同比增速

（资料来源：国海证券研究所）

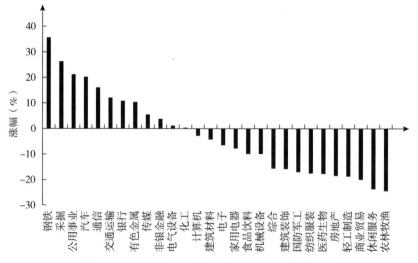

图4-3-9　2003年国内A股市场不同板块涨幅情况

（资料来源：国海证券研究所）

⊖　结构性行情是相对普涨、普跌行情而言的，是指这一时期部分板块股票上涨，而其他板块跟随小涨或根本不涨甚至下跌。

第四章
巨擘归来

另外一个快速崛起的行业是汽车行业。2001年年底，中国加入WTO之后，中国对外资汽车准入限制开始逐步放开，国外汽车公司纷纷来中国建厂投资。国内汽车企业也通过学习国外技术不断发展壮大。伴随国内长期压抑的汽车消费开始释放，汽车产量和销量在2002年和2003年集中爆发，这两年汽车产、销量增速均在30%以上。而后汽车产销量恢复正常增速，到了2008年，汽车年产量已达962万辆，年销量达到938万辆，2001—2008年期间，汽车产量和销量复合增长率均在20%以上（见图4-3-10、图4-3-11）。

对应到A股市场上，2003年，汽车行业涨幅仅次于上述所说的钢铁、采掘和公用事业行业，位居所有行业第4。如此看来，随着中国重工业的二次崛起，2003年的结构性行情也是以重工业行业为主，这似乎也是价值投资风格彰显的一年，业绩优秀的行业在这一年都取得不错的涨幅。

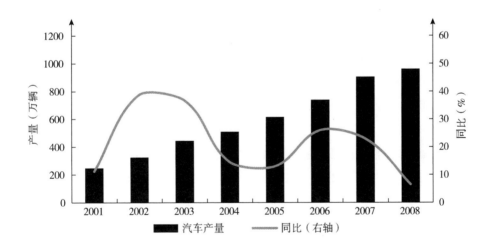

图4-3-10　2001—2008年我国汽车产量及同比变化

（资料来源：国海证券研究所）

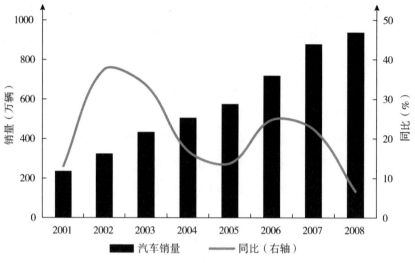

图 4-3-11　2001—2008 年我国汽车销量及同比变化

(资料来源：国海证券研究所)

3. 商业银行重获新生

然而，就在中国宏观经济一片红火的背景下，国有商业银行却濒临破产。事实上，自亚洲金融危机爆发后，国有商业银行的许多问题就不断暴露出来。截止到 2002 年年底，商业银行不良贷款余额已经高达 2.28 万亿元，不良贷款率达到 20% 以上。当时甚至有媒体认为"中国商业银行已经技术性破产"。

而 2001 年年底中国成功加入 WTO，承诺接下来逐步取消外资银行在中国经营人民币业务限制，2 年内放开批发业务，5 年内放开零售业务，且 5 年内取消外资银行在中国经营人民币业务的全部地域限制。因此，对我国商业银行进行改革、提升商业银行活力与市场竞争力的任务迫在眉睫。

改革目标确立之后，实施过程却是艰难的，最基本的问题便是资金的获取问题。按照最初设想，主要依靠财政发债的方式消化商业银行不良资产。但自 1998 年以来，政府实施积极财政政策，财政赤字不断扩大，财源不足以支撑商业银行改革顺利推进。

由于当时中国的外汇储备已经较为充足，因此，2003 年 5 月，央行提出了

第四章
巨擘归来

动用外汇储备启动改革的建议。9月，中央和国务院通过了《中国人民银行关于加快国有独资商业银行股份制改革的汇报》，并决定先选择中国银行、中国建设银行（以下简称"建设银行"）作为试点银行，用450亿美元国家外汇储备和黄金储备补充资本金，推进国有银行股份制改革。

而后，中国银行和建设银行根据改革总体方案，遵循"一行一策"的原则有序推进。总体改革方案基本包括4个步骤：重组（处理不良资产与再注资）→改制（实施股份制改造）→引战（引进国内外战略投资者）→上市（境内外公开发行上市）。随着改革的稳定推进，四大国有银行相继在境内外上市。2005年建设银行在香港交易及结算所（以下简称"港交所"）上市，2009年在A股上市；2006年6月、7月中国银行分别在港交所、上交所上市；2006年10月中国工商银行（以下简称"工商银行"）以"A+H"方式同时在上交所和港交所上市；而2010年7月中国农业银行（以下简称"农业银行"）先后在上海和香港两地上市。农业银行的成功上市也标志着中国国有商业银行股份制基本完成。

这次股份制改革让国有商业银行重获新生，国有商业银行财务数据得到明显改善（见图4-3-12、图4-3-13），不良贷款率均有下降。以中国银行为例，从

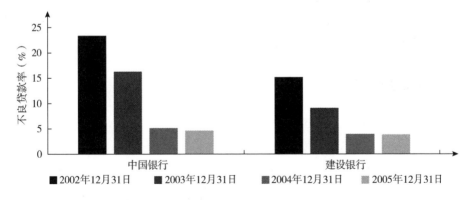

图4-3-12　2002年底至2005年底中国银行和建设银行不良贷款率变化

（资料来源：国海证券研究所）

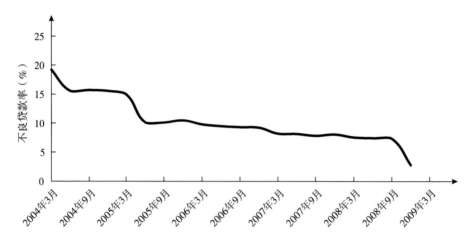

图 4-3-13　2004—2008 年国有商业银行不良贷款率变化

(资料来源：国海证券研究所)

2002 年年底到 2005 年年底，公司不良贷款率从 20% 多下降至不到 5%，公司资本充足率从 8.15% 提升至 10.42%。2005 年中国银行实现净利润 326 亿元，较 2004 年增长 29%。

除此之外更重要的是，本次改革促使国有商业银行在股份制改造、引进战略投资者和境内外上市的过程中建立起了相对规范的公司治理结构、相对完善的内部管理机制和风险控制体系，这些都是后续国有商业银行财务数据能够持续优化的关键所在，为接下来大牛市中银行股的优异表现奠定了基础。

4. 漫漫熊市之路

为了缓解 2003 年出现的经济增长过热的问题，当年 12 月，国务院办公厅下发了《国务院办公厅转发发展改革委等部门关于制止钢铁电解铝水泥行业盲目投资若干意见的通知》，新一轮的宏观调控就此拉开了序幕。2004 年 2 月，国务院召开了严格控制部分行业过度投资的电视电话会议，提出要制止钢铁、电解铝和水泥行业的过度投资问题。当月，在京召开的全国银行、证券、保险工作会议上也提到要"加强货币信贷总量调控，优化信贷结构，严格控制对部

第四章
巨擘归来

分过度投资行业的贷款"。3月,国家发改委宣布,原则上不再新批钢铁企业,不再审批电解铝生产建设项目,严禁新建和扩建有关水泥生产项目。

货币政策方面,3月24日,央行决定从2004年4月25日起实行差别存款准备金率制度。4月12日,央行表示从4月25日起提高存款准备金率0.5个百分点,即存款准备金率由7%提高至7.5%,这也是央行9年来的首次加息。

就在一系列的宏观调控信号被抛出的同时,江苏发生了"铁本事件"。这一惊天动地的事件也让人们意识到真的"变天"了。铁本全称江苏铁本铸钢有限公司,于1996年由戴国芳创立,起初注册资本为200万元,是江苏常州的一家民营钢铁企业。

2002年,当时国内钢铁企业生产如火如荼,铁本公司为了扩大产能,筹划建设新的钢铁项目。戴国芳在寻求移址扩建的过程中看中了位于常州市新北区的魏村镇和扬中市的西来桥镇,提出了在长江边上建钢铁厂的规划,总投资预算在10亿元左右。这一项目不仅对于戴国芳和铁本而言很重要,而且对于当时的常州市而言也很重要,毕竟钢铁产能的扩张可以实打实地拉动GDP的增长和人口就业。后来,在多方力量的推动下,短短几个月的规划中,铁本项目就从200多万吨级项目扩大到840万吨级项目,工程预算高达100亿元。

2003年6月,项目开始施工。但不到一年,铁本项目就因毁田占地引起了政府关注。2004年4月初,中央九部委组成专项检查组对铁本项目进行调查。4月19日,戴国芳及其家人被警方带走。29日,新华社向全国通报了九部委专项调查结果:"为实施项目,铁本公司法人代表戴国芳先后成立7家合资(独资)公司,把项目化整为零,拆分为22个项目向有关部门报批。常州国家高新技术产业开发区管委会、江苏省发展计划委员会、扬中市发展计划与经济贸易局先后越权、违规、拆项审批了铁本合资公司的建设项目……导致铁本公司违法占用土地6541亩⊖已无法复垦,造成大量耕地被毁……另据调查,铁本公司存在大量偷税漏税行为,已涉嫌经济犯罪。公安机关已对该公司法人代表戴国

⊖ 1亩≈666.6m²

芳等10名犯罪嫌疑人采取刑拘强制措施。"

根据检查结果，江苏省委、省政府和银监会对涉及失职违规的8名政府和有关银行的相关责任人分别给予党纪、政纪处分及组织处理。对"铁本事件"相关人员的严肃处理侧面体现出国家对于宏观调控的态度和决心，给当时的地方政府和民营企业敲响了警钟，所以"铁本事件"也被认为是这一轮宏观调控的分水岭。

伴随这一轮宏观调控的不断加码，自2004年4月以来，沪深两市再次步入了2001年以来的漫漫熊市之路。截止到2005年年底，上证综指下跌34%，深证成指下跌31%（见图4-3-14）。在这一轮自2001年开始的长达5年的熊市中，最为难熬的除了投资者之外当属证券公司。股市寒冬中，不少券商隐藏的问题开始加速暴露，证券行业迎来了一轮史无前例的倒闭潮。包括华夏证券、南方证券、大鹏证券等知名券商在内的很多券商纷纷倒闭。

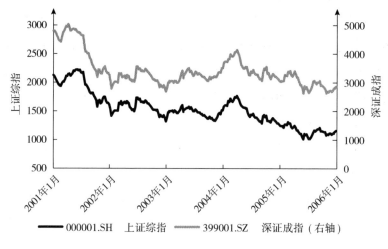

图4-3-14 2001—2005年上证综指与深证成指走势

（资料来源：国海证券研究所）

以华夏证券为例，这家含着金汤匙出生的券商，成立于1992年10月，公司大股东是工商银行、中国银行、农业银行、建设银行和中国人民保险集团。自1995年起，公司在成交额、营业收入等指标中位居行业前列，当时与南方证

第四章
巨擘归来

券、国泰证券并称中国三大全国性证券公司。

随着股票市场走弱,华夏证券前期盲目扩张,巨额自营投资和保底违规委托理财等问题开始暴露。据当时新闻报道,截至2004年6月,华夏证券挪用客户保证金16亿元,委托理财规模34亿元,自营投资亏损17.9亿元,合计亏损55~60亿元。华夏证券的违法违规行为在当时证券行业中普遍存在,这也是后续加大对券商治理力度的原因所在。

2005年8月,中信证券与建银投资共同出资筹建中信建投证券、建投中信资产管理有限公司,分别受让华夏证券的全部证券业务及相关资产和非证券类资产。12月,证监会和北京市政府发文决定从12月16日收市时停止华夏证券及所属分公司、证券营业部和证券服务部的证券业务活动,撤销华夏证券公司的业务许可。就这样,这只满载包袱的券商巨头因盲目扩张与风控缺失最终倒在了这轮熊市当中。

而在这一波券商倒闭潮中,中信证券由于自营业务和委托理财业务占比较少,投行业务占比较高而幸免于难。在华夏证券、南方证券等行业龙头倒下之际,中信证券开始了收购崛起之路,中信证券先后收购了万通证券、金通证券、华夏基金、金牛期货等,业务实力快速提升,进而确立了公司行业龙头的地位。

5. "股改+汇改"推进中

2005年,在股票市场一片低迷的情形下,股权分置改革(以下简称"股改")终于开始启动。股权分置是中国股票市场的历史遗留问题。在证券交易所成立之初,由于国内市场化经济体制建设还不健全,为了保证上市公司在市场上募集到资金的同时不丢失国有控股地位,监管层决定让原有股份以非流通股形式存在(股份不允许在交易所市场流通转让),新增股份以流通股形式存在(股份可以在交易所市场流通转让),因此形成了股权分置的局面。

当时国内证券市场中非流通股占比在2/3左右,流通股占比较低,这使得当时A股市场存在严重的供需失衡问题。另外,由于没有办法转让股份,非流通股持有者对于公司经营缺乏动力，上市公司整体又没有活力。为了改善公司治理结构，提升上市公司经营效率，同时推动资本市场建设，股权分置改革的任务便被提上日程。

2004年1月31日，国务院颁布《国务院关于推进资本市场改革开放和稳定发展的若干意见》（简称"国九条"），其中明确提出要"积极稳妥解决股权分置问题"。2005年4月，经国务院批准，证监会发布了《关于上市公司股权分置改革试点有关问题的通知》，股权分置改革试点工作正式启动。

三一重工是此次股权分置改革试点中"第一个吃螃蟹"的公司，所以也被称为"中国股改第一股"。机会总是留给有准备的人。据公司管理层介绍，三一重工之所以能够成为股权分置改革第一股，与公司自上市以来就一直与证监会积极探讨和沟通股改相关问题是分不开的。

另外，三一重工股份有限公司由三一集团于1994年创建，主要做混凝土机械、起重机械等，2003年7月在上交所上市，有着良好的历史业绩，在股票市场上的形象比较好。公司股权结构也较为单一，2004年年底公司第一大股东仍为三一集团，持股比例为72%，是典型的民营企业。良好的业绩、简单的股权结构、积极沟通的态度使三一重工成为股权分置改革首批试点企业[一]之一。

当时，按照有关规定，股权分置改革方案必须通过2/3以上的股东以及2/3以上的参与投票的流通股股东同意才能实施。股改本质上又相当于非流通股向流通股购买流通权，因此，非流通股一定得向流通股做出让利，而让利多少就成了非流通股与流通股博弈的关键点。

起初，三一重工提出10股送3股派8元现金的股改方案，但双方并没有达成一致。而后几经修改，最终确定了10股送3.5股派8元现金的股改方案，并获得流通股股东的认可，方案以93.44%的赞成票通过。在确定股改方案的过程中，三一重工管理团队与流通股股东之间始终保持积极的沟通，这也是公司股权分置改革方案能够顺利通过的重要原因。

[一] 股权分置改革首批试点企业共有4家，分别是三一重工、清华同方、紫江企业、金牛能源。

第四章
巨擘归来

三一重工股权分置改革方案通过标志证券市场股权分置改革成功破冰。随着其他试点企业的推进，2005年8月23日，经国务院批准，证监会、国资委、财政部、中国人民银行、商务部联合发布了《关于上市公司股权分置改革的指导意见》；9月4日，证监会发布《上市公司股权分置改革管理办法》。随后，股权分置改革开始进入全面铺开阶段。历经一年多的时间，到2006年年底，沪深两市1400多家上市公司中，已有1200多家完成了股改，股权分置改革任务基本完成。这也意味着悬在股市头上的达摩克利斯之剑被移除，股票市场由此进入一个新阶段。

同样是2005年，与股权分置改革同时进行的还有人民币汇率形成机制的改革。因为自中国加入WTO以来，外商直接投资不断加大，而且中国企业凭借国内廉价的劳动力成本让"中国制造"遍布全球，所以出口额不断扩大下的中国持续保持贸易顺差，外汇储备也快速攀升，截至2005年6月底，国内外汇储备已经达7000多亿美元。而由于中国自1994年以来实行的是以市场供求为基础、单一的、有管理的浮动汇率制度，长时间内美元兑人民币汇率维持在8.3左右的水平（见图4-3-15），因此在外汇储备不断攀升的情形下，人民币升值压力不断加大。

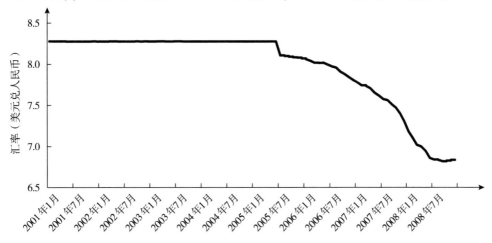

图4-3-15　2001—2008年美元兑人民币汇率

（资料来源：国海证券研究所）

在这样的背景下，2005年7月21日，央行发布《关于完善人民币汇率形成机制改革的公告》，宣布改革汇率形成机制（以下简称"汇改"）。本次汇改的主要内容包括：第一，实行以市场供求为基础、参考一篮子货币进行调节、有管理的浮动汇率制度；第二，人民币汇率不再是盯住单一美元，人民币对美元一次性升值2.1%，从1美元兑换8.2765元人民币调整至1美元兑换8.1100元人民币；第三，银行间外汇市场以前一天的收盘价作为当日中间价，维持人民币兑美元的交易价在中间价上下0.3%的浮动幅度。

2006年1月4日，央行引入做市商制度和询价交易机制，进一步调整了人民币兑美元的中间价形成机制。做市商在每日开市前向中国外汇交易中心报价，然后去掉报价中的最高价和最低价后加权平均得到当日人民币兑美元汇率的中间价。加权权重由交易中心根据报价方在银行间外汇市场的交易量及报价情况等指标综合确定。这一人民币兑美元汇率的中间价形成机制一直延续到2015年⊖才有所变动。

本次汇率机制改革对于中国而言意义重大。虽然本次汇改之后人民币进入了升值通道，对国内部分出口企业有一定冲击，但对于进口企业而言则是有利的。更重要的是，完善人民币汇率形成机制，是中国金融体制改革过程中的必经之路，而本次汇改是改革道路上的重要里程碑。对于资本市场而言，本次汇改后，人民币升值带来的资产重估效应也是2007年大牛市的重要推动力量。

6. "大牛市"与金融危机

经过2005年以来开始实施的股权分置改革与人民币汇率形成机制改革，国内上市公司治理问题得到进一步改善，而在人民币不断升值的情形下，国外资本加速流入国内，充裕的流动资金推动了资产价格的提升。另外，经过了2004年以来的宏观经济调控，2006年国内经济形势表现得非常好，GDP保持10%以

⊖ 2015年8月11日，央行再次调整了人民币兑美元汇率的中间价报价机制，"做市商在每日银行间外汇市场开盘前，参考上日银行间外汇市场收盘汇率，综合考虑外汇供求情况以及国际主要货币汇率变化向中国外汇交易中心提供中间价报价。"

第四章
巨擘归来

上的增速,直到当年 12 月之前,CPI 同比变化一直在 2% 以下,经济处于高增长、低通胀的良好运行状态。有优秀的基本面做支撑,加上不断涌入的资金,沪深两市自 2006 年便开始了持续上涨(见图 4-3-16、图 4-3-17)。

2006 年下半年,银行股的推波助澜更是加速了沪深两市的上涨。通过 2005

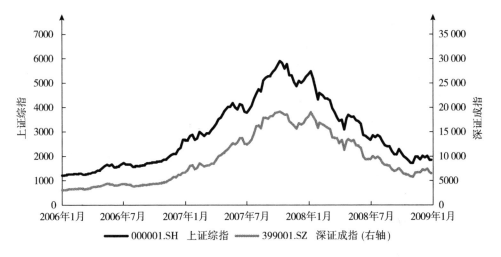

图 4-3-16　2006—2008 年上证综指与深证成指走势

(资料来源:国海证券研究所)

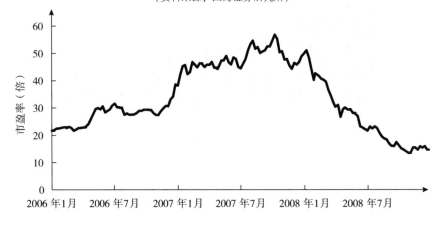

图 4-3-17　2006—2008 年全部 A 股市盈率变化趋势(历史 TTM_整体法)

(资料来源:国海证券研究所)

年的商业银行股份制改革,中国银行和工商银行分别在 2006 年 7 月和 10 月登陆 A 股市场。算上这两只新上市的重量级银行股,当时 A 股市场共有 7 家上市银行股[一]。2006 年,商业银行已经实现华丽变身,加上宏观经济运行良好,与经济紧密相关的商业银行的盈利能力也大幅提升。2006 年中国银行、工商银行净利润分别同比增长 45%、30%。

  2006 年 11 月后,银行股强势上涨,并带动其他大盘蓝筹股一同上涨。在大盘蓝筹股的助推下,沪深两市势如破竹,加速上涨,上证综指一举拿下 2000 点、2200 点、2500 点关卡,深证成指也突破 5000 点站上了 6600 点。沪深两市全年涨幅均超过 130%,A 股市场整体市盈率从 20 多倍抬升至近 40 倍。银行板块全年则上涨了 174%,涨跌幅位居行业第 2,仅次于具有高弹性的非银金融板块[二](见图 4-3-18)。

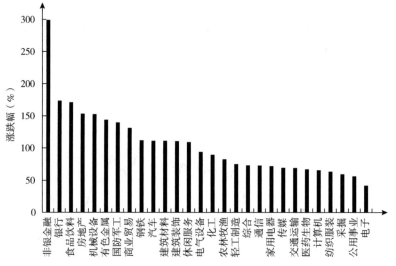

图 4-3-18 2006 年国内 A 股市场不同行业涨跌幅情况

(资料来源:国海证券研究所)

[一] 当时 A 股上市银行股包括平安银行、浦发银行、民生银行、招商银行、华夏银行、中国银行、工商银行。

[二] 2006 年,非银金融板块标的主要是券商、多元金融公司,2007 年保险公司才登陆 A 股市场。券商、多元金融公司业绩表现与股票市场息息相关,因此对应标的股价表现出高弹性。

第四章
巨擘归来

进入 2007 年，股票市场仍然保持上涨趋势。与此同时，央行开始收紧货币政策。从 1 月份开始，央行几乎每个月都会提高存款准备金率或上调存贷款利率（见图 4-3-19）。2007 年全年共上调存款准备金 10 次，加息 6 次。但是沪深两市却丝毫不予以理会，一路高歌猛进，当时甚至有股民自编歌曲《死了都不卖》，由此可见当时股票市场的疯狂。

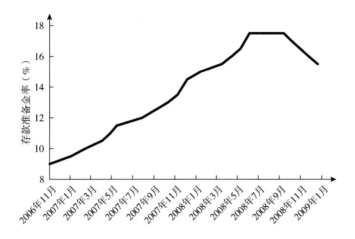

图 4-3-19　2006—2009 年国内大型存款类金融机构人民币存款准备金率

（资料来源：国海证券研究所）

2007 年 5 月 30 日，财政部将印花税从 1‰ 上调至 3‰。曾引起了市场短暂的波动，但盘整之后股市依然保持向上。到了 8 月 9 日，沪深两市上市公司总市值达到 21.15 万亿元，超过 2006 年的 GDP 水平，股市证券化率超过 100%。在此期间，市场上一直有关于股市泡沫的讨论与争辩，但大多数人更愿意沉浸在这势如破竹的上涨趋势和无尽的狂欢当中。很快，上证综指就突破了 5000 点大关。当时，美国爆发的次贷危机已经开始向全球蔓延，但上证综指依然延续上涨态势，站上了 6124 点的高峰。

2008 年，上一年股市的狂热还尚未完全退去，A 股市场实现开门红，并维持震荡上涨的走势。但 1 月 15 日，美国第一大银行花旗银行公告表示，受累于次贷资产的冲减，公司 2007 年四季度巨亏 98.3 亿美元，这也是花旗银行史上最大的单季亏损。这一爆炸消息让市场意识到了次贷危机影响程度之深,全球市场开始走弱,A股市场也不例外,开始了单边下跌。这时,A股市场如惊弓之鸟,经不起一丁点的刺激。1月21日,中国平安发布了1600亿元的融资计划⊖,由于投资者担心巨额融资会对市场造成严重的"抽血效应"⊜,便纷纷选择抛售股票,A股市场开始加速走熊。

直到2008年4月,印花税率重新调整为1‰这一消息给当时的股票市场带来了信心,但利好刺激效应没有持续多久,股市又开始连续下跌。此时,在大洋彼岸的美国,次贷危机已经愈演愈烈,演变成严重的金融危机——美国投资银行贝尔斯登被摩根大通收购,雷曼兄弟破产,美林公司被美国银行收购,房利美和房地美两大房贷巨头被接管。无奈之下,10月3日,布什政府签署了总额高达7000亿美元的金融救市方案。到10月底,上证综指已经跌穿2000点,较年初跌幅已经超60%。

针对金融危机的冲击,2008年11月9日,国务院召开常务会议,会议表示"当前要实行积极的财政政策和适度宽松的货币政策,出台更加有力的扩大国内需求措施,加快民生工程、基础设施……促进经济平稳较快增长"。会议还确定了进一步扩大内需、促进经济增长的十项措施。初步匡算,实施这十大措施,到2010年年底约需投资4万亿元。这次会议标志着国内宏观政策从原来的"防止经济增长过热,防止明显的通货膨胀"转变成了"扩内需,保增长",而这一重大转变对接下来几年的国内经济和资本市场均产生了深刻的影响。

⊖ 中国平安发布公告表示,董事会已全票通过增发意向,决定配售不超过12亿股A股,并发行不超过412亿元分离交易的可转换公司债券。

⊜ 在IPO(首次公开募股)、配股、定增等融资计划实施时,当前市场就会流出大量资金去参与,造成二级市场上的存量资金减少,大盘指数也会相应下跌。

第四章
巨擘归来

第四节 2009—2013 年：步入后金融危机时代

2008 年金融危机发生后，为了应对金融危机影响，国内开始实施积极的货币政策和财政政策，"四万亿计划"、十大产业振兴规划相继出台，巨额信贷持续投放。在一系列强刺激下，2009 年，中国经济从金融危机的泥潭中走了出来。但是步入后金融危机时代，中国原有的外向型经济增长模式受到了挑战。伴随强刺激政策的退出，国内经济增速也开始出现下滑，2011 年温州出现的老板跑路潮和企业倒闭潮便是当时经济的一个缩影。

这一时期，国内经济处于新旧动能转换期，在外贸加工业开始衰退的同时，新兴产业也开始萌芽，最具代表性的便是移动互联网行业迎来了蓬勃发展，智能手机开始加速普及，各种 App 软件不断重塑人们的生活方式。而创业板的推出和风险投资行业的繁荣也为新兴产业的发展提供了良好的融资环境。在促进新兴产业发展和调节结构的大背景下，2013 年，创业板也迎来了大牛市，并与主板形成了明显的分化（见图 4-4-1）。

1. 轰轰烈烈的经济保卫战

自 2001 年成功加入 WTO 后，中国经济在出口带动下快速增长，到 2008 年时，中国已经形成外向型经济，经济增长对外依存度较高。而随着金融危机的持续蔓延，中国出口受到了严重冲击，2008 年四季度出口增速出现断崖式下滑，到 2009 年 1 月，出口金额同比增速已经滑落至 –17.6%（见图 4-4-2），很多以外贸为主的中小企业纷纷倒闭。

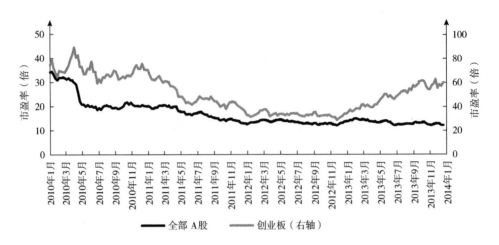

图 4-4-1　2010—2013 年全部 A 股与创业板市盈率（历史 TTM_整体法）

（资料来源：国海证券研究所）

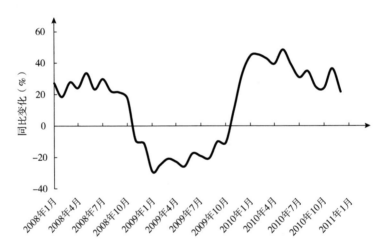

图 4-4-2　2008—2010 年我国出口金额当月同比变化

（资料来源：国海证券研究所）

当时，国内房地产行业更是凄凉，北上广深楼盘不断降价，房屋成交量大幅萎缩，土地频频流拍，一个维系了 10 年之久的"房价不跌"神话就此被打破。地产行业一夜入冬，开发商资金链紧张，万科总裁王石喊出了"活下去"的

第四章
巨擘归来

口号,并率先在全国降价,回笼资金。恒大地产由于前期拿了很多地,当时有 30 多个项目待开工,资金缺口达 100 多亿元。

在制造业、楼市、股市一片低迷之际,为防止国内经济出现衰退,从 2008 年年底开始,政府举全国之力对抗金融危机。"四万亿计划"如平地一声惊雷,在全国各地迅速传开。

在计划公布没多久,各个地方政府便纷纷做出部署。北京表示 2008 年和 2009 年两年安排政府投资 1200 亿元到 1500 亿元,同时推出八大措施确保引导和带动社会投资 1 万亿元。上海表示预计到 2010 年拉动社会投资超过 1.1 万亿元。广东则提出要在 2009 年完成 1.3 万亿元的全社会投资。短短几周,国务院提出的"四万亿计划"就被地方政府的投资热情放大到了 10 多万亿。当时,北京正值寒冬,但国家发改委和财政部的办公室却异常火热,楼道里到处是来自各个地方申请投资项目和资金的地方政府官员。

当时,"四万亿计划"的主要投向是基础设施建设和灾后重建(2008 年国内发生汶川大地震)。受益于此,2009 年全年,国内完成基本铁路建设投资 6000 亿元,比 2008 年增加了 2650 亿元。而且,在这一年年底,武广高速铁路正式投入运营,这是世界上第一条时速高达 350 公里的客运专线,在当时也是世界上里程最长、运营速度最快的高速铁路,标志着中国铁路开始进入"高速时代"。

为进一步稳定经济增长,拉动就业,继"四万亿计划"后,2009 年,国内又相继出台了十大产业振兴规划,包括钢铁、汽车、纺织、装备制造、船舶工业、电子信息、石化产业、轻工业、有色金属、物流行业。这些产业振兴规划的主要内容包括减轻税费负担(包括增加出口退税率、降低出口关税等)、加大信贷支持(主要是企业融资问题)和鼓励兼并重组(淘汰落后产能,推动企业变大变强)。

虽然房地产行业并未被划入十大产业振兴计划当中,但是此时房地产行业的处境已经发生了很大的改变。一方面,地方政府纷纷出台政策维护楼市稳定,防止楼价快速下跌;另一方面,2009 年信贷环境极度宽松。全年信贷投放创下当时的历史"天量",接近 2008 年的两倍。很多"热钱"加速涌进房地产行业，房价不断上涨。房地产销售和投资加速回暖。

此时，恒大地产也从资金链紧张的泥潭中走了出来。而这一年，一个出生在河南周口农村、白手起家创立恒大地产的男人更是在他50多岁的时候迎来了人生中的高光时刻。2009年11月5日，许家印在港交所敲响了上市铜锣，恒大地产成功登陆H股市场。这一天，"2009年福布斯中国富豪榜"发布，受股神巴菲特青睐的比亚迪掌门人王传福以396亿元排名第1。然而，上市首日猛涨的恒大股价很快就帮助许家印成为中国新首富。按照当天收盘价计算，恒大地产总市值高达705亿港元，而持有68%恒大股权的许家印拥有的财富则高达479.4亿港元。许家印从"一无所有"变身中国新首富，虽然中间也历经坎坷，但还是不得不让人感慨时势造就英雄。

而在基建投资托底、房地产投资拉动、十大产业振兴、巨额信贷投放等因素综合作用下，国内经济出现了反转。国内GDP增速在2009年一季度见底后触底反弹，2009年全年GDP同比增长9.4%（见图4-4-3），仅比上年小幅下滑0.3%，中国"经济保卫战"初步告捷。而2009年美国GDP不变价同比为

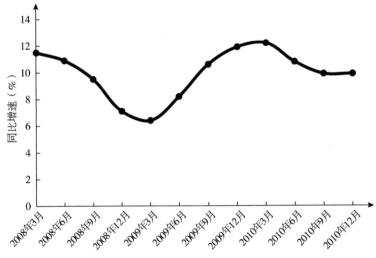

图4-4-3　2008—2010年我国GDP同比增速

（资料来源：国海证券研究所）

-2.5%、英国为-4.25%、日本为-5.42%。对比来看，中国经济表现是非常出色的，并未步入金融危机带来的经济衰退中。股票市场作为经济的晴雨表，自2009年年初便开始上涨，上证综指从不到2000点一路上扬，虽中间有所波动，但最终收于3277点，全年共上涨了80%，深证成指则上涨了111%。

2. 风险投资繁荣

伴随股票市场的繁荣，创业板终于在2009年得以顺利推出。创业板的推出可谓历经坎坷，早在10年前，深交所就开始着手筹备创业板，在2000年10月之后深交所甚至停止了主板IPO项目的申请，迎接创业板的推出。但天有不测风云，随着美国互联网泡沫的彻底破裂，纳斯达克指数大跌，创业板计划被搁置。

到了2002年，为了控制市场风险，成思危再次提出新战略：先把股票发行审核委员会已经通过的小盘股集中起来开辟一个中小企业板块，由于不降低上市条件，且数量不太多，对市场冲击相对有限。然后适当降低条件，逐步扩大这个板块。最后等待条件成熟时建立一个完整独立的创业板。该想法得到了证监会的认可，于是在2004年，深交所先推出了中小板。不过这离创业板的推出还有相当长的距离。

2006年下半年，股改进程接近尾声，创业板的推出才再次被提上日程，深交所重新开始筹备创业板，但因金融危机的爆发，推出进程再次被耽误。而创业板的推出一而再，再而三地被延迟，也体现出监管层对资本市场的呵护。2009年，随着国内经济形势好转，资本市场信心提升。2019年10月30日，耗时10年的创业板终于正式开板。首批登陆创业板的公司共有28家，上市之初平均市盈率就有50多倍，市盈率最高的宝德股份达到了80多倍，远高于A股整体市盈率。

据统计，首批28家创业板上市公司中，除了宝德股份、硅宝科技、华星创业、华谊兄弟、华测检测外，其余23家创业板公司背后有40多家的PE/VC（私募股权投资、风险投资）机构。得益于创业板的顺利推出，本土PE/VC机构迎来了收获的季节，这些项目的平均投资回报在5倍以上。其中，最大放异彩的莫过于中国第一家创投集团——深圳创新投资集团（以下简称"深创投"）。

深创投成立于 1999 年，属于老牌国有背景的创投机构，资本实力雄厚。2004 年，50 岁的靳海涛从深圳市赛格集团离职，出任深创投董事长。由于当时创业板还未正式推出，深创投虽然相对其他本土创投公司资金较为雄厚，但和其他本土创投公司一样苦于缺乏退出渠道。所以，对于当时的靳海涛而言，其接手的深创投是一个"烫手的山芋"。但靳海涛很快确立了"与时俱进，主做能在海外资本市场退出的项目"的投资原则，帮助深创投脱离濒临倒闭的危险。

2005 年后，靳海涛认为虽然深创投由地方政府发起设立，但不应该局限于深圳市，而应该投向全国。因此，他主导深创投与各地方政府共同建立政府引导基金，加快投资步伐。然而，在深创投一路高歌猛进之时，突如其来的金融危机让公司投资项目价值大幅缩水。深创投并没有因此停止步伐，而是顶住压力以更低的成本投资了不少项目，这也为后来深创投的腾飞奠定了坚实的基础。

2009 年，创业板顺利开板，首批 28 家上市公司中有 4 家来自深创投的投资。前期的积累一下爆发，深创投在这一年成功登上了"中国创业投资 50 强"榜单冠军的宝座。公司董事长靳海涛也先后获得"2009 年 CCTV 中国经济年度十大人物"和"2009 年福布斯中国最佳创业投资人"等奖项。

他在"CCTV 中国经济年度人物"颁奖典礼上发表获奖感言时表示"这个奖是属于我们奋战十多年的本土创投，是属于创投这个在创业板开辟以后有一个飞跃发展的朝阳性的行业。"不可否认，在 2009 年的这场资本盛宴中，本土创投机构终于扬眉吐气。而创业板的推出打通了本土创投基金"募、投、管、退"⊖全业务链条，对于本土创投机构而言具有划时代的意义。

紧接着，在 2010 年，深创投有 20 多家所投企业 IPO 上市，当时创下全球同行中 IPO 退出数量最多的世界纪录。而在深创投参与的这 20 多家公司的投资中，比较典型的要数当升科技。2007 年，深创投及其子公司深圳市创新资本投资有限公司（以下简称"创新资本"）合计以约 2100 万元参与了当升科技的投资，

⊖ 指创投基金从募集资金开始，到选择项目投资、再到对项目进行投后管理以及最终退出项目的整个业务链条。

第四章
巨擘归来

合计持股 1600 多万股。2010 年，当升科技以 36 元/股发行价上市，若以发行价计算，深创投及其子公司创新资本在当升科技上的投资回报率在 25 倍以上。而高收益的退出回报吸引了各路资金来参与风险投资，一时间进入全民 PE/VC 时代。

而事实上，创业板的推出和风险投资行业繁荣发展的背后寄托着政府推动新兴产业发展，促进产业结构升级的想法。这也是中国经济步入后金融危机时代的必然选择，前期依靠出口拉动的外向型经济增长模式已不可持续，培育经济增长新动能的任务迫在眉睫。而这无形中为 2013 年开启的创业板大牛市埋下了希望的种子。

3. 温州企业倒闭潮

然而，在创业板大牛市来临之前，沪深两市先经历了 2 年"跌跌不休"的铺垫期。上证综指从 2011 年开始一路下跌，期间还曾跌破 2000 点大关，到 2012 年年底整体下跌了 19%（见图 4-4-4）。而深证成指则下跌了 27%，创业板指整体下跌了 37%。究其根本，主要还是因为经济增速的下滑和宽松货币政策的逐渐收紧。

自 2009 年"经济保卫战"初步告捷后，相对经济增长而言，国内通胀问题开始占据上风。伴随国际原油、铁矿石、棉花等实物资产价格的一路飙升，国内水、电、油、气价格也开始上调。2010 年，土豆、大蒜、绿豆等农产品价格也轮番涨价。"蒜你狠""豆你玩""姜你军""苹什么"等一系列网络流行语应运而生。到 2011 年年初，CPI 同比已经达到 5%，且保持继续抬升的趋势。为抑制经济增长过热与治理通胀问题，2011 年前三季度，央行不断收紧货币流动性，累计上调存款准备金 6 次，加息 3 次。

而伴随强刺激计划的退出和货币政策的转向，叠加外部欧债危机的持续升级，自 2011 年二季度，国内经济增速开始逐级回落（见图 4-4-5），中小企业面临前所未有的挑战。"制造业之都"温州出现的老板跑路潮和企业倒闭潮便是当时中小企业发展状况的一个缩影。

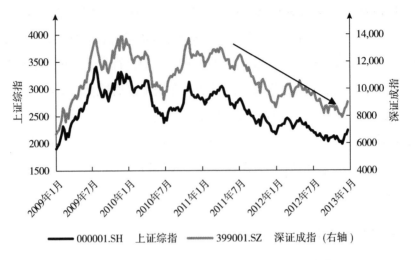

图 4-4-4　2009—2012 年上证综指与深证成指走势

（资料来源：国海证券研究所）

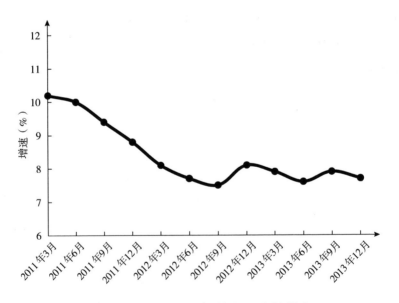

图 4-4-5　2011—2013 年我国 GDP 同比增速

（资料来源：国海证券研究所）

第四章
巨擘归来

温州企业多数以生产皮鞋、服装、打火机、眼镜等产品为主，而且外贸占收入比重较高。2008年金融危机爆发后，温州很多企业便因为外部订单减少处于停工或半停工状况，到了2009年情况有所好转。当时，由于2009年房地产市场异常火热，做制造业不如炒房赚得多、来得快，很多企业家一天到晚忙忙碌碌，但收益却远不如炒房的太太。加上当时银行信贷宽松，很多企业家轻而易举地便可以获得银行贷款，所以很多企业老板便从银行借了大量资金去进行企业扩张和炒房，这也让他们在2009年收益颇丰。

但到2010年，一切就变得不一样了。一方面，国内楼市受到当时史上最严调控，"限购""限贷""限价"等政策全面升级，房地产业火热势头不再；另一方面，通货膨胀攀升背景下，原材料价格飞涨，劳动力成本也有所抬升。当时甚至还出现"用工荒"，为了留住工人，各家企业只能提高工资和福利。而温州企业以劳动密集型产业为主，利润空间本来就不高。再加上人民币对美元汇率不断升值，出口型制造企业利润进一步被侵蚀。据统计，当时温州制造业企业的利润率只有1%~3%。

不过，让温州这些企业家绝望的还远不止这些，而是银行信贷的持续收紧。以浙江信泰集团为例，公司作为温州眼镜行业的龙头企业，其产品"海豚眼镜"曾畅销国内外，也是温州首个获得"中国驰名商标"称号的眼镜品牌。当时，公司由于前期扩张过快，资金周转出现困难而不得不转向民间借贷，为此，公司每月要支付的利息就高达2000多万。虽然这无异于饮鸩止渴，但这也是当时很多温州制造业企业家的无奈之举。

2011年4月，温州江南皮革有限公司董事长黄鹤失踪，温州波特曼咖啡因资金链断裂而倒闭，以及三旗集团董事长陈福财因企业互保出现问题出走，共同拉开了温州企业倒闭潮的序幕。接下来，浙江信泰集团董事长胡福林孤身逃到美国，公司实际欠款达20亿元，并且牵扯到很多上下游企业和互相担保企业，引起不小轰动。由于在温州企业之间相互担保比较盛行，因此也更容易发生连锁反应。在2011年，温州企业几乎每周都在接连不断地上演老板失踪、跳楼自杀、公司破产、员工讨薪的事件，温州全年共有上百家企业倒闭，规模以上工业企业亏损额累计同比增速达143%（见图4-4-6）。

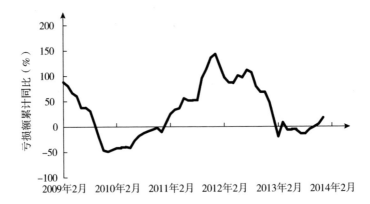

图4-4-6　2009—2014年浙江温州规模以上工业企业亏损额累计同比

（资料来源：国海证券研究所）

后来，温州企业倒闭潮逐渐扩散到了全国各地，许多地区中小企业因资金链断裂而破产倒闭，2011年，全国工业企业亏损家数累计同比增速达21%（见图4-4-7）。同时，这场企业倒闭潮也引起国务院的高度重视。2011年10月，温家宝总理特地去温州考察时表示要在金融、财政、税收等方面扶持中小企业。在政府的呵护下，这场由借贷危机引起的企业倒闭潮逐步得到了有效遏制。

4. 移动互联网时代到来

在传统制造业之都温州开始落败的同时，国内悄然迎来移动互联网时代。在2007年，苹果公司发布第一代苹果智能手机iPhone 1，这款手机颠覆了传统手机的模式，并开启了移动互联网时代。

同年，经过8年筹备的金山软件也终于在香港联交所挂牌上市。公司总裁雷军自22岁便进了金山软件，从"6号员工"到CEO，雷军在金山软件总共工作了16年。但是，在带领公司成功上市后两个月，雷军却选择了离开，市场一片哗然。至于离开原因，雷军也从未有过解释。大家能看到只有离开金山软件

第四章
巨擘归来

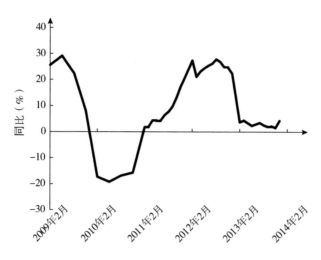

图 4-4-7 2009—2014 年全国工业企业亏损家数累计同比

(资料来源：国海证券研究所)

之后的雷军转身成了天使投资人，投出了拉卡拉、凡客诚品、YY、乐淘等多家知名企业。

2008 年，中国互联网人口第一次超过美国，同年 10 月，第一部 Android 系统手机推出，出于对智能手机的关注，雷军还特地去香港买了一部。iPhone 与 Android 的横空出世让雷军更加坚信未来是移动互联网的时代，智能手机将取代个人计算机（PC）成为主流终端。他希望在这个风口当中能做出来质量好、设计好，但价格又便宜的智能手机。

于是，2009 年，40 岁的雷军选择重新出发，开始筹备小米。后来，他拉来了 Google 中国工程研究院原副院长林斌、摩托罗拉北京研发中心原总工程师周光平、金山公司原设计总监兼金山词霸总经理黎万强、北京科技大学工业设计系原主任刘德等人。2010 年 4 月，小米科技正式成立。

2011 年 8 月 16 日，小米发布了第 1 款"为发烧而生"的小米手机。小米手机发布会上，雷军穿着黑色 T 恤和蓝色牛仔裤，如乔布斯在苹果 iPhone 发布会上的感觉一样。现场各行各业大佬和小米的粉丝大喊"'雷布斯'，我们要小米。"而小米手机也凭借价格优惠亲民、硬件过关而一炮走红。2012 年年末，小米官宣当年小米手机的总出货量达到 700 万部。

小米的成功离不开自身独特的发展模式。小米用互联网的方式做开发，让用户参与到 MIUI 的设计、研发以及反馈当中，增加客户黏性。而且小米坚持做性价比最强的手机，并以产品品质和口碑来积累粉丝，节省广告费用。但是，正如雷军提出的"站在风口上，猪也能飞起来"的"风口论"所言，小米的成功更离不开中国智能手机行业快速发展的大背景。

另外，这一时期，3G 网络、WiFi 无线网络等信息基础设施的建设也得到了飞速发展，与智能手机的快速普及共同推动了国内移动互联网的发展，各类应用软件层出不穷，从吃饭、出行、金融投资到听音乐、玩游戏，各个领域到处都有 App 的身影。移动互联网正在改变着人类生活的方方面面。

而在众多 App 当中，当属游戏类应用的数量占比最高，也更容易掀起热潮。2009 年年底，总部位于芬兰的开发商 Rovio 推出了《愤怒的小鸟》手机游戏，2010 年便风靡全球，在 70 多个国家的苹果 App Store（应用商店）上销量居首位。当时也被认为是有史以来最成功的付费游戏应用，这也引起了手游开发热潮。

国内移动游戏市场从 2012 年开始迎来了爆发式的增长，2013 年更是国内手游百花齐放的一年，各种类型手游争相出炉，也出现了众多现象级游戏产品。腾讯也在 2013 年开始逐步布局它的"全民系列"和"天天系列"，2013 年全年，国内移动游戏市场规模从不到 17 亿元攀升至近 50 亿元，增长了近 2 倍（见图 4-4-8）。据《2013 年中国游戏产业报告》显示，2013 年全年中国游戏市场销售收入达 837.1 亿元，同比增长 38%。

移动游戏产业的爆发很快引起了资本市场的关注。自 2013 年，以掌趣科技为代表的手游股便受到二级市场投资者的追捧。加上 2 月时，掌趣科技宣布以 8.1 亿元收购动网先锋，市场普遍认为该项并购有利于增强掌趣科技的网页游戏研发能力。在双重利好刺激下，仅在 2013 年上半年，掌趣科技股价的涨幅就高达 200%。紧接着 10 月份，掌趣科技再次发布公告表示准备以 17.39 亿元收购玩蟹科技100%股权，以8.14亿元收购上游信息70%股权，公司股价再次有所表现，2013年全年股价上涨了397%（见图4-4-9）。

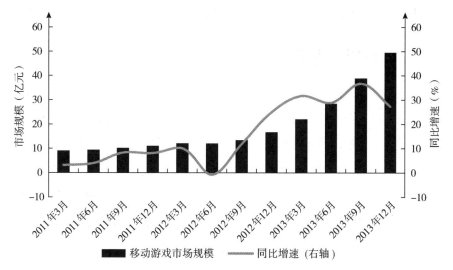

图4-4-8　2011—2013年移动游戏市场规模及同比增速

（资料来源：国海证券研究所）

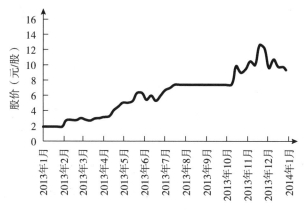

图4-4-9　2013年掌趣科技股价收盘价（前复权）

（资料来源：国海证券研究所）

当然，手机游戏产业火热的背后更离不开移动互联网时代的大背景。事实上，金融危机后的10年，也是移动互联网爆发式发展的10年，更是中国科技企业获得突飞猛进的 10 年。移动互联网催生了新的商业模式，也重塑了人们的生活。不过，令人遗憾的是，百度、阿里、腾讯、京东等互联网巨头并未在 A 股市场上市，因此国内投资者并没有很好地分享到互联网巨头的发展成果。

5. 主板、创业板大分化

2013 年，对于金融行业而言是跌宕起伏的一年，这一年 6 月，发生了史上最为严重的一次"钱荒"事件。由于 6 月底是集商业银行月末、季末和半年末"三点一线"的大考，因此每到 6 月，银行便会大量地收揽储蓄资金，市场上的资金相对比较紧张，所以"6 月'钱荒'经常有，但这一年尤其严重"。

2013 年 6 月 6 日，市场传闻光大银行未能按时偿还向兴业银行借贷的 60 亿元资金，尽管后来两家银行就违约事件纷纷出来辟谣，但还是引起了市场的恐慌。接下来隔夜 Shibor（上海银行间行业拆放利率）利率便一路飙升。流动性紧张的态势持续发酵，"钱荒"一触即发。

6 月 19 日，国务院总理李克强主持召开国务院常务会议，会上明确提出"优化金融资源配置，用好增量、盘活存量……更扎实地做好金融风险防范"。这让市场对于宽松货币政策的预期彻底落空。与此同时，北京时间 20 日凌晨，美联储议息会议结束，美联储主席伯南克在新闻发布会上表示：如果经济好转将会减少资产购买，这意味着美国已经开始准备退出量化宽松政策。这一系列冲击将"钱荒"推向了高潮，20 日当天隔夜 Shibor 暴涨至 13.44%，最高时达到 30%。

受"钱荒"影响，市场流动性不足，股票市场也受到冲击。6 月，沪深两市持续下跌，6 月 24 日，上证综指大幅下挫 5.3% 跌破 2000 点关口，深证成指则下跌 6.7% 跌破 8000 点，抹去了年初以来依靠经济复苏预期带来的所有涨幅。6 月 25 日，央行发文表示"已经向一些符合宏观审慎要求的金融机构提供了流动性支持"。受此消息影响，银行间隔夜利率开始回落，股票市场也有所回暖，本次"钱荒"事件也就此告一段落。

第四章
巨擘归来

然而，临近 2013 年年末，市场再次出现了"钱荒"现象。12 月 19 日，7 天 Shibor 利率达到 6.47%，创下当年 6 月底以来的新高。而在两次"钱荒"的阴霾下，2013 年，沪深两市整体表现比较低迷，全年上证综指以下跌 6.75% 收场。

与主板市场低迷形成鲜明对比的是创业板市场的火热。自 2013 年开年，创业板指便一路扶摇直上，全年涨幅高达 83%（见图 4-4-10），而这与创业板上市公司集中分布的行业是密不可分的。

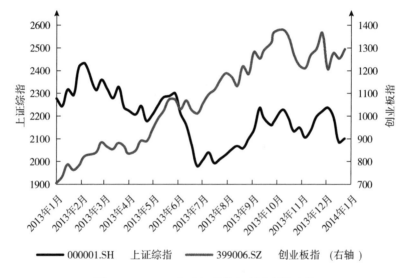

图 4-4-10　2013 年上证综指与创业板指走势

（资料来源：国海证券研究所）

创业板的上市公司主要分布在计算机、机械设备、医药生物、电子和传媒等行业。2013 年年初，这些行业上市公司数量可以占到创业板上市公司总数的一半以上。而 2013 年这些板块涨幅均比较靠前，尤其是传媒行业（见图 4-4-11），全年涨幅超过 100%，手游和影视公司也成了各路资金追逐的对象。而传媒行业的高涨一部分源自板块自身优秀的业绩表现，另一部分则源于当时宽松监管环境下的并购浪潮。

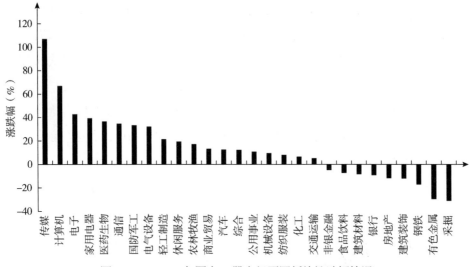

图 4-4-11 2013 年国内 A 股市场不同板块涨跌幅情况

(资料来源：国海证券研究所)

与上述手机游戏产业蓬勃发展一样，在 2012—2013 年，国内影视行业也保持快速增长。除了与政府对文化产业发展的推动⊖有关之外，更重要的是随着国内居民可支配收入的提升，人们物质需求被满足后开始追求精神上的满足。2012年，国内电影票房收入达 168.59 亿元（见图 4-4-12），一举超过了日本，成为仅次于美国的第二大电影市场。2013 年，电影票房收入继续保持高增长，全年较 2012 年增长了 29%。以华谊兄弟为代表的影视股在 2013 年股价迭创新高。

恰逢 2013 年，因 IPO 暂停，并购重组取代 IPO 成为企业上市、PE/VC 机构退出的渠道。而并购重组作为盘活存量经济、推动产业结构升级的重要方式也受到了政策的鼓励。再加上从 2013 年 10 月起，并购重组审核分道制⊜开始实施，大大提升了并购重组的审核效率。因此，当年国内掀起了一场并购重组的

⊖ 2011 年，中国共产党十七届六中全会通过了《中共中央关于深化文化体制改革、推动社会主义文化大发展大繁荣若干重大问题的决定》。

⊜ 指证监会对上市公司重大资产重组行政许可申请审核时，根据上市公司信息披露和规范运作状况、财务顾问执业能力以及中介机构及经办人员的诚信记录，结合国家产业政策和交易类型，对符合标准的并购重组申请，有条件地淡化行政审核和减少审核环节，实行差异化审核制度安排。

第四章
巨擘归来

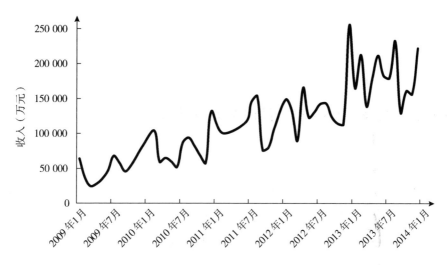

图 4-4-12　2009—2013 年我国电影票房收入

（资料来源：国海证券研究所）

热潮。而手游行业和影视行业更是成为这场并购重组浪潮中的弄潮儿。很多公司参与并购重组，向市场释放"公司通过外延式并购可以实现快速增长"的信号。于是，公司股价再次被市场推高，股票估值持续抬升。

因此，在关于手游公司和影视公司的并购案例中，一部分是出于产业整合和间接上市的目的，还有一部分则是因为手游公司和影视公司在二级市场上的高估值，很多传统行业公司也希望通过并购分得一杯羹。当时有一则笑话，"中国养猪的、做乳制品的、开餐馆的、做金属管材的、卖五金的、放烟花的企业有什么共同点？答案：都变成了影视和游戏公司。"而且，很多公司参与并购时根本不关注拟收购企业的盈利和估值问题，而是希望借助相关概念炒作公司股价，达到高位套现获取收益的目的。

这一趋势一直延续到了 2014—2015 年的又一轮牛市中，并在杠杆资金的推动下进一步被放大。靠故事炒作撑起的估值泡沫终究会破灭，"故事大王"乐视网便是典型代表。但是在 2013 年这个时点，人们还在津津乐道着"乐视网们"的美好前景，即便是众多的清醒者也沉浸在击鼓传花的游戏当中无法自拔……

第五节 2014—2019年：经济进入新常态

2014年以来，中国经济发展进入新常态，如何调整经济结构、找到经济增长新动力成为中国经济发展面临的重要问题。当时，恰逢国内处于移动互联网时代，所以"互联网+行动计划"被寄予了促进经济结构转型升级的厚望。这也引得二级市场投资者的追捧，在杠杆资金的助推下，以"互联网金融"为代表的创业板块一路高歌猛进。

而针对国内经济进入新常态后出现的问题与矛盾，自2016年起，国内开始了以"三去一降一补"为任务的供给侧结构性改革㊀。国家努力通过"三去一降"来减少低端无效供给，而通过"一补"来优化产业结构，获取经济增长新动能。

在供给侧结构性改革的持续推进下，国内传统产业结构得到了升级。再加上2017年居民人均可支配收入增速提升，国内掀起了一场消费升级的浪潮。与此同时，金融监管环境也在趋严，包括保险资金（以下简称"险资"）频频举牌在内的高杠杆、高风险的金融活动受到了严格监管。而在严监管的金融环境下，基于避险情绪，机构资金抱团业绩确定的蓝筹白马股，A股市场出现了"漂亮50"的现象。

而为了坚定落实"一补"的工作，国家一直在鼓励发展战略新兴产业。科创板的推出也体现出了国家引导资源配置加速流向新兴产业发展的态度。未来

㊀ 所谓供给侧结构性改革是指从供给侧入手，针对结构性问题而推进的改革。从提高供给质量出发，用改革的办法推进结构调整。"三去一降一补"是指去产能、去库存、去杠杆、降成本、补短板。

第四章
巨擘归来

推动科技进步、促进产业结构升级仍将继续是中国经济发展的重点。而随着中国传统产业的转型升级与新兴产业的蓬勃发展，国内经济发展也将迈向一个新阶段。

1. 又一轮大牛市

自 2011 年以来，股票市场整体处于震荡下行走势，到 2014 年上证综指已经下跌到 2000 点左右，投资者也被股市磨得毫无信心，市场情绪非常低迷。2014 年上半年，上证综指几乎走成了一条直线，毫无波动可言，股市仿佛一潭死水，沪深两市的股票日均成交额不到 2000 亿元。

当时，市场上的很多股票已经非常便宜。例如，贵州茅台的市盈率不到 10 倍，万科 A 的市盈率只有 5 倍多，工商银行的平均市净率不到 0.9 倍，事后来看可谓遍地黄金。但是，当时市场投资者还尚未从熊市的阴影中走出来，悲观的情绪使得大部分投资者不敢轻举妄动，因为大多数都想不到接下来会迎来又一轮的大牛市。只有少部分勇敢的投资者开始进场抢夺便宜筹码。

正如《易经》里所言，物极必反，否极泰来。进入 2014 年下半年，A 股打破多年的沉寂，开始小幅上涨。8 月之后，新华社连发多篇股评文章力挺中国股市，认为 A 股走势乐观，紧接着很多专家和业内人士也纷纷发表了市场牛市论，悲观的情绪开始逐步被化解，市场情绪开始好转。2014 年 11 月，沪港通正式开通，加上央行意外宣布降息，市场压抑已久的做多热情一触即发，股市如脱缰的野马般开始疯狂地上涨。仅 12 月当月，上证综指便上涨 20% 以上，上证 50 上涨 30% 以上，但创业板指却小幅下跌。

这段快速上涨行情中，最初以券商为主的金融地产板块涨幅明显。例如，券商龙头中信证券，千亿市值的公司可以连续好几天涨停，公司股价从 11 月的不到 12 元/股一路飙升涨到 30 多元/股，短短两个月的时间翻了 1.5 倍多。这轮大牛市以券商股的疯狂上涨为开端，以致于后来投资者都将券商股作为大盘的先行指标，对券商股的异动有格外的关注。而在券商股的带领下，银行、地产、建筑等蓝筹股也快速上涨，进而推动了指数的不断走高。不过，进入 2015

年，互联网金融板块接棒上涨，风格也发生了明显的切换，创业板重新成为这轮牛市的主角。

事实上，当时国内正处于移动互联网时代，"互联网+"被寄予了促进经济结构转型升级和赋予传统行业新动能的厚望，互联网金融行业也迎来了大爆发。自2013年（互联网金融元年）以来，国内各类互联网金融业态便如雨后春笋般涌现出来。2014年，"互联网金融"一词首次被写入政府工作报告，报告中提到"促进互联网金融健康发展，完善金融监管协调机制"。在政府鼓励下，互联网金融获得井喷式发展。首家互联网保险公司"众安在线"、首家互联网银行"微众银行"等相继成立。

2015年1月，央行印发《关于做好个人征信业务准备工作的通知》，要求芝麻信用、腾讯征信、前海征信、鹏元征信、北京华道征信等8家机构做好个人征信业务的准备工作，准备时间为6个月。受此消息影响，上市公司银之杰作为北京华道征信的母公司接连涨停。2015年一季度，公司股价就上涨了271%。

银之杰成立于1998年10月，于2010年5月在深交所上市。公司专注于金融信息化领域，主要做银行影像应用软件开发业务。但由于当时该业务的市场已经开始趋于饱和，受此影响，公司2014年在金融信息化业务方面的收入同比下滑0.61%。

然而，就是在主营业务增长乏力的背景下，公司股票股价却持续走高，并受到众多机构资金的青睐。例如，在公司披露的2014年的三季报中，由原"基金一哥"王亚伟管理的"中国对外经济贸易信托有限公司-昀沣证券投资集合资金信托计划"和原"基金一姐"王茹远管理的"中国农业银行-宝盈策略增长股票型证券投资基金"，首次出现在十大股东名单当中。而公司之所以会受到市场如此强烈的参与主要还是源于市场对于互联网金融板块的追捧。

从2014年起，银之杰就开始拓展自身业务领域，通过并购、投资等方式向移动互联网、互联网金融等新兴产业延伸。2014年8月，银之杰发布公告表示计划以1.5亿元自有资金发起设立互联网财产保险公司。11月，公司又进军互

第四章
巨擘归来

联网商业领域，出资 800 多万与片仔癀共同发展 O2O（在线/离线）大健康产业，也就是线上和线下相结合销售片仔癀产品。

2015 年，互联网征信再次把银之杰推到了风口，子公司北京华道征信被央行列入首批开展个人征信业务准备工作的机构名单。紧接着，公司又发布公告表示有意向收购经营 P2P（个人对个人）业务和小额信贷业务的公司，扩充公司在互联网金融领域的布局。2015 年"两会"期间，人大会议首提"互联网+行动计划"，又给互联网金融板块的走势加了一把火。而银之杰也通过这一系列的布局向资本市场讲述了一个又一个"美好的新兴产业故事"，公司股价也因此一飞冲天，创下一年上涨 10 多倍的纪录（见图 4-5-1）。

图 4-5-1　2014 年 7 月—2015 年 6 月银之杰股票价格走势（收盘价）

（资料来源：国海证券研究所）

当然，股价疯狂上涨背后更重要的助推力是大量资金的涌入。当时，随着股市的好转，不少投资者开始通过场内融资融券业务加杠杆，以期望获取更高的收益。券商融资融券规模在 2015 年曾一度达到 2 万亿水平，其中几乎全部都是融资盘，而这一规模在 2014 年 7 月还不到 5000 亿元。但是由于场内融资最高杠杆也只有 1 倍，并且获取融资融券业务资格还有不少的条件限制。于是，各种类型的场外配资开始野蛮生长，一时间"您炒股我出钱，1～10 倍杠杆随意配"的广告满天飞。

这一时期，形成了一大批的场外配资公司，包括民间配资公司、P2P 公司等。其中，很多民间配资公司除了利用自由资金之外，还会通过各种通道配有信托、银行的资金。而 P2P 公司则通过向投资者提供固定收益产品的方式获取资金等。场外配资仿佛一个巨大的黑洞，各路资金在利益的驱动下被吸纳了进来。而这些场外配资资金则通过恒生 HOMS 系统[一]、上海铭创、同花顺系统接入证券公司，加速流入已经一片火热的股票市场。

就这样，在场内和场外杠杆资金的推波助澜下，股市泡沫进一步加大，以互联网金融为领头羊的创业板一路高歌猛进，在 2015 年 6 月创业板指站上了 4000 多点，这也是这么多年来创业板指的最高峰。

然而，是泡沫就有破裂的一天，不合理的估值终究要回归理性。监管层严查场外配资成了压倒骆驼的最后一根稻草。各类杠杆资金开始加速"爆仓"，而"爆仓"又进一步引起了股价的下跌。正如前期杠杆资金助推了股市的持续上扬一样，杠杆资金也加速了股市的崩盘。可谓是"成也杠杆，败也杠杆"。

从 6 月 15 日开始，千股跌停、千股停牌、国家队入场轮番上演，股票市场下跌行情持续升级。短短 3 个月的时间，上证综指从 5000 多点跌回 3000 点，创业板指从 4000 点高峰回落至 2000 点，一切又回到了 2015 年年初的水平，"杠杆牛"就此落幕（见图 4-5-2、图 4-5-3）。

2. 险资举牌年

就在股票市场不断下跌之际，万科 A 公告表示"截至 2015 年 7 月 10 日，前海人寿[二]通过二级市场买入万科 A 股 5.53 亿股，占总股本的 5%"。不过，这一消息在股灾下并未引起太大的波动。而接下来，前海人寿及其一致行动人钜

[一] 恒生 HOMS 系统是一款全托管模式金融投资平台，主要功能是可以将一个证券账户下的资金分配成若干独立的小单元进行单独的交易和核算，业内简称"伞形分仓"功能。

[二] 前海人寿保险股份有限公司大股东为深圳市钜盛华股份有限公司，而深圳市钜盛华股份有限公司的大股东为深圳市宝能投资集团有限公司。

第四章
巨擘归来

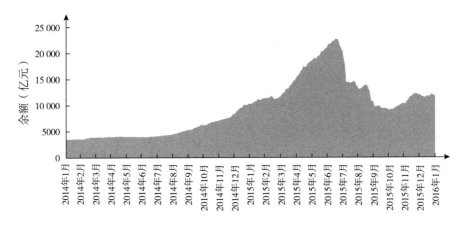

图 4-5-2　2014—2015 年融资融券余额

（资料来源：国海证券研究所）

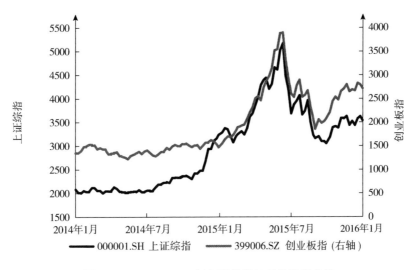

图 4-5-3　2014—2015 年上证综指与创业板指走势

（资料来源：国海证券研究所）

盛华仍不断增持万科股份，到 8 月 26 日已经合计持有万科股份的 15.04%，一举超过了万科原第一大股东华润集团，轰动市场的"万宝之争"拉开了序幕。

而在宝能系成为万科第一大股东没多久，华润集团也小幅增持了万科，持有股份达到了 15.29%，重新成为第一大股东。但宝能系这边增持动作也不断，截至 2015 年 12 月 24 日，宝能系对万科的持股比例增至 24.26%。就宝能系成为万科第一大股东而言，万科董事长王石则表明"不欢迎"的态度。因此，在宝能系买买买的过程中，王石也开始寻求对策。幸运的是，王石找到了深圳地铁集团。

于是，万科决定以发行股份的方式购买深圳地铁集团持有的前海国际 100% 的股权。万科本计划通过发行股份的方式稀释宝能系的股份，但是由于这同时会稀释掉华润集团的股份，进而引起了华润集团的强烈反对。由于当时宝能系和华润集团合计持股达到 40%，两者对于增发股份引入深圳地铁集团的重组预案均表示反对，这让王石一下子又陷入了窘境当中。与此同时，前海人寿和钜盛华还联合向万科董事会提议召开临时股东大会，审议罢免全体董事的议案，这也引得市场一片哗然。

2016 年 7 月，万科工会委员会开始起诉宝能损害股东利益，万科第一大自然人股东刘元生也向证监会、银监会、保监会等 7 个监管部门实名举报华润、宝能，质疑二者之间的关联关系。后来，万科还发布了一份《关于提请查处钜盛华及其控制的相关资管计划违法违规行为的报告》，揭底了宝能系的 9 个资管计划问题，将"万宝之争"推向高潮。在此期间，万科 A 的股价也出现了明显的下跌（见图 4-5-4）。

与此同时，证监会、深交所、保监会等也表示对此事予以高度关注。经过多方博弈，这一事件以华润转让万科股份给深圳地铁集团而暂时收场。2016 年 12 月，万科发布公告表示，公司股东华润股份和中润贸易拟以协议转让的方式将超过 16.89 亿 A 股股份转让给深圳地铁集团，占总股本的 15.31%。华润集团的退出让万科管理层重获希望。当时华润集团退出后的股权分布变成了宝能系持股 25.40%、深圳地铁集团持股 15.31%、中国恒大持股 14.07%。在 2017 年 6 月，中国恒大公告表示将自己所持有的全部万科股份悉数转让给深圳地铁集团，深圳地铁集团正式成为万科大股东，给"万宝之争"画上了句号。

第四章
巨擘归来

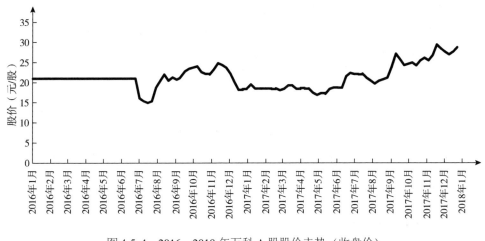

图 4-5-4　2016—2018 年万科 A 股股价走势（收盘价）

(资料来源：国海证券研究所)

事实上，"万宝之争"只是当时险资频频举牌现象的一个缩影。在 2016 年，除了"万宝之争"外，格力电器、南玻 A、中国建筑、廊坊发展等优质上市公司均被险资大笔买入。因此，2016 年也被称为"险资举牌年"。而险资频频举牌的背后，则是万能险的无序发展和保险公司实控人的杠杆投资与收购行为。

万能险作为一类保险产品，除了与传统寿险一样具有保障功能外，还让投保人参与保险公司的投资活动。后来，很多中小型保险公司为加快保费规模扩张，纷纷推出了类固定收益的中短期万能险产品。国内大部分的万能险预期收益率在 5% 以上，加上 2% 左右的渠道销售费用，因此保险公司这类产品的综合资金成本在 7% 左右。在当时的低利率水平下，险资需要加大对高收益产品的配置。

然而，更重要的是，万能险作为短期高收益理财型产品可以吸引到大量的投资资金，而企业可以用相对少量的资金控制保险公司，进而撬动巨额的万能险保费收入为自己间接所用，万能险资金相当于变相为实际控制人提供了买卖上市公司股份的杠杆资金。因此，除去万能险资金成本的倒逼，险资频频举牌的背后是保险公司实控人对于优质上市公司的杠杆投资与收购行为。而当时推出的万能险产品多数以一年期为主,这种利用短期资金撬动杠杆进行长线投资的行为蕴藏了极大的风险,这也引起了监管部门对险资投资的严格监管。

但是,不可否认,险资对于蓝筹股大手笔的买卖也吸引了大量市场投资者的关注,险资在2016年成为大家追随的对象,这加速了市场风格从小票向大票的过渡。不过,市场风格之所以发生明显变化还有更深层次的原因,这也是接下来要讲述的。

3. "漂亮50"背后

在险资举牌频频发生的2016年,监管层已经开始引导金融市场迈向刮骨疗毒之路,国内监管环境也开始发生变化。其中标志性事件莫过于证监会就修改《上市公司重大资产重组管理办法》公开征求意见⊖,直指当时的"炒壳"投机行为和"忽悠式"重组乱象。自9月份重组新规正式落地后,并购重组被否和宣告失败的上市公司数量便开始明显增多。这对于依靠外延并购获取高估值的创业板而言是重大打击,创业板进入了挤估值泡沫的阶段。

2017年,严监管趋势持续升级,金融监管令接连不断。无论是传统金融领域还是金融科技领域都受到了严格监管,全年金融监管部门出台的重要监管文件超过20多个,可以说是哪里有风险,哪里就有监管。这一年,国内金融监管体系也进一步健全。为解决前期存在的监管真空问题,11月8日,金融稳定发展委员会(以下简称"金委会")在北京正式成立,"一委一行三会"的新监管框架正式形成⊖。紧接着,央行联合"三会"和外汇管理局发布了资管新规征

⊖ 2016年6月,证监会就修改《上市公司重大资产重组管理办法》公开征求意见,细化了关于上市公司"控制权变更"的认定标准,取消了重组上市的配套融资,延长了相关股东的股份锁定期等。

⊖ "一委一行三会"指的是金融稳定发展委员会、央行、银监会、证监会、保监会。

第四章
巨擘归来

求意见稿⊖，意在解决当时存在的监管套利、杠杆不清等问题，引导行业回归本源。

同时，中国宏观经济也发生了重大的变化。自 2016 年以来，国内全面推进供给侧结构性改革，在减少低端无效供给的同时，扩大中高端有效供给，优化产业供给结构。以钢铁行业为例，2016 年，国务院正式发布了《关于钢铁行业化解过剩产能实现脱困发展的意见》，提出十三五期间要压减粗钢产能 1~1.5 亿吨，行业兼并重组取得实质性进展，产业结构得到优化。

2016 年，国内便压减了 6500 万吨以上粗钢产能，而且这一年武钢股份整体并入宝钢股份，新成立集团为"宝武钢铁集团"，武钢股份则成为新集团的子公司。这两家体量巨大的钢铁企业的合并，为行业兼并重组起到了示范作用，这也标志着行业强者恒强的格局正在逐步形成。

2017 年，国内进一步压减了 5500 万吨以上粗钢产能，两年合计已经达到 1.2 亿吨以上。而受益于去产能的持续推进，钢铁行业在 2017 年也明显好转。2017 年全年大中型钢铁企业销售收入触底反弹，同比增速高达 31.68%（见图 4-5-5）。与 2016 年相比，2017 年宝钢股份归属于上市公司股东的净利润翻了一倍多。对应到股票市场上，全年宝钢股份上涨了 40.55%。

另外，从 2017 年开始，国内居民人均可支配收入增速开始回升，居民消费需求进一步增加（见图 4-5-6）。而且随着"80 后""90 后"逐渐成为消费主力，国内投资者开始更加关注产品的品质以及产品的服务与体验。加上供给侧改革下中高端供给的增多，国内掀起一场消费升级的浪潮。以家电行业为例，"老三件"——电视、冰箱、洗衣机开始朝着智慧化、品质化和高端化发展，大屏曲面电视、对开门冰箱、洗干一体机等产品持续热销。扫地机器人、洗碗机、吸尘器等小家电也受到越来越多年轻消费者的青睐。

受益于此，家电企业盈利情况也大幅回升，龙头公司的业绩表现尤其亮眼。如美的集团 2017 年营业收入同比增长 51%，归母净利润同比增长 18%。而格

⊖ 2017 年 11 月 17 日，中国人民银行、银监会、证监会、保监会、外汇管理局联合发布《关于规范金融机构资产管理业务的指导意见（征求意见稿）》。

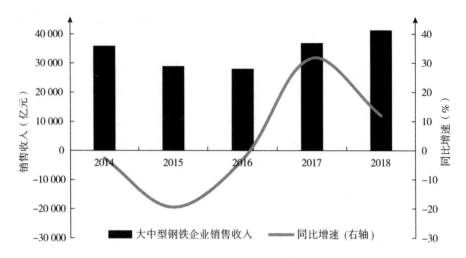

图 4-5-5 2014—2018 年大中型钢铁企业销售收入及同比增速

（资料来源：国海证券研究所）

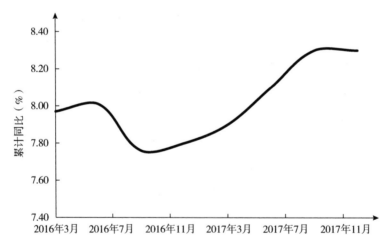

图 4-5-6 2016—2017 年我国城镇居民人均可支配收入累计同比

（资料来源：国海证券研究所）

力电器也不甘示弱，2017 年营业收入同比增速达 36%，而归母净利润同比增速达 45%。有良好的业绩做支撑，两家公司的股价表现也非常好。2017 年全年，美的集团和格力电器股价分别上涨 103%、86%。

就这样，在宝钢股份、美的集团、格力电器以及其他行业龙头公司股票上涨的推动下，从 2016 年 10 月开始，上证 50 便开始一路上扬，而创业板指走势则与之相反一路下跌。两者之间的分化不断扩大，到 2017 年年底，上证 50 共上涨了 30% 多，而创业板指则下跌了近 20%（见图 4-5-7）。"漂亮 50"和"要命 3000"也成了 2017 年投资圈的热词。

图 4-5-7　2016—2017 年上证综指、上证 50、创业板指历史走势

（资料来源：国海证券研究所）

当然，除去金融市场环境和国内宏观经济的变化，A 股投资者结构的变化也是造成市场风格切换的一个重要原因。自 2016 年年底"深港通"开通以来，A 股与港股之间互联互通进展飞速。2017 年，北上资金加速流入 A 股，全年净流入达到 1997 亿元，是 2016 年的 3 倍多。而北上资金更加偏爱蓝筹白马股，这也是 2017 年股市出现"漂亮 50"现象的重要推动力。而且，随着资本市场改革开放的持续推进，外资的配置风格仍会在一定程度上影响着股市风格的走向。

4. 寻找经济增长新动力

国家主席习近平曾表示"科技决定国力，改变国运，是国之利器"，而能否抢占科技制高点也关乎中国未来的国运兴衰。因此，推动科技进步，促进产业结构升级一直是国内经济发展的重点。

自 2016 年开始，国内以供给侧结构性改革为主线，致力于引导资源有效地流入先进制造、信息技术等战略新兴产业。这个过程大致分两步走：

第一步是通过化解过剩产能，推动金融去杠杆，将有效资源释放出来。只有这样，资源才能更好地流入新经济新业态。2016—2017 年，国内过剩产能化解已经获得初步成效，而 2018 年则是持续推进金融去杠杆的重要年份。

2018 年，在金融去杠杆的背景下，国内处于信用收缩周期。因此，很多民营公司纷纷出现债务违约，包括凯迪生态、富贵鸟、神雾环保等公司。而债务违约事件频发使中小企业融资难的问题进一步恶化，由此形成恶性循环，经济下行压力显著。再加上受中美贸易摩擦持续发酵影响，A 股市场从 3500 多点一路下跌，到 2018 年 10 月，上证综指跌破 2500 点。

第二步则是将逐步释放的资源引导至战略新兴产业，那么就需要充分发挥资本市场在资源配置中的引导和撬动作用。2018 年 3 月，监管层提出要开展创新企业境内发行股票或存托凭证试点，鼓励生物科技、云计算、人工智能、高端制造行业内的优质企业申报，一时间"独角兽"概念异常火爆，曾带动创业板指出现了短期的上涨行情。

2018 年 11 月 5 日，在首届中国国际进口博览会开幕式上，国家主席习近平向全世界宣布："将在上海证券交易所设立科创板并试点注册制，支持上海国际金融中心和科技创新中心建设。"事实上，科创板的推出与前期提出的"开展创新企业境内发行股票或存托凭证试点"的想法是一脉相承的，均体现出国家利用资本市场来引导资源配置加速流向新兴产业的想法。

随后，在 2019 年 1 月，中央全面深化改革委员会第六次会议审议通过了《在上海证券交易所设立科创版并试点注册总体实施方案》。科创板进入了紧锣密鼓的筹备阶段，这也成为 2019 年上海市的重点工作之一。同时，各地方政府也纷纷发文鼓励企业挂牌科创板。浙江省创业投资协会曾发文表示，要求会员单位在投资的企业当中推荐拟挂牌科创板的企业。安徽省也表示对于在科创板首批上市的民营企业给予奖励与支持。一时间,大量的公司涌入上交所申报科创板。

2019年3月,证监会发布了科创板的相关规定,科创板正式开闸。7月22日,科创板成功开市,首批共有25家企业挂牌上市。当天,科创板投资者情绪高涨,25家上市公司股票价格一路飙升,首个交易日合计总市值暴增3000多亿元。与此同时,科创板的火热也带动了创业板中人工智能、5G、新材料等相关股票的上扬,这均体现出二级市场投资者对于国内战略性新兴产业未来发展的信心。

除了利用资本市场引导资源配置之外,国家也一直在鼓励发展战略新兴产业发展。以新一代信息技术中的半导体产业为例,国家成立了集成电路产业投资基金支持集成电路企业发展,还从财税、投融资、研发等各个方面加大力度支持软件和集成电路产业发展。当然,在国家政策的大力支持下,国内半导体生产也开始发展,2018年中国半导体产值为113.3亿美元,较2017年增长了49.3%(见图4-5-8)。

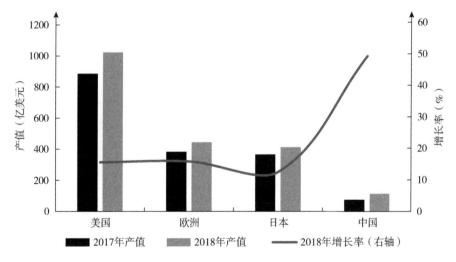

图4-5-8 2017年、2018年美国、欧洲、日本、中国合计半导体产值情况

(资料来源:国海证券研究所)

总的来看,从2008年金融危机爆发后,中国依靠出口拉动的经济增长模式

就已经难以为继，国内在保证经济稳定的同时一直在探索经济增长的新动力。而从 2016 年开始，在国内持续推进供给侧结构性改革的情况下，传统产业过剩产能得到了有效化解，战略新兴产业正在萌芽发展。未来，随着中国传统产业的转型升级与新兴产业的蓬勃发展，国内经济发展将迈向一个新阶段。

纵观 A 股近 30 年的历史，资本市场从无到有，从小到大，实现突破性的发展。虽然这只是文明历史中的沧海一粟，但是波澜壮阔的股市风云让我们见识到了改革开放以来国内经济的变迁。随着中国经济产业结构的升级，中国资本市场在改革与开放的推进下也会迈向新征程，成为一个规范、开放、有活力、有韧性的资本市场，并引领全球资本市场。

参考文献

[1] 阿奎. 喧哗与骚动:新中国股市二十年 [M]. 北京:中信出版社,2008.

[2] 诺顿. 中国经济:转型与增长 [M]. 上海:上海人民出版社,2018.

[3] 白海军. 帝国的荣耀:英国海洋称霸300年 [M]. 南京:江苏人民出版社,2014.

[4] 浜野洁等. 日本经济史 [M]. 南京:南京大学出版社,2010.

[5] 池田信夫. 失去的二十年 [M]. 北京:机械工业出版社,2012.

[6] 斯密克. 世界是弯的 [M]. 北京:中信出版社,2009.

[7] 克拉潘. 现代英国经济史 [M]. 北京:商务印书馆,1977.

[8] 特维德. 逃不开的经济周期 [M]. 北京:中信出版社,2012.

[9] 莱因哈特,罗格夫. 这次不一样:八百年金融危机史 [M]. 北京:机械工业出版社,2012.

[10] 李勇,哈学胜. 冰与火:中国股市记忆 [M]. 北京:红旗出版社,2010.

[11] 厉以宁. 改革开放以来的中国经济:1978—2018 [M]. 北京:中国大百科全书出版社,2018.

[12] 哈达威. 美国房地产泡沫史(1940—2007)[M]. 福州:海峡书局,2014.

[13] 罗志如,厉以宁. 20世纪的英国经济 [M]. 北京:商务印书馆,2013.

[14] 三木谷浩史,三木谷良一. 日本经济如何走出迷失 [M]. 北京:中信出版社,2019.

[15] 吴晓波. 激荡三十年 [M]. 北京:中信出版社,2007.

[16] 霍默,西勒. 利率史 [M]. 北京:中信出版社,2010.

[17] 野口悠纪雄. 泡沫经济学 [M]. 上海:生活.读书.新知三联书店,2005.

[18] 野口悠纪雄. 战后日本经济史 [M]. 北京:民主与建设出版社,2018.

[19] 沃勒斯坦. 美国实力的衰落 [M]. 北京:社会科学文献出版社,2007.

[20] 戈登. 伟大的博弈 [M]. 北京:中信出版社,2019.

[21] 章洛菘,姜浩. 金融与中国经济 [M]. 北京:中国人民大学出版社,2014.

[22] 赵迪. 资本的崛起:中国股市二十年风云录 [M]. 北京:机械工业出版社,2011.

[23] 曹永福. 美国经济周期稳定化研究述评 [J]. 经济研究,2007(7):152-158.

[24] 关永久. 论战后日本股票市场结构 [J]. 现代日本经济, 1997 (3): 9-13.

[25] 郭强, 张明, 董昀. 美国经济长期性停滞: 现状、根源及对策分析 [J]. 国际经济评论, 2017 (1): 141-159.

[26] 简新华, 叶林. 改革开放前后中国经济发展方式的转变和优化趋势 [J]. 经济学家, 2011 (1): 5-14.

[27] 雷禹, 王钰娜. 经济转型与资本市场的关系——对日本和美国经济转型的经验总结 [J]. 经济问题, 2014 (3): 41-46.

[28] 邱强, 叶德磊. 美日房地产周期特征的比较 [J]. 国外理论动态, 2007 (12): 76-80.

[29] 曲凤杰. 危机后美国经济的去杠杆化: 成效及影响 [J]. 国际贸易, 2014 (3): 41-48.

[30] 孙亮. 战后日本股票市场的发展 [J]. 现代日本经济, 1989 (1): 21-24.

[31] 谭小芬. 美国房地产市场复苏和经济增长前景 [J]. 国际经济评论, 2011 (1): 79-93.

[32] 王雪峰. 房地产泡沫和金融不安全——日本泡沫经济15周年评述 [J]. 现代日本经济, 2007 (3): 25-29.

[33] 谢朝华, 朱洪甲. 股票市场演化机制与中国股票市场演化指引 [J]. 财经问题研究, 2013 (3): 65-69.

[34] 杨芳. 英国经济"一枝独秀"的原因及其走势 [J]. 现代国际关系, 2015 (2): 32-38.

[35] 张松峰. 日本房地产泡沫的经济史鉴 [J]. 宏观经济管理, 2005 (6): 56-58.

[36] 张唯敏, 牧野升, 竹村健一. 日本经济的八大失调和解决对策 [J]. 现代日本经济, 1988 (1): 15-18.

[37] 张晓兰. 美日房地产泡沫与去库存的启示 [J]. 宏观经济管理, 2016 (6): 89-92.